*Johann Steininger, St*

# Geognostische Beschreibung des Landes zwischen der untern Saar und dem Rheine

*Johann Steininger, Steininger, Johann*

**Geognostische Beschreibung des Landes zwischen der untern Saar und dem Rheine**

*Inktank publishing, 2018*

*www.inktank-publishing.com*

*ISBN/EAN: 9783747784174*

# Geognostische Beschreibung

## des Landes

## *zwischen der untern Saar und dem Rheine.*

**Ein Bericht**

an die Gesellschaft nützlicher Forschungen zu Trier,

von

**J. STEININGER.**

Mit 1 Karte, 15 Profil- und 12 Petrefacten-Zeichnungen.

**Trier,**

*Verlag der F. Lintz'schen Buchhandlung.*

**1840.**

# Vorerinnerung.

Die Karte, welche ich gegenwärtig dem mineralogischen Publikum übergebe, soll eine möglichst genaue Darstellung des Porphyr- und Flötztrapp-Gebirges auf der Südseite des Hundsrückens, zwischen der Saar und dem Rheine, liefern. Sie ist hauptsächlich die Frucht der Ferienreisen, welche ich in den letzten sechs Jahren unternommen habe, nachdem ich mich schon früher, lange Zeit hindurch, mit dem Studium derselben Gegend beschäftigt hatte. Zugleich habe ich Alles benutzt, was bis jetzt von andern Mineralogen über denselben Gegenstand bekannt gemacht wurde; besonders die „geognostische Karte der Rheinländer zwischen Basel und „Mainz, zusammengestellt von C. v. Oeynhausen, H. v. la Roche und „H. v. Dechen. Berlin 1825." nebst dem dazu gehörigen Texte: „geo-„gnostische Umrisse der Rheinländer zwischen Basel und Mainz. Essen „1825." von denselben Herrn Verfassern; und die Abhandlungen und Reiseberichte von den Herrn Burkart, C. Schmidt und F. v. Oeynhausen, in Herrn Noeggerath's Rheinland-Westphalen; so wie die Aufsätze von den Herrn Merian, Schulze, v. Nau und einige andere, in Herrn v. Leonhard's mineralogischem Taschenbuche.

Ich habe das Streichen der Steinkohlenflötze in der Gegend von Nassau-Neunkirchen, so wie Einiges, die Grenze des Kohlengebirges betreffend, aus der angeführten Karte entnommen, um in meiner Karte keine Lücke zu lassen; ich wollte aber die Umgebungen von Saarbrücken selbst nicht darstellen, weil ich daselbst keine neuen Beobachtungen gemacht habe, und mir nicht erlaubte, die eben angeführte Karte zu copiren. Die Umgebungen von Kreuznach sind vorzüglich nach der Karte des H. Burkart gezeichnet. Die Veränderungen, welche ich vorgenommen habe, betreffen besonders das rothe Konglomerat, welches H. Burkart nicht als besondere Formation unterschieden hat, und die Trappkuppen zu Burg-Sponheim, welche nicht zum rothen Porphyre, sondern zum Aphanite gehören, welchen man zuweilen mit dem rothen Porphyre verwechselt. Ich habe nach Herrn Fr. v. Oeynhausens Reisebericht, einen Theil der Grenze des Trappgebirges, in der Gegend von Alzey und Erbes-Büdesheim, und nach den Angaben der Herrn Merian und von Nau einige Trappkuppen in der Pfalz gezeichnet; aber ich zweifle keineswegs, dass mir nicht noch Manches entgangen sein sollte, weil der Gebirgsdistrikt zu gross ist, um auf einigen Reisen ganz durchsucht werden zu können. Die Grenzen des Muschelkalkes bei Merzig habe ich nach den Angaben einiger in der dasigen Gegend wohnender Freunde, und den Lidermont, bei Düppenweiler, nach einer Manuscriptkarte meines Freundes, des Herrn Pfarrers Schmitt in Dillingen, gezeichnet. Auch bin ich Herrn Schmitt für die Gefälligkeit verpflichtet, mit welcher er die correspondirenden Beobachtungen machte, wonach ich meine Barometermessungen in der Pfalz berechnete. Ich war bemüht, nichts in die Karte aufzunehmen, was sich nicht in der Natur direkt beobachten lässt. Mag dieselbe nun auch bei künftigen Beobachtungen noch manche Berichtigung erhalten, so glaube ich doch, dass sie schon jetzt eine so grosse Menge von Thatsachen enthält, dass sie keine wesentliche Veränderung mehr erleiden wird, und dass die geognostischen Resultate, zu welchen sie führt, feststehen.

Da die Trappgebirgsarten zuweilen zwischen das Steinkohlengebirge gleichförmig eingelagert sind, so hat man sie wohl auch überhaupt als Lager betrachtet, die dem Kohlensandsteine untergeordnet, in ihrem Ausgehenden hohe Kuppen und lang gestreckte Bergrücken bilden. Man hat es demnach versucht, den problematischen, lagerartigen Zusammenhang dieser Kuppen und Rücken auf Karten zu verzeichnen; wodurch dann allerdings solche Karten ein ganz anderes Aussehen erlangen müssen, als die meinige nun darstellt. Da aber in diesem Falle die Grenze zwischen dem, was wirkliche Beobachtung, und was blosse Hypothese ist, nicht mehr erkannt werden kann; so würde ich eine solche Darstellungsart schon desswegen vermieden haben, wenn ich auch die Hypothese, auf welcher dieselbe beruht, nicht für sehr unwahrscheinlich halten müsste.

Ueber die Lagerungsverhältnisse der verschiedenen Gebirgsarten auf der Südseite des Hundsrückens wird ein neues Licht durch die Angabe der Grenzen des rothen Porphyrkonglomerats, und durch die nachgewiesene, beständige Auflagerung desselben auf das Steinkohlengebirge, und seine

Konglomerate, verbreitet. Es war dieses einer der Hauptpunkte, auf welche meine Aufmerksamkeit gerichtet war, und welchen ich auf mehrern Reisen vorzüglich verfolgte. Ich hoffe, dass die Geschiebe des Todtliegenden, und des Vogesen-Sandsteins, auf gleiche Weise dadurch gewinnen werde.

Ich betrachte die Karte als ein Werk für sich, das selbst in seiner Unvollkommenheit, sich auf eine Reihe so mühsamer Untersuchungen stützt, dass ich glaube, die Nachsicht des mineralogischen Publikums dafür in Anspruch nehmen zu dürfen. Der erläuternde Text ist bloss eine Zugabe, welche die Entwickelung einiger Ideen enthält, auf welche ich durch die genauere Beachtung der Gebirgsverhältnisse unserer Gegend geleitet wurde. Ich habe zugleich alle wichtigen, von den oben genannten Mineralogen angeführten Thatsachen darin aufgenommen, welche sich auf der Karte nicht darstellen liessen, und habe auf diese Weise die Karte zu ergänzen gesucht.

Bei der Untersuchung der Felsarten, welche die Flötztrappgebirge bilden, befolgte ich im Wesentlichen die Methode der Herrn Cordier und Fleurian, wie dieselbe von Herrn Boué, in dem Essai géologique sur l'Ecosse p. 463 f. angegeben ist. Ich pulverte nämlich das Gestein in einer achatenen Reibschale, und schüttete nachher in einem Uhrglase etwas Salz- oder Salpeter-Säure auf das Pulver. Bald unter Anwendung von Hitze, bald ohne dieselbe, liess ich das Pulver meistens einige Tage mit der Säure digeriren, und untersuchte dann die Auflösung durch chemische Reagentien, und den Rückstand mit der Luppe und dem Löthrohre. Eigentliche Basalte gelatiniren immer, selbst in der Kälte, mit konzentrirter Salzsäure, und es ist nicht wahrscheinlich, dass dieses von beigemengtem Olivine herrühren sollte, weil die Basis derselben ganz zerlegt zu werden scheint. Der dichte, blaue Basalt von Stolpen in Sachsen, verhält sich in dieser Hinsicht, wie der Basalt von Kelberg in der Eifel. Zerrührt man die galertartige Masse in Wasser, so enthält die Auflösung, ausser etwas Kieselerde, besonders salzsaures Eisenoxydul, und die Flocken der abgeschiedenen Kieselerde, welche in der Auflösung schwimmen, bleiben durch diejenigen beigemengten Mineralien grau gefärbt, auf welche die Säure nicht wirken konnte. Kocht man die Kieselerde mit Aetzkalilauge, so lässt sie diese Stoffe fallen. In dem Versuche mit einem Exemplare von Kelberg, waren es ganz deutlich braunschwarze Hornblendetheilchen, welche man unter der Luppe erkannte; im Stolpener Basalte zeigten sich, auf diese Weise, in ziemlich grosser Menge, Hornblende und eine Art Feldspath, die ich ihrer weissgrauen Farbe wegen für Labrador zu halten geneigt bin, die

1*

aber in dem Falle kein Labrador sein könnte, wenn dieser sich allgemein in Salzsäure sollte auflösen lassen. Man kann auch den fein gepulverten Basalt wiederholt mit verdünnter Salzsäure behandeln, und man sieht, dass sich der Basalt, bis auf die beigemengten, fremden Mineralien, auch in der Kälte ganz zersetzt. Die Kieselerde scheidet sich flockig ab, und die fremdartigen, unauflöslichen Einmengungen lassen sich leicht durch Schlämmen von den Flocken der Kieselerde sondern. Die Basalte scheinen demnach hauptsächlich aus Eisensilicat zu bestehen, welchem besonders Magneteisen, Olivin (ein Gemenge von Eisensilicat und Talkerde-Silicat), Augit, Hornblende und Feldspath (Labrador?), oder auch Silicate mit einem Alkali, oder einer alkalischen Erde, und mit Thonerde, als Basis, nämlich Analzim, Mesotyp etc., mehr oder minder häufig beigemengt sind. Der Basalt von Oberkassel, bei Bonn, enthält, nebst Magneteisen, viel kohlensaures Eisenoxydul, mit kohlensauerm Kalke (Braunkalk), welche durch die Säure ausgezogen werden, ehe dieselbe das übrige Gesteinpulver angreift. Die Grundmasse der basaltischen Lava von Strohn in der Eifel, welche sichtbar vielen Olivin, und die graue Lava von Uedersdorf bei Daun, welche vielen Augit, keinen Olivin, enthält, verhalten sich, wie wahre Basalte, dagegen die Mühlsteinlava von Mennig bei Andernach, welche ziemlich stark auf die Magnetnadel wirkt, und die fast ähnliche Lava von Hinterweiler bei Daun, welche fast gar nicht magnetisch ist, nur wenig gelatiniren und eine schlammige Pulvermasse liefern, worin wenige Albit- und Augitkörner liegen, so dass sie ganz und gar nicht den Basalten beigezählt werden können. Die Basalte können daher von allen andern Felsarten leicht unterschieden werden, und es kann von keiner Umänderung anderer Felsarten in Basalt die Rede sein. Aber die Basaltanalysen werden durch die fremden Mineralkörper, welche oft mikroscopisch dem Basalte beigemengt sind, complizirt und unkenntlich. Andere Felsarten, welche früher zu den Basalten gezählt wurden, jetzt dem Dolerite beigerechnet werden, sind ein inniges Gemenge von Magneteisen, oder Eisenglanz, und Albit, welchem sich zuweilen etwas Augit, oder Hornblende, beigesellen mag, und sie gelatiniren nie mit Säure; — so die Dolerite von Frankfurt und Steinheim bei Hanau. Wenn solchen Felsarten Augit, oder Hornblende, beigemengt ist, so ist bei einem dichten Gefüge, wegen der ähnlichen, chemischen Zusammensetzung dieser Mineralsubstanzen, und dem daher rührenden, ziemlich gleichen Verhalten vor dem Löthrohre, nicht wohl möglich zu entscheiden, welcher von diesen beiden Mineralkörpern sich im Gemenge befinde, indem die Charaktere fehlen, welche von der Kristallform hergenommen werden können. In dem grobkörnigen, kristallinischen Dolerite des Meissners erkennt man wohl, nach ihren äussern, mineralogischen Kennzeichen, einige Augitkristalle; indessen bestanden doch die Exemplare, welche ich untersuchte, vorzüglich aus Magneteisen und Albit, and enthielten nur wenig Augit; und ich war nicht im Stande, in dem *frankfurter* Dolerite auch nur eine Spur von Augit, oder Hornblende zu erkennen, indem die Säure, welche das Eisen auszieht, nur ein weisses Albitpulver zurücklässt, welches vor dem Löthrohre, auf Kohle, zusammensintert und theilweise zu hellweissem Glase schmilzt. Aber das Eisenoxyd ist im *frankfurter* Dolerite nicht als Magneteisen, sondern als dichter Eisenglanz enthalten, weil das Gestein, wenigstens in den Exemplaren, welche ich untersuchte, auch auf die empfindlichste Magnetnadel fast gar nicht wirkt; wird es aber vorher geglüht, so wirkt es alsdann stark auf die Magnetnadel. Der frankfurter Dolerit ist demnach eine feinkörnige Feldspath- (Albit-) Lava, welche durch fein vertheilten, dichten Eisenglanz schwarzgrau gefärbt ist. Der schwarze Dolerit (Anamesit, v. Leonhard), welcher die unterste Lage des Doleritlagers von Steinheim bei Hanau ausmacht, wirkt ziemlich stark auf die Magnetnadel. Wird er fein gepulvert, so zieht Salzsäure das Magneteisen aus, und es bleibt ein weisses Albitpulver, welches wohl noch einige schwarze Blättchen enthält, die aber, unter der Luppe betrachtet, an die Magnetnadel springen, und also noch unaufgelöstes Magneteisen sind. Selbst der schlammige Theil des Pulvers verhält sich vor dem Löthrohre als ein sehr feines, durch etwas Eisenoxyd gefärbtes Albitpulver; und wenn man auch etwas Hornblende, oder Augit, darin vermuthen könnte, so dürfte es doch wohl schwer halten, dieselben bestimmt nachzuweisen.

Je feinkörniger und inniger das Gemenge ist, woraus die Felsarten bestehen, desto mehr verhalten sie sich wie einfache Mineralsubstanzen, desto schwieriger ist es, nach der angegebenen Methode ihre Bestandtheile zu trennen. Man muss das zu untersuchende Gestein in diesem Falle sehr fein pulvern, und die Säure längere Zeit darauf einwirken lassen; aber man wird alsdann oft noch sehr befriedigende Resultate erlangen. So schien mir ein feinkörniger, schwarzer Dolerit von Büdingen in der Wetterau, von dem schwarzen Dolerite bei Steinheim unfern Hanau, nur durch Feinheit und Innigkeit des Gemenges unterschieden zu sein. Tritt der Fall ein, dass sich die Felsart, wie ein vulkanisches Glas verhält, dass einer der Gemengtheile in der Hitze durch den andern aufgelöst wurde, und dass sich die verschiedenen Mineral-Substanzen, bei der Abkühlung, nicht kristallinisch sonderten, so liefert die in Frage stehende Methode kein Resultat mehr. Das halbverglaste, schwarze Trappgestein des Weiselberges in der Nähe von St. Wendel, bleibt in den kleinsten Theilchen gefärbt, und die Säure zerlegt es nicht, wenn sie gleich etwas Magneteisen auszieht, mit welchem sie auf der Oberfläche der Theilchen in Berührung kömmt. Das Magneteisen ist auch noch in diesem Falle, als solches in der verglasten Masse vorhanden, weil es noch immer auf die Magnetnadel wirkt, und von Säuren, obwohl in geringer Menge, ausgezogen werden kann.

Ich hoffe, dass meine Versuche über die Trappgesteine, so unvollkommen sie auch sein mögen, etwas zur nähern Kenntniss derselben werden beigetragen haben, und wünsche, dass dieselben von einer geschicktern Hand mögen verfolgt und erweitert werden.

In Betreff der Pflanzenabdrücke der Kohlengruben, und der Fischabdrücke, welche im Schieferthone und in den Thoneisenstein-Nieren zu Lebach, Castel bei Nonnweiler, Doerschweiler, Heimkirchen und Münsterappel vorkommen, habe ich, ausser demjenigen, was sich hier in der Sammlung der Gesellschaft nützlicher Forschungen befindet, auch noch die Sammlung des H. Pfarrers Schmitt in Dillingen, bei Lebach, zu vergleichen Gelegenheit gehabt; und viele interessante Pflanzenabdrücke aus den Kohlengruben zu Geislautern verdanke ich meinem ehemaligen Schüler, dem Herrn Bochkoltz; so wie ich auch dem Besitzer der Eisenwerke bei Nonnweiler, Herrn von Beulwitz, und dem Lehrer an der hiesigen Bürgerschule, Herrn Schnur, für die gefällige Mittheilung mancher interessanter Pflanzen- und Fischabdrücke sehr verbunden bin. Bei allen diesen Untersuchungen kann aber niemand tiefer fühlen, als ich, wie unvollkommen noch die erlangten Resultate sind, und wie sehr es eines noch jahrelang fortgesetzten Studiums bedarf, um zu einer vollständigen Kenntniss des Gebirges zu gelangen, welches ich in diesen Blättern von Neuem zu beschreiben versuche, nachdem ich schon vor 20 Jahren einen ähnlichen Versuch gewagt habe. Mögen andere, welche unter günstigern Verhältnissen leben, und mehr Zeit, als ich, auf solche Forschungen verwenden können, das begonnene Werk vollenden, und nachsichtig gegen die Mängel sein, die sie in meiner Arbeit noch immer entdecken werden.

Zum Schlusse dieser Vorerinnerungen lasse ich noch einige Höhenbestimmungen folgen, welche ich im Texte der gegenwärtigen Schrift nicht anführen konnte, und welche interessant genug sein mögen, um hier mitgetheilt zu werden, da man nicht oft Gelegenheit hat, das Barometer, unter günstigen Witterungs-Verhältnissen, an so entfernten Orten beobachten zu können.

| | Par. Fuss über dem Meere. |
|---|---|
| 1) Thelei, Ausgang des Dorfes gegen Tholei hin . . | 1135 |
| 2) Hochste Höhe der Strasse zwischen Thelei und Tholei . | 1304 |
| 3) Tholei, Ausgang des Fleckens gegen St. Wendel . | 1116 |
| 4) Rathsweiler, am Glan . . . . . . . . . . | 609 |
| 5) Roth-Seelberg, Dorf bei Wolfstein . . . . . | 1075 |
| 6) Kaulbach, an der Lauter . . . . . . . . . | 633 |
| 7) Otterberg, Flecken bei Kaiserslautern . . . . . | 752 |
| 8) Das Falkensteiner Thal, am Donnersberge; Ausgang desselben in das Imsbacher Thal . . . . . | 778 |
| 9) Falkenstein, höchste Höhe des Weges nach Marienthal, oberhalb Falkenstein, da wo der Weg überwölbt ist | 1420 |
| 10) Dannenfels, Dorf am Donnersberge; am obersten Brunnen bei der Kirche . . . . . . . . . . . | 1234 |
| 11) Kirchheimbolanden; im Trauben, zweiter Stock . . | 793 |
| 12) Höchste Höhe des Weges von Kirchheimbolanden nach Ober-Flörsheim, NO. von Stetten . . . . . | 826 |
| Dieses ist ungefähr die Höhe des tertiären Kalkes, so weit das Auge durch die Umgegend reicht. | |
| 13) Ober-Flörsheim . . . . . . . . . . . . | 770 |
| 14) Eppelsheim . . . . . . . . . . . . . | 578 |
| 15) Alzey, in der alten Post; zweiter Stock . . . . | 531 |
| 16) Erbes-Büdesheim . . . . . . . . . . . | 835 |
| 17) Nack . . . . . . . . . . . . . . . | 861 |
| 18) Kreuznach, an der Nahe, oberhalb der Brücke . . | 306 |
| 19) Feil . . . . . . . . . . . . . . . | 877 |
| 20) Odernheim, am Glan; nahe am Ausflusse desselben in die Nahe | 440 |
| 21) Offenbach, am Glan . . . . . . . . . . . | 532 |

## Das Steinkohlen- und Flötztrapp-Gebirge, zwischen der Saar und dem Rheine.

### Einleitung.

Das Steinkohlen- und Flötztrapp-Gebirge, von welchem in gegenwärtigen Blättern die Rede sein soll, wird im Norden, von Merzig an der Saar, bis nach Bingen am Rheine, durch das mittelrheinische Uebergangs-Schiefergebirge, im Süden, durch den Vogesen-Sandstein von Kaiserslautern, Homburg und Saarbrücken, im Westen durch denselben Sandstein und den Muschelkalk an der Saar, von Saarbrücken bis Merzig, und im Osten, durch den tertiären Kalk und Meeres-Sand der mittelrheinischen Ebenen, von Kirchheimbolanden bis gegen Bingen hin, begrenzt. Die Ausdehnung des so begrenzten Bezirks beträgt, von West nach Ost, von der Saar bis zum Rheine, ungefähr 12, und von Süd nach Nord, 5 deutsche Meilen; so dass der Flächen-Inhalt desselben gegen 60 deutsche Quadrat-Meilen ausmacht.

Das mittelrheinische Schiefergebirge besteht vorzüglich aus Quarzfels, Thonschiefer, Grauwackenschiefer, und dem Kalke des Uebergangsgebirges; und es bildet zwischen dem Rheine und der Mosel ein Plateau, welches 1200 bis 1500 Fuss Höhe über dem Meere erreicht. Nur auf seiner südlichen Grenze, gegen das Kohlengebirge hin, bildet das Schiefergebirge höhere Bergrücken, welche sich von Mettlach bis nach Bingen aneinander reihen, und gewisser Massen eine Bergkette zusammensetzen, welche bis zu mehr als 2000 Schuh Meereshöhe ansteigt.

Sowohl der nördliche, als auch der südliche Abfall dieser Bergkette ist ziemlich steil, und um so ausgezeichneter, indem Thäler und thalförmige Vertiefungen dieselbe im Norden von den ausgedehntern Schiefergebirgsflächen trennen, und im Süden eine plötzliche Niveaudifferenz von unge-

2

fähr 1500 Schuh herbeiführen. Eine solche Vertiefung erstreckt sich auf der Nordseite, von Mohrbach bis Rheinböllen, und wird bei *Zerf* durch das Thal der Ruwer gebildet, dagegen die Niederungen des Nahethales, von Kirn bis Bingen, oder des Brimsthales, von Mettenich bis in die Nähe von Sarrelouis, auf der Südseite die bezeichneten Höhenunterschiede noch auffallender hervorbringen. Nur zuweilen legen sich Bergrücken beiderseits an die Hauptkette an, und führen mit langsamem Steigen zu ihren waldigen Höhen; wie dieses von Trier nach Thomm auf der Nordseite, und zwischen Kirn und Idar auf der Südseite der Fall ist.

Die Hauptrücken, welche diese Bergkette bilden, bestehen vorzüglich aus Quarzfels (Quarzite, von Brongniart), welcher bald ein dichter, bläulich- oder röthlich-weisser Quarz ist, mit splittrigem Bruche, an den Kanten durchscheinend, bald ein feinkörniges, mit kleinen Glimmerblättchen schiefrig gemengtes Quarzgestein (psammite sablonneux Br.), von weisser, gelblich-, röthlich-, blau-, oder grauweisser, oder braunrother Farbe. Das spezifische Gewicht ist für den körnigen Quarzfels 2,53, für den dichten 2,67. Er ist immer geschichtet, und hat bei der dichten und splittrigen Abänderung häufig einen talkartigen Ueberzug auf den Schichtungsflächen; und sehr häufig sind die Zerklüftungsflächen mit kleinen Quarzkristallen besetzt. Die Gebirgsrücken, welche aus dieser Felsart bestehen, haben eine von der Grenze des Schiefergebirges gegen das Kohlengebirge hin, nicht sehr abweichende Richtung, indem sie zwischen Stunde vier und fünf des Compasses gegen Osten streichen, oder einen Winkel von 60° bis 75° mit der Mittagslinie bilden, und sich also beinahe von WSW nach ONO erstrecken, während die Grenzlinie des Schiefergebirges in Stunde 5½ O oder unter einem Winkel von 82°, also beinahe W¼SW nach O¼NO, gegen die Mittagslinie hinzieht.

Der erste dieser Rücken zieht von Dreisbach, an der Saar, bis in die Gegend von Hermeskeil, und hat am höchsten Punkte der Chaussée, zwischen Zerf und Wadern, nach meinen Barometerbeobachtungen . 2122 par. Fuss,<br>
nach der Beobachtung des Herrn Oberforstmeisters Lintz . 1940 — —<br>
Höhe über der Meeresfläche; während auf der Südseite dieses Höhenzuges. Dillingen bei Sarrelouis (nach Herrn Pastor Schmitt) . . . . . . . . . . . . 617 — —<br>
Losheim (nach Herrn Lintz) . . . . . . . . 956 — —<br>
Wadern (nach meiner Beobachtung) . . . . . . 854 — —<br>
und der Brimsbach bei Dagstuhl (nach Herrn von Oeynhausen) 762 — —<br>
Mettenich, am Bache (nach meiner Beobachtung) . . 847 — —<br>
auf der Nordseite dagegen *Zerf* (nach meiner Beobachtung) 1166 — —

(nach Herrn Lintz) . . 1010 par. Fuss
über dem Meere liegen.

Betrachtet man dagegen die Schieferflächen, welche sich im Norden an diesen Höhenzug anlegen, so ist, nach meinen Beobachtungen, die Bennrather Höhe, südlich von dem Hofe Scharz . . . . . . . . . . 1727 — —
die höchste Pellinger Schanze . . . . . . 1592 — —
und nach Herrn Lintz, die Pellinger Höhe, beim Kreutze . 1480 — —
über dem Meere.

Da dieser Gebirgsrücken, zwischen Besseringen und Saarhöltzbach, von der Saar durchbrochen wird, so ist es im Saarthale leicht, seine Zusammensetzung aus Quarzfels zu beobachten.

Der zweite Hauptrücken zieht von Nonnweiler bis in die Gegend von Herstein und Rhaunen. Ich habe ihn nur in den Umgebungen von Nonnweiler, zwischen Züsch und Birkenfeld, und zwischen Birkenfeld und Morbach kennen gelernt; wo es überall leicht ist, den Quarzfels, woraus er besteht, zum Theil in hohen Felsmassen zu beobachten. Dass er in der Gegend von Rhaunen und Herstein endet, schliesse ich aus dem Umstande, dass zu Buntenbach, nördlich von Kirn, sehr bedeutende Dachschieferbrüche, auf der Richtung dieses Zuges vorkommen. Der höchste Punkt dieses Gebirges, zwischen Asbach und Morbach, besteht, nach H. Fr. v. Oeynhausen, aus schiefrigem Kieselfels (Quarzfels), und hat . . . 2221 par. Fuss
Meereshöhe. Der Idarkopf, bei Laufersweiler, liegt . . 2263 — —
Wildenburg . . . . . . . . . . . . 2099 — —
Hüttgeswasen, zwischen Birkenfeld und Morbach . . 2034 — —
der Walderbaenkopf, westlich von Hüttgeswasen . . 2526 — —
der Dornborner Kopf, bei Hüttgeswasen . . . . . 2063 — —
der Pfarnefelser Hof, ebendaselbst . . . . . . 2061 — —
Traneaweiher . . . . . . . . . . . 1818 — —
und Kempfeld, am Idarbache . . . . . . . . 1613 — —
alles nach den Barometerbeobachtungen des H. Lintz; dagegen liegen auf der südwest-, und südlichen Grenze dieses Gebirgs-Rückens:
Nonnweiler (nach eigner Beobachtung) . . . . . 1105 par. Fuss,
Birkenfeld (nach H. Lintz) . . . . . . . . . 1228 — —
auf der östlichen Grenze: Weitersbach . . . . . . 1292 — —
und Laufersweiler . . . . . . . . . . 1341 — —
und auf der Nordseite: Morbach . . . . . . . . 1330 — —
über dem Meere.

2*

Nordwestlich von beiden bis jetzt betrachteten Gebirgszügen, und gegen ihre Mitte, erhebt sich ein Rücken, zwischen Reinsfeld, bei Hermeskeil, und Farschweiler, welcher den ersten Zügen parallel, sich aus der Gegend von Schillingen bis gegen Beuren hin erstreckt, und ebenfalls aus Quarzfels zusammengesetzt ist. Er erreicht nach meinen Beobachtungen, östlich von dem höchsten Punkte der Strasse zwischen Thomm und Hermeskeil, auf seiner höchsten Höhe . . . . . . . . . . . 2034 par. Fuss
über dem Meere; dagegen der Reinsfelder Bach, in der
Trierischen Strasse, auf der Südseite des Rückens . . 1594 — —
Hermeskeil, im untersten Stock, bei dem Gastwirthe Herrn
Schwarz . . . . . . . . . . . . . . 1512 — —
und die genannte Strasse bei dem neuen Wirthshause, in der
Nähe von Thomm, auf der Nordseite des Rückens . . 1344 — —
hoch über dem Meere liegt. Dieser Rücken ist als ein Nebenzug, zu den beiden zuerst beschriebenen Hauptzügen zu betrachten, und macht mit ihnen die waldige Gebirgsgegend aus, welche man den Hochwald nennt.

Der dritte Hauptrücken der Kette erstreckt sich aus der Gegend nördlich von Kirn, bis an den Rhein bei Bacharach, und ist vorzüglich unter dem Namen des Soonwaldes bekannt. Ich habe ihn immer nur aus einiger Entfernung gesehen, und kenne seine Zusammensetzung theils nur aus mündlichen Nachrichten, nach welchen zwischen Bruscheid und Hennweiler das Hahnbachthal durch hohe Quarzfelsmassen gebildet wird, und der Coppenstein bei Gemünd auf solchen Felsen steht; theils aus der Nähe von Kirn, wo die schönen Quarzfelsmassen, in deren Nähe die Ruine Steinkallenfels liegt, die Aufmerksamkeit des Reisenden schon aus der Ferne auf sich ziehen, besonders aber aus der Durchbrechung der Kette durch das Thal des Güldenbachs, zwischen Rheinböllen und Stromberg, und durch das Rheinthal, zwischen Lorich und Caub. (Sich' die grosse weimar'sche Karte von Deutschland, wo dieser Zug am besten dargestellt ist). Uebrigens gehort auch die Bemerkung des Herrn Burkart hierher: „Bisweilen bildet der „Quarzfels mächtige, massige Lager, welche mit Thonschiefer und Grau„wacke wechseln (Güldenbach- und Simmerbach-, so wie bei Steinkallenfels „im Hahnenbachthale)". Rheinland-Westphalen IV. p. 148.

Die Höhe dieses Rückens beträgt, nach Herrn Umpfenbach: auf dem
Wege von Argenthal nach Dörrenbach . . . . . 1945 par. Fuss,
auf dem Wege von Eckweiler nach Tiefenbach, am Rennwege (erster Rücken) . . . . . . . . . . 2015 — —
auf der Tiefenbacher Höhe (zweiter Rücken) . . . . 2002 — —

nach Herrn Lintz: am Thiergarten . . . . . . 1758 par. Fuss,
an der oppeler Höhe (hohen Oppel, unweit der Utschenhütte) 1983 — —
über dem Meere. Auf der Nordseite dieses Zuges haben die Schieferflächen folgende Höhen über dem Meere:

I.) nach Herrn Umpfenbach:

Utschenhütte, an der Brücke zwischen Stromberg und Rheinböllen . . . . . . . . . . . 1131 par. Fuss,
Argenthal . . . . . . . . . . . . 1494 — —
Rheinböllen, Wirthshaus an der Strasse . . . . . 1239 — —
Simmern (am Markt) . . . . . . . . . . 1062 — —
Simmern, Höhe am Anfange des Waldes nach Laubach . 1304 — —
Kirchberg (am Markt) . . . . . . . . . . 1374 — —
Laubach (Ausgang nach Coblenz) . . . . . . 1554 — —
Leininger Sauerbrunnen . . . . . . . . . 1272 — —
Kauerbach, an der Brücke, zwischen Simmern und Kirchberg 1066 — —
Kastellaun (Markt) . . . . . . . . . . 1304 — —
Sohren, am Zusammenfluss der Bäche . . . . . 1252 — —
Wegweiser am Trennungspunkt der Strasse von Büchenbeuren nach Trarbach und Monzelfeld . . . . . 1549 — —
Büchenbeuren, am Bache . . . . . . . . . 1392 — —

II.) nach H. Lintz (briefliche Mittheilung)

Simmern . . . . . . . . . . . . . 1036 — —
Kirchberg . . . . . . . . . . . . . 1366 — —
Büchenbeuren . . . . . . . . . . . . 1346 — —
Stumpfe Thurm . . . . . . . . . . . . 1774 — —

Auf der Südseite desselben Zuges liegen über dem Meere:

I.) nach H. Lintz:

Stromberg . . . . . . . . . . . . 659 — —
Kreuznach . . . . . . . . . . . . 296 — —
Windesheim, zwischen Stromberg und Kreuznach . . 486 — —

II.) nach H. Umpfenbach:

Dörrebach, Mitte des Dorfes . . . . . . . 1248 — —
Spabrücken, Kirche . . . . . . . . . 1059 — —
Eckweiler, oberer Ausgang . . . . . . . . 1223 — —
Windesheim, oberer Eingang . . . . . . . 458 — —
Waldalgesheim, an der Strasse . . . . . . . 841 — —
Waldlaubersheim, am Bache . . . . . . . . 758 — —
Wallhausen, unter der Kirche . . . . . . . 542 — —

Sobernheim (Markt) . . . . . . . . . . 500 par. Fuss,
Hüffelsheim, Ausgang nach Waldböckelheim . . . . 693 — —

Wiewohl der Quarzfels in der bis jetzt beschriebenen Bergkette am mächtigsten auftritt, so kommen doch auch nördlich von derselben auf dem Hundsrücken noch bedeutende Rücken vor, welche hauptsächlich aus dieser Felsart bestehen. Ich bemerke hier besonders denjenigen, welcher die Hardt, östlich von Neumagen, an der Mosel, bildet, und von dem Thale des Drohnbaches quer durchbrochen wird. Das Dasein mancher andern lässt sich aber mit Sicherheit aus den mächtigen Quarzfelslagern schliessen, die zu St. Goar und Boppart vom Rheine durchbrochen werden; wie denn auch südlich von der Hauptkette, sowohl oberhalb Bingen am Rochusberge, als auch unterhalb Bingen, zwischen Asmannshausen und Trechtlingshausen, noch mächtige Lager durchstreichen und im Rheine bedeutende Felsen bilden.

Das Innere der Quarzfels-Rücken wird im Allgemeinen durch ein sehr mächtiges Quarzfelslager gebildet, welches in seinem Streichen mit der Axe des Rückens zusammenfällt; aber sowohl im Hangenden, als im Liegenden dieses Lagers, treten nun Lager von Grauwackenschiefer (phyllade pailleté, Brongn.) auf, welche mit schwächern Quarzfelslagern wechseln, bis in grösserer Entfernung von der Axe des Rückens Thonschieferlager für sich allein, oder mit Grauwackenschiefer, das Schiefergebirge zwischen den Quarzfels-Rücken, und überall da zusammensetzen, wo kein Quarzfels vorkömmt. Alle diese Schieferarten haben aber mit dem Quarzfels gleiches Streichen, und innerhalb desselben Rückens und in seinen nächsten Umgebungen, auch gleiches Fallen der Schichten.

So wie die Richtung der oben bezeichneten Quarzfels-Rücken zwischen Stunde 4 und 5 des Compasses liegt, so auch das Streichen der Schichten aller Schieferfelsarten des Hundsrückens, mit wenigen Ausnahmen. Herr Schmidt giebt dasselbe für das Uebergangsgebirge zu Bulenberg bei Birkenfeld, Stunde 4¼ an; sein Einschiesen daselbst fast seiger (Rheinland-Westphalen IV. p. 29). Ich selbst fand:

1.) für den Quarzfels, unterhalb der Kirche zu Nonnweiler; Streichen Stunde 4¼ bis 5¼ östlich; Fallen 65°—75° nördlich;

2.) für den Thonschiefer zu Nieder-Wörresbach (Nieder-Wirzbach); Streichen Stunde 3 östlich; Fallen bald NW. unter einem Winkel von 80°—90°, bald unter gleichem Winkel nach SO.

3.) für den Thonschiefer, bei der Mühle unterhalb Winterburg; Streichen Stunde 4 nach Ost; Fallen 74° SO., gewöhnlicher NW.

Früher gab ich an: „das Schiefergebirge streicht in der Regel SW—NO.
„Das Fallen der Schichten ist nicht so beständig. In dem Drohnbache, und
„von Coblenz bis Boppart, habe ich es überhaupt NW. gefunden. Auf der
„Grenze des Gebirges gegen die Saar und Nahe hin, und von Boppart bis
„Bingen ist es meistentheils südöstlich.“ (Geognost. Studien am Mittelrheine pag. 9.).

Herr Fr. v. Oeynhausen fand, auf dem Wege von Veitzrodt über Morbach und Büdelich nach Trier, das Streichen ungefähr zwischen Stunde 3 bis 4; Fallen bald SO., bald NW., meistens unter einem Winkel von 60°—80° (Rh.-Westph. I. p. 262.). Ferner sagt er: „Streichen und Fallen der „Gebirgsschichten ist zwischen Bingen und Bacharach immer ganz konstant; „sie streichen Stunde 4 bis 5, und fallen nach SO. meist mit 70° bis 80°“ (Rheinl.-Westph. I. p. 232.).

Herr Burkart sagt von dem Uebergangs-Schiefergebirge im Kreise Kreuznach: „das deutlich geschichtete Schiefergebirge streicht im Allgemei-„nen zwischen der 4ten und 5ten Stunde; nur an wenigen Punkten (in der „Nähe und nördlich von Stromberg) fand ich solches bis zur 6ten Stunde „abweichen, und das Fallen dabei in Süd, während die Schichten im Allge-„meinen in Nord-Nord-Ost (SSO.? Steininger) mit 60° bis 75° senken. „Weiter in Nord, den Rhein abwärts, senken indessen die Schichten ent-„gegengesetzt.“ (Rh.-Westph. IV. p. 149.).

Bei dieser Beständigkeit im Streichen des Schiefergebirges ist es ein sehr merkwürdiger Umstand, dass die Quarzfelsrücken weder vollkommen zusammenhangen, noch auf derselben Linie liegen, sondern dass sie nur unter einander parallel sind, und zum Theil von Thonschiefer und Grauwackenschiefer abgeschnitten zu werden scheinen. So würde der Quarzfelszug von Metlach an der Saar, verlängert zwischen Hermeskeil und Reinsfeld durchziehen, wo das Gebirge aus Thonschiefer besteht; der Hochwald zwischen Hermeskeil und Thomm würde über Niederzerf streichen, wo Thonschiefer vorherrscht. Die Thonschiefer, mit den Dachschiefergruben von Thomm und von Bernkastel, fallen ungefähr in die Richtung des Quarzfelszuges, welcher bei Berglicht von dem Drohnbache durchschnitten wird; so wie die Dachschiefergruben von Niederwörresbach und Herstein auf der Streichlinie des Quarzfelses von Bruscheid und Hennweiler, nördlich von Kirn, und die Dachschiefergruben von Buntenbach, am Hahnenbach, auf der Streichlinie des Quarzfelsrückens zwischen Birkenfeld und Morbach liegen. Andererseits verbinden Quarzfelslager, welche zwischen Nonnweiler und Hermeskeil durchstreichen, gewisser Massen den ersten und zweiten der oben beschriebenen Haupt-Quarzfelsrücken; und auf gleiche Weise scheinen solche Quarzfelslager den Hochwald zwischen Thomm und Hermeskeil mit dem Zuge, welcher zwischen Birkenfeld und Morbach liegt, in den Umgebungen von Malborn in Zusammenhang zu setzen; woher sich wohl vermuthen lässt, dass ähnliche Verbindungen auch zwischen den übrigen Quarzfels-Rücken wenigstens stattfinden können. Die Quarzfelslager, welche zwischen Hermeskeil und Nonnweiler den ersten und zweiten Haupt-Quarzfels-Rücken verbinden, bestehen aus körnigem Quarzfels (psammite sablonneux), dessen dünne Schichten leichter zerstört werden konnten, und scheinen nur schwache Nebenlager derjenigen Quarzfelslager zu sein, welche die Axe der Hauptrücken bilden; während letztere gewöhnlich aus Schichten von bedeutender Mächtigkeit bestehen, welche der dichten Abänderung des Quarzfelses angehören, welche nur schwer und in geringem Grade zerstört werden konnten, so dass sie in den Querthälern, welche die Rücken durchbrechen, bedeutende Felsparthien bilden.

Wenn man es nun versucht, die so beschriebenen Lagerungsverhältnisse zu erklären, so dürfte man auf den ersten Blick geneigt sein, zu vermuthen, dass die drei Haupt-Quarzfels-Rücken ursprünglich nur ein Lager gebildet hätten, und dass sie durch grosse Gebirgsverschiebungen getrennt worden seyen. Die Nebenrücken wären dabei nicht besonders zu berücksichtigen, weil sie wohl auch Theile anderer, minder mächtiger Quarzfelslager seyn könnten, die nicht so genau bekannt seyn möchten, indem die Flächen des Hundsrückens zu wenig von Thälern durchschnitten sind, um ihre innere Zusammensetzung richtig beurtheilen zu können. Indessen würde die Annahme einer blosen Verschiebung die besondere Höhe der Quarzfelsrücken nicht erklären, welche aber hier nicht übersehen werden darf, da sie die Höhe der Gebirgsflächen des Hundsrückens im Allgemeinen um 700 — 1000 Schuh übersteigt. Ich halte es daher für einfacher, die Sache auf folgende Weise aufzufassen.

Die Lager des Schiefergebirges wurden ursprünglich horizontal gebildet. Man sieht dieses aus der Lage der Muschelabdrücke, welche sich in der körnigen Abänderung des Quarzfelses (psammite sablonneux) zu Abentheuer und Rinzenberg, bei Birkenfeld, finden. Diese Muschelabdrücke scheinen meistens den Geschlechtern Orthis und Spirifer anzugehören, und kommen in sehr grosser Menge vor. Ich glaube mit einiger Bestimmtheit Orthis protensa, compressa und lata, nebst spirifer alatus zu erkennen.

Herr Schmidt, welcher sie aufgefunden, hat der Gesellschaft nützlicher Forschungen zu Trier eine Platte Quarzfels überschickt, welche ungefähr

1 □ Schuh Oberfläche hat, und 2—3 Zoll dick ist, und fast ganz aus diesen Abdrücken besteht. Aber alle Abdrücke liegen mit den Seitenflächen der Muschelschalen der Schichtungsfläche des Quarzfelses parallel, und diese Lage konnten sie nur auf einer mehr oder weniger horizontalen Ebene annehmen.

Zu einem gleichen Resultate kömmt man, wenn man berücksichtigt, dass der Quarzfels in einigen seltenen Fällen zu einem Konglomerate wird, in welchem theils abgerundete, theils eckige Stücke von Quarzfels nochmal durch Quarzfels unter einander verbunden sind. Solche Konglomerat-Schichten konnten sich ursprünglich nur in einer fast horizontalen Lage bilden.

Gegenwärtig sind aber alle Schichten des Schiefergebirges aufgerichtet, und unter einem Winkel von 60°—90° gegen die Horizontalebene geneigt; dabei haben sie alle ungefähr dasselbe Streichen, das heisst, die Richtung des Durchschnittes der Schichtungsfläche mit der Horizontalebene ist dieselbe. Die mechanische Kraft, welche die Schichten aufgerichtet und gehoben hat, wirkte also auf das ganze Schichtensystem, und in seiner ganzen Ausdehnung, auf dieselbe Weise. Nur die Quarzfels-Rücken, welche die Gebirgskette auf der südlichen Grenze des Hundsrückens bilden, wurden höher gehoben, als die übrigen Theile des Schiefergebirges, und man muss wenigstens drei, überhaupt so viele partielle Hebungen in denselben unterscheiden, als verschiedene Rücken vorhanden sind, die alle mehr oder weniger gleichzeitig entstanden, und mit der Aufrichtung der Schichten innig verbunden sind, so dass sie gewisser Massen mit ihr ein und dasselbe Phänomen ausmachen. Dabei ist es sehr wahrscheinlich, dass die höher hervorragenden Massen von Thon- und Grauwackenschiefer im Hangenden der gehobenen Quarzfelslager zum grössern Theile zerstört wurden. Als Zeugen solcher Zerstörungen kann man die Felspartbien betrachten, welche durch das Ausgehende der mächtigen Quarzfelslager bei Kirn, Abentheuer und Nonnweiler gebildet werden, und deren Vorspringen gegen das Kohlengebirge unwillkührlich die Vorstellung herbeiführt, dass sie lange Zeit, vielleicht als Uferklippen, dem zerstörenden Einflusse andrängender Meereswogen ausgesetzt seyn mussten.

Dass diese Hebungen einzelner Theile des Schichtensystems mit einem Zusammenrutschen und einer faltenartigen, oder zickzackförmigen Biegung desselben verbunden waren, wodurch das Fallen der Schichten nach verschiedenen Seiten der Streichungslinie hervorgebracht wurde, davon überzeugt man sich an dem Felsen von Durbuy, in den Ardennen (Siehe mein Essai d'une description géognostique du Grand-duché de Luxembourg

3

p. 40. sq.), oder bei einem Vergleiche der Gebirgsprofile, welche die Lagerungsverhältnisse des Kohlengebirges zu Eschweiler und bei Aachen darstellen, wie unter andern diejenigen sind, welche Herr Bergamtsdirector Schulze in Düren im I. B. von Rheinland-Westphalen mitgetheilt hat. Das Steinkohlengebirge ist daselbst, so wie auch an der Maas bei Lüttich, mit dem Uebergangs-Schiefergebirge gleichförmig gelagert; und die Felsarten, welche zwischen ihren Schichten die Steinkohlenflötze einschliessen, lassen sich von denjenigen, welche dem Kohlengebirge zur Unterlage dienen, in Bezug auf ihre Zusammensetzung und mineralogische Beschaffenheit, im Allgemeinen kaum unterscheiden. Aber durch den Grubenbau sind die Mulden und Sättel, welche die Schichten bilden, besser bekannt, als sie es durch die Thaleinschnitte allein seyn würden. Zugleich scheinen die Sattelrücken in dem Schichtensysteme des Hundsrückens theils durch Abschwemmung zerstört, theils bei Aufrichtung der Schichten durch die Faltung derselben zerrissen worden zu seyn, so dass sich dieselben um so weniger nachweisen lassen, da die Thonschiefer und Grauwackenschiefer auf verschiedenen Lagern einander zu ähnlich sind, als dass man die zusammengehörigen Muldenflügel auffinden könnte. Auch scheinen die Quarzfelslager zum Theil zu tief zu liegen, als dass sie durch das Rhein- oder Moselthal entblösst würden; und wo sie in den höhern Rücken zum Vorschein kommen, da scheinen sie sich über Spalten im Schichtensysteme zu erheben, indem die Biegsamkeit der Schichten, selbst wenn sie noch weich waren, so gross nicht seyn konnte, um Hebungen unter so scharfen Winkeln zu ertragen, ohne zu zerreissen.

Als eine besondere Nebenbildung des Quarzfelses kann man den Eisenglimmerschiefer betrachten, welcher durch Herrn Schmidt, nördlich von Winterburg, gegen Gebroth, am Soonwalde, aufgefunden wurde. Er ist ein schiefriges Gemenge von Quarz und von Eisenglimmer, welcher eine stahlgraue Farbe und einen fast metallischen Glanz hat, und dabei sehr feinschuppig ist. Das spezifische Gewicht des Gesteins ist 3,114; aber es ist wahrscheinlich zu arm, um als Eisenerz theils für sich allein, theils mit andern Erzen vermischt, mit Vortheil verschmolzen werden zu können. Auf Kohle vor dem Löthrohr geglüht, wird der Eisenglimmer von der Magnetnadel angezogen, und in Borax lös't er sich zu einem grünen Glase auf, welches durch dunklere Färbung bis in's Schwarze übergehen kann.

Da der Eisenglimmerschiefer in Brasilien, durch Herrn von Eschwege als die ursprüngliche Lagerstätte des Goldes betrachtet, und das Uebergangs-Thonschiefer-Gebirge von Guanaxuato und Potosí von goldhaltigen

Gängen durchsetzt wird (von Humboldt, Essai géognostique sur le gisement des roches, à Paris 1823 p. 92 sq., 153, 168 sq.); so ist es wohl nicht ohne einiges Interesse, wenn ich hier des Vorkommens des Goldes im Hundsrücken erwähne. Herr Noeggerath hat im ersten Bande von Rheinland-Westphalen Nachrichten über das Vorkommen des Goldes im Goldbache zu Andel, bei Bernkastel, mitgetheilt; und ich muss jetzt noch die Angabe hinzufügen, dass auch zu Stromberg, Gold in einem Bache gefunden werden soll, welcher aus dem Soonwalde herabkömmt. Vor einigen Jahren soll ein Goldkorn, das daselbst gefunden wurde, für 9 preuss. Thaler verkauft worden seyn. Die durch H. Noeggerath mitgetheilte Angabe, dass der Kurfürst von der Pfalz, Carl Theodor, im Jahre 1776, zu Andel Waschversuche hat anstellen lassen, wobei für 50 Flor. Gold gewonnen wurde, so wie das Vorkommen des Goldes in den Bächen, nach starkem Regen, führen zu der Vermuthung, dass an gedachten Orten Goldseifen vorhanden sind, deren Aufsuchung ein Gegenstand wäre, welcher wohl die Aufmerksamkeit der Regierung verdiente.

Ausser den bereits angeführten Dachschiefergruben ist in dem Thonschiefer- und Grauwackenschiefer-Gebirge des Hundsrückens 1) noch das Lager von weissem Quarze zu bemerken, welches bei Hunoldstein, östlich von Neumagen, an der Mosel, in Stunde 4 streicht, und unter 70° gegen NW. fällt. Es hat eine Mächtigkeit von 6—8 Lachter, und steht in schönen Felsen über die Oberfläche des Gebirges hervor. (Rh.-Westph. I. p. 202.). 2) Ebenso verdient der Quarzgang einige Aufmerksamkeit, welcher in dem Kautenbach, bei Bernkastel, Kupferkies, Bleiglanz, Weiss- und Schwarz-Bleierz führt und seit langer Zeit zu einem schwachen Grubenbetriebe Veranlassung giebt. In den Gruben ist man auch auf einen Gang von schwefelsauerm Baryt gekommen. Den ältern Zustand der Gruben bei Bernkastel und Trarbach beschreibt Schreiber in No. XI. des journal des mines, woselbst auch eine Analyse des Bleiglanzes und Kupferkieses der dasigen Gruben von Vauquelin geliefert wird. Auf ähnlichen Bleiglanzgängen wird noch zu Werlau, bei St. Goar, und seit Kurzem zu Heidenburg, bei Neumagen, einiger Grubenbau betrieben. Der Bleiglanz der Werlauer Gruben ist silberhaltig. 3) Wichtiger ist indessen das Vorkommen von dichtem Braun-Eisenstein, zwischen Reich, Biebern und Reckershausen, bei Kirchberg. Er wird zu Reich in offenen Tagegruben abgebaut, und scheint daselbst ein Lager zu bilden, welches 400—500 Schritte mächtig, parallel mit dem Thonschiefer, von SW. nach NO. streicht. Das Fallen ist undeutlich; das des Thonschiefers NW. Die Erze, welche aus dichtem Brauneisenstein

3*

bestehen, der mit Quarz und Thonschiefer durchsetzt und gemengt ist, so dass man sie als einen Brauneisenstein-Schiefer betrachten kann, werden auf der Utschenhütte, im Thale von Rheinböllen nach Stromberg, verschmolzen, nachdem man sie zuerst mit der Hand zerklopft und sortirt hat, wobei die tauben Parthien der schiefrigen Masse ausgeschieden werden. In der Gicht der Hochöfen setzt sich, wie in manchen andern Eisenhütten, beim Verschmelzen der Erze, eine graue, schiefrige Masse, mit erdigem Bruche an, die unter dem Namen Gichtschwamm an die Apotheken verkauft, und als giftig betrachtet wird. Ich habe dieselbe untersucht und gefunden, dass sie ein Gemenge von Zinkoxyd und Russ, nebst feinem Staub von Eisenoxyd ist, welcher durch den Luftzug mit fortgerissen wird. Ohne Zweifel rührt das Zinkoxyd von etwas Zinkblende her, welche mit dem Eisenerze vorkommen mag, so wie sie zu Bischofsdrohn mit Bleiglanz, auf einem nicht ganz bauwürdig befundenen Bleiglanzgange vorgekommen ist. Einige Gruben im Märker- und Soonwalde, bei Tiefenbach und Gräfenbach, welche ich aber nicht selbst gesehen habe, bauen gleichfalls auf Brauneisensteingängen. 4) Der Uebergangskalkstein bildet zu Stromberg bedeutende Felsmassen, welche parallel mit dem Schiefergebirge geschichtet sind, sich aber nach West und Ost nicht weit erstrecken, so dass man denselben als ein Lager betrachten muss, welches sich in geringer Entfernung nach beiden Seiten von Stromberg auskeilt. Der Kalk hat eine, theils hellere, theils dunklere, graue Farbe, und meistens einen dichten, splittrigen Bruch. Ein ähnlicher Kalk kömmt auch zu Münster an der Nahe, aber in geringer Mächtigkeit und Ausdehnung vor, und Herr Burkart giebt ein 3—4 Fuss mächtiges Kalklager nördlich von Weitersborn, am Simmerbache, in der Gegend von Kirn an, welches Stunde 5 streicht, und wie das umgebende Schiefergebirge, unter 75° nach N. fällt. „Es scheint von ziemlicher Ausdehnung zu sein, keilt sich öfter aus, legt sich dann indessen auch bald wieder an (Rh.-Westph. IV. p. 151.)". Versteinerungen sind aber im Kalke an keinem dieser Punkte bekannt.

Da das Kalklager zu Stromberg eine Mächtigkeit von ungefähr einer Viertelstunde Wegs besitzt, und sich dabei nur gegen eine Stunde Wegs in der Richtung der Streichlinie ausdehnt, so würde es schwer sein, sich das Vorkommen desselben unter solchen Umständen zu erklären, wenn nicht der Kalk zu Münster an der Nahe, und zu Weitersborn am Simmerbache, auf die Vermuthung führten, dass man den Kalk an diesen drei Orten als Theile eines und desselben Lagers betrachten müsse, das an allen zwischen diesen drei Punkten liegenden Orten entweder durch Druck unter die Oberfläche des Bodens hinabgeschoben, oder wieder zerstört wurde, noch ehe die Schichten von Thon- und Grauwackenschiefer, welche das Kalklager decken, gebildet wurden.

5) Nördlich und nordwestlich von Stromberg, erscheint östlich von der Salershütte und an der Neupfalz bei Dörrenbach, so wie auf einigen Höhen in der Nähe der Utschenhütte, immer bedeutend hohe Grauwacken-Plateaux einnehmend, eine wahrscheinlich nur sehr lokale (tertiäre?) Eisenerzformation. In einem bald weissen, bald gelben Letten, der weder Schichtung, noch sonst einige Regelmässigkeit zeigt, finden sich Nester von Braun-Eisenstein und von einem Quarzkonglomerate. Selten kennt man das unter dem Eisenerz vorkommende Gestein genau; nur auf der Grube Neupfalz bei Dörrenbach, soll man verschiedene Lettenlager durchsunken, und endlich eine Sandlage erreicht haben. Auch auf dem Kalksteinzuge, zwischen Stromberg und Dörrenbach, kommen solche Nester von Braun- und Roth-Eisenstein, nebst Eisenglanz und Quarz, in einem gelben und rothen Letten vor (Herr Burkart in Rh.-Westph. IV. p. 152—218.); und bei Dörrenbach wird seit einiger Zeit unter solchen Verhältnissen ein Manganoxyd (Schwarz-Manganerz) gegraben, welches sehr eisenoxydhaltig ist, aber dennoch an die Glashütten verkauft wird.

Auf eine ganz ähnliche Weise, wie hier bei Stromberg, kömmt der Braun-Eisenstein in dem an Uebergangskalkstein reichen Districte der Eifel, zwischen Büdesheim und Hillesheim, und in der Nähe von Marmagen bei Blankenheim, desgleichen auf dem Uebergangskalk- und Grauwackenschiefer-Gebirge bei Namur an der Maas (mémoire sur la constitution géologique de la province de Namur, par Cauchy; à Bruxelles 1825. p. 96. sq.) vor, und giebt an all diesen Orten zu einer bedeutenden Eisenproduction Veranlassung. Verschieden ist dagegen das Vorkommen des Braun-Eisensteins zu Lommersdorf in der Eifel, indem der dichte Braun-Eisenstein daselbst den Uebergangskalkstein in mehr oder minder mächtigen, gangartigen Streifen, in jeder Richtung, netzartig durchsetzt und innig mit demselben verbunden ist. Er verdrängt dabei den Kalk zuweilen fast ganz, und bildet auf diese Weise gleichsam einen im Kalke vorkommenden Gebirgsstock von Braun-Eisenstein, welcher ein, seiner Geschmeidigkeit wegen, sehr gerühmtes Eisen liefert.

Wegen der hier bemerkten Aehnlichkeit in den Gebirgsverhältnissen, habe ich die Umgebungen von Stromberg, und die aus Kalk, und thoniger, oder sandsteinartiger Grauwacke bestehenden Districte der Eifel, der Gegenden an der Maas und an der Lahn, auf der Gebirgskarte der Länder zwischen dem Rheine und der Maas, Mainz 1828, besonders bezeichnet, und von den an Quarzfels, Thonschiefer und Grauwackenschiefer, mit einer Art von doppeltem Blätterdurchgange, reichen Gegenden der Ardennen, des Hundsrückens, des Taunus und Westerwaldes getrennt. Die erstern bilden ein neueres Schichtensystem, als die letztern, und unterscheiden sich von diesen nicht nur durch die Beschaffenheit der Felsmassen und durch die Versteinerungen, welche dem ältern Schichtensysteme fast gänzlich fehlen, sondern auch durch den merkwürdigen Umstand, dass kieselige Konglomerate, welche in dem neuern Schichtensysteme, an der Maas, regelmässige Lager bilden, östlich von Malmedy eine grosse Gangspalte in dem ältern Systeme ausfüllen (Sieh' meine neuen Beiträge zur Geschichte der rheinischen Vulkane, Mainz 1821 p. 9., und mein Essai d'une description géognostique du Grand-duché de Luxembourg, Bruxelles 1828 p. 33.).

Herr Murchison, dessen gefälliger Belehrung ich folgende Notizen verdanke, hat ganz entsprechende Verhältnisse in den Uebergangs-Gebirgen Englands nachgewiesen, und dem Schichtensysteme, welches ich als das ältere Uebergangs-Gebirge bezeichnet habe, den Namen des cambrischen Systems gegeben; während er einen Theil der neuern Uebergangs-Gebirge mit der, gleichfalls aus der alten Geographie entlehnten, Benennung des silurischen Schichtensystems belegt hat. Das silurische System selbst theilt er wieder in die untere, mittlere und obere Abtheilung, und giebt an, dass demselben das System des alten rothen Sandsteins (old red sandstone) und des Bergkalks (mountain limestone), als das neueste Schichtensystem des Uebergangsgebirges aufgelagert sei.

Die untere Abtheilung des silurischen Schichtensystems ist in der versteinerungsreichen, thonigen und sandsteinartigen Grauwacke der Umgebungen von Prüm und Daun leicht zu erkennen, während der Kalk von Schönecken und Gerolstein, nach den Versteinerungen zu urtheilen, zum grössten Theile zu der mittlern Abtheilung desselben Systems zu gehören scheint, und die obere Abtheilung bis jetzt in der Eifel noch nicht bestimmt nachgewiesen werden kann.

Da die Dachschiefer und die Quarzfels-Rücken des Hundsrückens bestimmt zu dem cambrischen Schichtensysteme gehören, so fehlt also, zwischen dem Uebergangs-Gebirge des Hundsrückens und dem darauf gelagerten Kohlengebirge von Saarbrücken, nicht nur das ganze silurische Schichtensystem der Eifel, sondern auch das System des alten rothen Sandsteins und des Bergkalks; doch mit der Einschränkung, dass die Kalkschichten in den Umgebungen von Stromberg und nordöstlich von Kirn, und die versteinerungsreichen Quarzfelsschichten von Abentheuer bei Birkenfeld, vermuthen lassen, dass das silurische System, auf der Südseite des Hundsrückens, durch die Hebung der Quarzfelszüge in die Tiefe geschoben wurde, und nun von der Steinkohlen-Formation bedeckt ist, oder dass es theilweise, vor der Bildung des Kohlengebirges, wieder zerstört wurde.

Endlich mag noch bemerkt werden, dass man berechtigt ist, mit Bestimmtheit anzunehmen, dass das mittelrheinische Schiefergebirge auf Granit und granitischen Schiefern, auf Gneis und Glimmerschiefer, aufgelagert ist; indem sich viele Fragmente dieser Felsarten, unter den Auswurfsmassen der Vulkane, in der Eifel und in den Umgebungen des Lacher Sees, befinden. Ich habe vor einigen Jahren eine ganze Sammlung durchglühter Stücke granitischer Gesteine durch einen Freund, Herrn Clouth, erhalten, welcher dieselben in den Umgebungen des Ettringer Vulkans, bei Mayen, aufgefunden hatte.

## I. Das pfälzisch-saarbrückische Steinkohlengebirge.

Das pfälzisch-saarbrückische Steinkohlengebirge ist auf die fast senkrecht stehenden Schichten des bis jetzt beschriebenen Uebergangs-Gebirges aufgelagert; so dass seine Schichten im Allgemeinen parallel mit der Grenzlinie des Schiefergebirges, von Mettlach bis Bingen, streichen, und in der Nähe des Schiefergebirges ein südliches Fallen, von ungefähr 18°—20° haben, während sie auf der Südseite des im Anfange dieser Blätter abgegrenzten Bezirkes, von Saarbrücken bis in die Nähe von Lebach, und von Münchweiler am Glan, bis nach Odernheim, wo sich der Glan in die Nahe ergiesst, unter gleichem Winkel nach Norden geneigt sind. In dieses Lagerungsgesetz bringen jedoch die später zu beschreibenden Porphyr- und Trapp-Gebirge manchfaltige Ausnahmen, indem sie das Streichen und Fallen der Schichten des Kohlengebirges in ihrer Nähe sehr häufig verändern; so dass die obige Angabe als eine Regel zu betrachten ist, die um so richtiger befunden wird, je weiter man sich von den Porphyr- und Trapp-Gebirgen entfernt. Man kann demnach annehmen, dass das Kohlengebirge eine flache Mulde bildet, deren Längenaxe der Grenzlinie des Schiefergebirges parallel ist, und deren nördlicher, schmaler Flügel sich auf die fast senkrechten Schichten des Schiefergebirges flach auflegt, während das Grundgebirge, worauf der sehr breite südliche Muldenflügel ruht, nicht bekannt ist. Indessen scheint das Uebergangsgebirge ziemlich weit unter dem Kohlengebirge nach Süden durchzuziehen, indem es noch bei Düppenweiler, in der Nähe von Sarrelonis, aus dem jüngern Gebirge hervorsteht, und einer Seits auf eine kurze Strecke, die kaum ¼ Quadratstunde einnehmen dürfte, aus Thonschiefer besteht, der von Quarztrümmern durchzogen ist, anderer Seits in hohen Quarzfelsmassen die südliche Hälfte des Lidermonts zusammensetzt. Der Quarzfels des Lidermonts ist dicht, splittrig, nicht deutlich geschichtet, und bildet zum Theil ein Konglomerat, in welchem Quarzfelsgeschiebe, durch einen ganz ähnlichen Quarzfels zuweilen so innig verbunden sind, dass die Geschiebe mit dem Bindemittel gleichsam verfliessen, und sich nicht mehr davon trennen lassen. Da die Nord-Seite des Lidermonts aus rothem Porphyr besteht, so könnte man denken, dass der Quarzfels mit dem Porphyr gehoben worden, und eine Art Erweichung durch unterirdische Hitze erfahren habe, wodurch er seine Schichtung verloren, und das erwähnte, etwas befremdende Ansehen, besonders des Konglomerates, bekommen habe. Indessen ist es wahrscheinlicher, dass die Mächtigkeit der Konglomeratbänke sehr bedeutend ist, und dass die Schichtungsflächen an den nicht genug entblössten Felsen verdeckt sind. Herr Pastor Schmitt fand in dem Quarzfelse des Lidermonts, Abdrücke von Encriniten-Gliedern.

Der Lidermont erreicht nach der barometrischen Messung des Herrn Pastors Schmitt in Dillingen eine Höhe von 1360 par. Fuss über dem Meere, und liegt nicht weit ausserhalb der Richtung der Streichlinie des Quarzfelses von Abentheuer und Nonnweiler, so dass man vermuthen kann, dass er dem mächtigen Lager, das die Felsen bei beiden genannten Orten bildet, angehöre.

Das Steinkohlengebirge besteht hauptsächlich aus grauem Schieferthon und einem meistens grauweissen Sandsteine, der einer Seits in Kieselkonglomerat, anderer Seits in einen sehr thonigen Sandsteinschiefer übergeht; so wie auch der Schieferthon, durch Aufnahme von Quarzsand, allmählig zu einem schiefrigen Sandsteine werden kann. Der Sandstein bildet, besonders gegen die Mitte der Mulde, z. B. in der Gegend von St. Wendel und Ottweiler, oder bei Hochstetten an der Alsenz, zuweilen Bänke von 20 Schuh Mächtigkeit, und besteht aus weissen und grauen Quarzkörnern, denen mehr oder weniger fleischrothe Feldspathkörner und weisse Glimmerblättchen beigemengt sind. Letztere sind zuweilen in dem Sandsteinschiefer in solcher Menge vorhanden, dass er manchem Glimmerschiefer ähnlich wird, während das Gemenge von Feldspathkörnern und Quarz die arkose von Brongniart, oder den granite recomposé von Häuy bildet. Ausnahmsweise ist der Sandstein von sehr feinem Korne und fast kreideweiss, wie dieses besonders zu Langenthal, nördlich von Monzingen, der Fall ist. Die Farbe scheint alsdann durch ein weisses, steinmarkähnliches Bindemittel hervorgebracht zu sein, und der Sandstein wird dadurch dem gewöhnlichen Kohlensandsteine ganz unähnlich. Wird der Sandstein zu einem Kieselkonglomerate, z. B. bei Ottweiler und Nassau-Neunkirchen, am Potsberge bei Kusel, und am Hermersberge in der Gegend von Wolfstein, so enthält er vorzüglich baumnussgrosse und kleinere Geschiebe von grauem und weissem Quarze und schwarzem, gemeinem Kieselschiefer, und wird, besonders wenn er etwas braunroth gefärbt ist, wie bei Ottweiler, für Todtliegendes erklärt, z. B. von H. Schulze, in H. von Leonhards mineralogischem Taschenbuche für das Jahr 1822 p. 142. Ausnahmsweise besteht das Konglomerat zum grössten Theile aus Geschieben von granitischen Gesteinen, und enthält besonders viele Feldspathkörner, im Walde zwischen Oberkirchen und Fraisen, bei St. Wendel.

Die verschiedenen Abänderungen des Sandsteins und das Kieselkonglomerat wechseln mit Schieferthon auf eine so manchfaltige Weise, in bald mehr, bald minder mächtigen Lagern, dass es nicht wohl möglich ist, dafür eine allgemeine Regel anzugeben; und wenn sich auch in Bezug auf manche dem Steinkohlengebirge untergeordnete Lager, z. B. Kalk- und Steinkohlenflötze, auf grosse Strecken eine bemerkenswerthe Beständigkeit der Lagerungsverhältnisse zeigt, so dürfte auf der andern Seite auch anzunehmen sein, dass auf einem so grossen Gebiete, wie das des hier zu beschreibenden Kohlengebirges ist, die Anschwemmungen des alten Meeres, auf dessen Boden sich dasselbe bildete, nicht überall gleichförmig erfolgten. Am augenscheinlichsten möchte sich dieses wohl bei dem Schieferthone zeigen, welcher in den Umgebungen von Gresaubach bei Lebach, desgleichen bei Otzenhausen, Schwarzenbach und Castel bei Nonnweiler, und endlich bei Börschweiler, in der Gegend von Kirn, auf eine bedeutende Strecke die einzige anstehende Gebirgsart bildet, und eine solche Mächtigkeit zu haben scheint, dass man bezweifeln möchte, ob er daselbst bloss ein untergeordnetes Lager im Kohlen-Sandsteingebirge sei. Der Schieferthon enthält an den genannten Orten, viele, meistens nur einige Zoll, selten einige Fuss mächtige Flötze von gemeinem, mehr oder minder dunkelgrauem Thoneisenstein (kohlensauerm Eisenoxydul, gemengt mit Eisenoxydhydrat, nach Berzelius, Lehrbuch der Chemie III. p. 1118.), oder thonigem Sphärosiderit, welche durch meistens mehrere Schuh mächtige Zwischenlager von grauem Schieferthon von einander getrennt sind. Auf diesen Flötzen kommt der Thoneisenstein

4

häufig in plattgedrückten, ellipsoidischen Massen vor, welche gewöhnlich bis ½ Schuh lang und bis 4″ breit sind, und sich der Breite nach durch die Mitte spalten lassen, wo sie dann ziemlich häufig organische Einschlüsse, besonders Fischabdrücke enthalten, unter welchen Herr Agassiz in den Recherches sur les poissons fossiles (Neuchatel 1833) folgende species unterscheidet, Acanthodes Bronnii, Amblypterus macropterus, A. eupterygius, A. lateralis, A. latus, (Lebach, Börschweiler), Palaeoniscus Duvernoy, P. minutus (Münsterappel); Pygopterus lucius (Saarbrücken); wozu ich noch schöne Exemplare von Amblypterus punctatus im Schieferthone zu Lebach zähle. Der Amblypterus macropterus kömmt am häufigsten vor; seltener der Palaeoniscus Duvernoy, in Thoneisenstein-Nieren zu Lebach und Castel bei Nonnweiler; der Acanthodes Bronnii zu Börschweiler und Lebach; und der Amblypt. eupterygius zu Lebach. Den Amblypt. lateralis und Palaeon. minutus habe ich noch nicht gesehen; dagegen habe ich den Amblypt. latus auf Schieferthon von Otzenhausen erhalten; und zu Braunshausen ist in einer Thoneisenstein-Niere ein Fisch-Skelet vorgekommen, welches 8″ lang und 2″ breit ist. Ein Theil der Gräte und Knochen ist noch gut zu erkennen; der Kopf war ungefär 2″ lang und fast eben so breit; und eine einzige, zwei Zoll lange Rückenflosse steht weiter am Körper zurück, als bei irgend einem andern Fische der Steinkohlenformation. Ich kann noch dreizehn über einen halben Zoll hohe Strahlen in dieser Rückenflosse erkennen, welche sich über einer Reihe eigener Knöchelchen erheben. Spuren der Steissflosse sind ebenfalls noch sichtbar. Ohne Zweifel gehört dieser Fisch zu dem Geschlechte Dipterus von Sedgwick und Murchison, oder zu dem Geschlechte Catopterus von Agassiz; und er ist vermuthlich der Dipterus macropygopterus (Agassiz vol. 2. tab. 2.), mit welchem er den Dimensionen nach übereinzustimmen scheint. Wohl ist der Kopf in meinem Exemplare etwas grösser, als in der angeführten Abbildung; aber er ist von oben herunter zusammengedrückt, während er in der Abbildung von der Seite gesehen wird; und dieses macht, dass man einen fast doppelt so breiten Kopf vor sich zu haben glaubt.

Auf dem Eisenhüttenwerke bei Nonnweiler wurde auch der Abdruck eines Fischkopfes in einer Thoneisenstein-Niere gefunden, welcher von der nämlichen Species herzurühren scheint, indem er ungefähr dieselben Dimensionen hat. Die Kinnladen sind 2″ 6‴ lang, und haben eine bedeutende Stärke; sie sind mit einer Reihe spitzer, runder Zähne besetzt, von welchen die grössten eine Linie lang sind, so dass also der Fisch ein starker Raubfisch war.

Manchmal enthalten die Eisenstein-Nieren rundliche Körper, welche man oft für Krebse und für Tannenzapfen (Lepidostrobus?) hielt, ohne dass es möglich war, ihre ursprüngliche Beschaffenheit genau anzugeben. Zuweilen sind es Fischköpfe. In einem Exemplare von Lebach sind die Kinnladen und Zähne ganz deutlich, und es gehört wahrscheinlich zu Pygopterus lucius von Agassiz, womit es der Grösse nach übereinstimmt. Häufiger sind es runde, längliche, graue, erdige Massen, mit vielen Fischschuppen durchmengt, welche wohl die Excremente grösserer Fische, Koprolithe, sein mögen. Ihrer erwähnt auch Schmidt (Rheinland-Westphalen IV. p. 113.). Ausnahmsweise enthalten die Ellipsoide einen Kern von Bleiglanz, oder von Zinkblende.

Aber auch der Schieferthon enthält dieselben Fischabdrücke und die gewöhnlichen Pflanzenabdrücke der Steinkohlengruben, doch bei weitem nicht so häufig; und, was besonders merkwürdig ist, selbst in so grosser Entfernung, wie zu Münsterappel, in der Nähe des Donnersberges, und zu Heimkirchen, in der Nähe von Wolfstein, in der Pfalz, kommen im Schieferthone, der daselbst mit schiefrigem Sandsteine wechselt, eben solche Fische vor. Zu Münsterappel ist zuweilen Zinnober auf den Fischabdrücken angeflogen. — Sollten sich wohl die Fischabdrücke an all diesen Orten, auf demselben mächtigen Schieferthonlager vorfinden, welches örtlich modificirt, in der Pfalz die Thoneisensteinflötze nicht enthält, wodurch es sich zu Lebach, Nonnweiler und Börschweiler auszeichnet? Oder würde man vielleicht durch Bohrversuche auch zu Heimkirchen, in grösserer Tiefe bauwürdige Thoneisensteinflötze, in dem Schieferthone, auffinden können? Es würde für die pfälzische Industrie wichtig sein, diesen Gegenstand näher zu untersuchen.

Zu Gresaubach, Nonnweiler und Börschweiler, hat der Schieferthon wahrscheinlich eine Mächtigkeit von mehrern hundert Schuh. Auf dem Eisenhüttenwerke bei Nonnweiler hatte man ihn, bei einem Bohrversuche, mit einer Tiefe von 170 Schuh noch nicht durchsunken; so dass die Eisenstein-Niederlagen an genannten Orten, welche das Erz für die Eisenhütten bei Bettingen, in der Nähe von Lebach, zu Nonnweiler, Abentheuer und Asbach bei Birkenfeld liefern, unerschöpflich zu sein scheinen. Zu Gresaubach ist der Schieferthon fast horizontal gelagert, und hat nur schwaches nördliches Fallen. Zu Nonnweiler, Otzenhausen, und Schwarzenbach hat er schwaches, südliches Fallen; und am obern Ende des Dorfes Nonnweiler selbst, enthält er dünne Schichten von Thoneisenstein, und legt sich flach auf die fast senkrechten Schichten des bei der Kirche anstehenden Quarzfelsen. Auf der Südostseite von Otzenhausen, im Dorfe Schwarzenbach, und

4*

zu Castel, unterhalb Schwarzenbach, steht Kohlensandstein an, welcher zu Otzenhausen Pflanzen-Abdrücke enthält; aber es ist nicht wohl möglich, seine Lagerungsverhältnisse gegen den in der Nähe vorkommenden Schieferthon anzugeben. Zu Niederwörresbach legt sich Kohlensandstein und Schieferthon mit Pflanzenabdrücken und mit Abdrücken einer kleinen, zweischaligen Muschel, wahrscheinlich derselben species, welche zu Niederstaufenbach bei Kusel vorkömmt, mit südlichem Fallen, unter einem Winkel von 20° auf die fast senkrechten Schichten des Thonschiefergebirges. Etwas südlicher kömmt man zu den Thoneisenstein-Gruben von Börschweiler, wo der Schieferthon mehrere hundert Schuh mächtig zu sein scheint.

Herr Schmidt hat die Thoneisensteinflötze im Schieferthone fast auf der ganzen südlichen Seite des Hundsrücker Schiefergebirges, von Lebach bis bei Weinsheim, unweit Kreuznach, aufgefunden (Rheinland-Westphalen IV. 37. f.); aber meistens ist ihre Mächtigkeit so unbedeutend, dass sie höchstens dazu dienen, die Gleichförmigkeit in der Zusammensetzung des Kohlengebirges zu beweisen, und den ursprünglichen Zusammenhang der oben genannten Hauptniederlagen des Thoneisensteins zu vermuthen, welche wohl zu einem der neuesten Schichtensysteme des Kohlengebirges gehören mögen; indem der südliche Flügel der flachen Mulde, welche sie bilden, den bei weitem grössern Theil des Kohlengebirges, von Gresaubach und Tholey bis nach Saarbrücken, zu decken scheint, wenn sich auch der nördliche Flügel bei Nonnweiler und Börschweiler unmittelbar auf das Uebergangs-Gebirge auflegt. Selbst das bedeutendere Vorkommen des Schieferthons, mit untergeordneten Thoneisenstein-Flötzen, zu Bulenberg bei Birkenfeld, zu Sotzweiler, und zwischen Tholey und Bliesen, ist wohl nur als schwach zu bezeichnen, wenn man es mit Börschweiler, Nonnweiler und Gresaubach vergleicht; was schon daraus hervorgehen dürfte, dass der Thoneisenstein an den zuletzt genannten Orten meistens durch Abbau des Schieferthon-Gebirges, in offenen, frei zu Tage liegenden Gruben gewonnen, während zu Bulenberg nur unterirdischer Bau, vermittelst eines Stollens und Schachtes betrieben wird. Das Kohlengebirge legt sich an zuletzt genanntem Orte an das Uebergangsgebirge an, dessen fast senkrechte Schichten Stunde 4⅞ streichen, mit südlichem Fallen, unter einem Winkel von 30°—36° (Rheinland-Westphalen IV. p. 29.), und es findet ein häufiger Wechsel zwischen Schieferthon, Kohlensandstein und Kieselkonglomerat statt; während zwischen Feckweiler und Birkenfeld nur Kohlensandstein vorkömmt, welcher wahrscheinlich das Bulenberger Schieferthongebirge deckt. Die gleichfalls freiliegenden Eisensteingruben bei Tholey befinden sich nicht immer, und nur schwach im

Baue, und zu Dörschweiler ist auch ein Stollen, neben den offenen Gruben, in den Schieferthon getrieben.

Uebrigens muss noch bemerkt werden, dass der gemeine, oder graue Thoneisenstein auch in dem Schieferthone des an Steinkohlen besonders reichen Bezirks bei Saarbrücken, z. B. bei Wellesweiler, bei Nassau-Neunkirchen, zu Geislautern und Fischbach sehr häufig, wenn auch nicht immer in der Mächtigkeit und Menge vorkömmt, dass er der Gegenstand einer besondern Förderung wäre. Gewöhnlicher kömmt er daselbst auf den Schieferthonflötzen, „in rundlichen Knoten und Putzen, von ein bis sechs Fuss Länge „und Breite, und nach Verhältniss dieser Ausmessungen, von 6 Zoll bis 3 „Fuss Dicke vor, welche 3 bis 10 Fuss, und oft noch viel weiter von ein- „ander entfernt, mehrentheils in der nämlichen Schichtungslinie dergestalt „inne liegen, dass ihre grösste Durchschnittsfläche mit der Schichtung parallel „ist." Und in dem kohlenreichen Districte zwischen Ottweiler, Saarbrücken und Sarrelouis dürften sich leicht einige hundert verschiedene Putzenflötze der Art aufzählen lassen (Rheinl.-Westph. IV. p. 101.), auf welchen die Bewohner der verschiedenen Dorfschaften den Thoneisenstein in den Wäldern graben, um ihn auf die Eisenhütten in der Nähe, besonders zu Neunkirchen, St. Ingbert, Fischbach, Kreutzwald und Geislautern zu liefern, welche den grössten Theil ihres Eisensteinbedarfes auf diese Weise beziehen. Zuweilen ist der Thoneisenstein an den zuletzt genannten Orten das Versteinerungsmittel vorweltlicher Pflanzenreste, die als dickere Stämme im Schieferthone liegen; und er enthält, wenn er schiefrig ist, die gewöhnlichen Pflanzenabdrücke des Steinkohlengebirges. Selten, oder nie, enthält er daselbst Fische (Schmidt in Rheinland-Westphalen IV. p. 109.); vermuthlich weil die Kohlensäure, und das kohlenhaltige Wasserstoffgas, welche sich aus den Pflanzenmassen entwickelten, aus denen die Steinkohlen entstanden sind, das Wasser zum Aufenthalte der Fische untauglich machten. Das spezif. Gewicht des Thoneisensteins ist von 3,22 bis 3,68, und er liefert im Grossen 20 bis 23 Prozent Eisen. Wenn er lange der Luft ausgesetzt war, verändert er sich in braunes Eisenoxydhydrat. Herr Schmidt beschreibt unter der Aufschrift: unbekanntes Eisenerz (Rheinland-Westphalen IV. 120. f.), ein kohlensaures Eisenoxydul, welches in seiner Farbe, vom Leberbraunen bis ins Pechschwarze wechselt, und einen dichten Bruch hat. Es löst sich in Säuern unter starkem Brausen auf, und kann sehr wohl zum Spath-Eisensteine gezählt werden. Es kömmt in den Kohlengruben bei Nassau-Neunkirchen und Neudorf, drei bis neun Zoll mächtig, im Schieferthone vor.

Eine bemerkenswerthe Ausnahme von der Regel, dass der Schieferthon des Steinkohlengebirges nur Flötze von kohlensauerm Eisenoxydul enthält, liefert der dichte Roth-Eisenstein (das rothe Eisenoxyd) von St. Ingbert, Spiessen bei Neunkirchen, und Schiffweiler. Herr Schmidt bemerkt, „dass sich „derselbe meist nur, zwar niemals unmittelbar, aber doch immer nahe unter „den mächtigern Kieselkonglomeratlagen befindet. Schieferthon, der mehren„theils roth gefärbt ist, begleitet ihn in Dach und Sohle. Kohlenflötze, „Kohlensandstein und gemeiner Thoneisenstein sind niemals weit von ihm „entfernt.“ Sein spezif. Gewicht ist 4,497 bis 4,62. „Er ist wohl das reich„haltigste und gutartigste Eisenerz der Gegend von Saarbrücken, kömmt „aber in zu geringer Menge vor, um einen merklichen Einfluss auf das „Ausbringen der Hochöfen haben zu können“ (Rheinland - Westphalen IV. p. 118. f.). Auch der Röthel, oder thonige Rotheisenstein, kömmt in Nestern auf sehr roth gefärbten Thonflötzen, zwischen Schichten von Kohlensandstein, bei Bubach und bei Bupperich, in der Nähe von Lebach, aber insbesondere in der Nähe des Imsbacher Hofes bei Tholey vor, und wird daselbst zum Verkaufe an die Schreiner und Zimmerleute, in offenen, frei zu Tage liegenden Gruben gefördert. Der gemeine, nierenförmige und schiefrige Thoneisenstein (das thonige, kohlensauere Eisenoxydul), nebst dem dichten Roth-Eisenstein, sind die einzigen Eisenerze, welche das Steinkohlengebirge liefert. Auf der Eisenschmelzhütte zu Imsbach am Donnersberge, wird meistens ockriger Rotheisenstein verschmolzen, welcher bei der Wolfersball, in der Nähe von Imsbach, auf zwei Gängen in Trappgesteinen vorkömmt, welche h. 7—8 streichend, 80° NO. geneigt, der eine 3—4 Fuss, der andere 3—5 Lachter mächtig sind, und über 1½ Stunde mit bekanntem Aushalten fortstreichen. In der Ameisendell bei Falkenstein ist ein Schacht auf diesen Rotheisenstein im rothen Porphyre des Donnersberges abgeteuft. Der Gang ist daselbst ungefähr 1 Schuh mächtig, und ich vermuthe der Lage wegen, dass er einer derjenigen ist, welche in der Wolfersball abgebaut werden. In dem Kirchheimbolander Walde, etwa eine Stunde SW. von Kirchheimbolanden, werden Nester von dichtem und fasrigem Rotheisenstein, in wackenoder grünsteinartigem Trapp bearbeitet (Siehe F. von Oeynhausen in Rheinland-Westphalen I. p. 181, und geognostische Umrisse der Rheinländer von C. v. Oeynhausen I. p. 311 und Rheinland-Westphalen I. p. 200). Ausser dem Rotheisenstein wird auf derselben Eisenhütte noch erdiger und körniger Brauneisenstein (hydroxyde de fer limoneux) verschmolzen, welcher seit einiger Zeit aus dem Tertiärgebige bei Heimersheim, in der Gegend von Alzey, bezogen wird.

Wenn man das Vorkommen des Schieferthons zu Nonnweiler und

Börschweiler, in und nahe bei den Einbiegungen des Uebergangsgebirges betrachtet, wo bedeutende Quarzfelslager, östlich von den Schieferthonniederlagen, gegen das Kohlengebirge vorspringen, so scheint die Vermuthung nicht ohne einigen Grund, dass die südliche Grenze des Hundsrücker Schiefergebirges lange Zeit hindurch das Ufer des Meeres gewesen sei, in welchem sich das Kohlengebige bildete; und dass das Wasser in den oben bezeichneten Buchten gegen stärkere, von Süd-Osten herkommende Strömungen geschützt, einen ruhigen Stand hatte, so dass nur ein feiner Schlammabsatz, welcher den Schieferthon lieferte, in diesen Buchten und in ihrer Nähe stattfand. Wo dagegen das Wasser stärker bewegt war, mochten sich zur nämlichen Zeit, Sand und Gerölle, in grösserer Menge, zu Kohlensandstein und Kieselkonglomerat anhäufen, so dass die verschiedene Stärke der Bewegung des Wassers, und örtliche Strömungen, welche wohl gleichzeitig in verschiedenen Theilen des Meeres stattfinden mochten, aus welchem sich das Steinkohlengebirge absetzte, die Ursachen gewesen sein mögen, wodurch das Kohlengebirge bei gleichbleibendem, allgemeinem Character, dennoch eine nicht unbedeutende örtliche Verschiedenheit in seiner Zusammensetzung angenommen hat. Wenn auch nicht gleiche Rücksichten, wie bei Nonnweiler und Börschweiler, die grosse Mächtigkeit des Schieferthons bei Gressenbach erklären, so ist es doch kaum zu bezweifeln, dass auch dieser Punkt ausserhalb der Strömungen lag, welche das alte Meer bewegten, weil sich daselbst ebenfalls, lange Zeit hindurch, ein schlammiger Absatz niederschlug; während zur nämlichen Zeit an andern Punkten, die auf der nämlichen Streichungslinie liegen, welche aber stärkern Strömungen ausgesetzt waren, zur Zeit der grössern Strömungen, Sand und Gerölle angeschwemmt wurden, und einen kiesigen Meeresboden bildeten, dagegen zur Zeit der Ruhe ein Schlammabsatz erfolgte, welcher nun als Schieferthon mit den Sandstein- und Konglomeratschichten wechselt.

Dass das Schiefergebirge des Hundsrückens, wie gesagt, aus dem Meere inselartig hervorstand, als sich auf seiner Südseite das Kohlengebirge bildete, und dass südöstliche Strömungen den Sandstein und das Kieselkonglomerat anschwemmten, geht übrigens auch aus der Beschaffenheit dieser Felsarten selbst hervor. Denn sie enthalten entweder gar keine Trümmer und Reste des Uebergangs-Schiefergebirges, oder doch nur ausnahmsweise und in sehr geringer Menge; dagegen, wie oben bemerkt, Trümmer granitischer Gesteine und anderer sogenannten Urfelsarten, die Sandsteine und Konglomerate des Kohlengebirges allein zusammensetzen. Aber nur im Osten und Südosten unseres Gebirgsdistrictes finden sich diese Felsarten, im Spessarte, dem Odenwalde, Schwarzwalde und in den Vogesen. Hätte das Meer zur Zeit der Bildung des Kohlengebirges das Hundsrücker Schiefergebirge bedeckt, so wäre es unerklärlich, warum nicht auch Quarzfelsgerölle im Sandsteine und in dem zum Kohlengebirge gehörigen Konglomerate gefunden werden.

Während der Schlammabsatz den Schieferthon zu Gresaubach, Nonnweiler und Börschweiler bildete, scheint an denselben Orten, von Zeit zu Zeit, ein Ausbruch eisenhaltiger Sauerwasser stattgefunden zu haben, welcher durch die starke Entwickelung von Kohlensäure, womit er begleitet war, die Fische verscheuchte und theilweis tödtete. Das kohlensaure Eisenoxydul, welches sich in dem Masse niederschlug, als sich die Kohlensäure verflüchtigte, wickelte in seinem Schlamme die getödteten Fische ein, und bildete den nierenförmigen, und wo keine Fische waren, den schiefrigen Thoneisenstein. Dies ist wohl die Uebersetzung des Phänomens der Thoneisenstein-Schichten, aus der chemischen, in die gemeine Sprache. Ob aber der Ausbruch des eisenhaltigen Sauerwassers auf dem Boden des Meeres, periodisch und mit langen Unterbrechungen, aber alsdann immer heftig, erfolgte; oder ob er die langsame Wirkung lokaler, submariner Sauerquellen war; darüber lässt sich schwer eine Meinung feststellen. Für die erste Annahme spricht der Wechsel der Thoneisenstein-Schichten mit den Schichten des Schieferthons, und der Umstand, dass die Fische plötzlich in eine bedeutende Masse von kohlensauerm Eisenoxydul eingewickelt werden mussten, um gegen die Fäulniss geschützt zu sein, was wohl durch Sauerquellen nicht hätte geleistet werden können. Auch muss man die später zu beschreibenden, rothen Porphyre und die Trappfelsarten, innerhalb der Grenzen des Kohlengebirges, als die Producte untermeerischer Vulkane betrachten; so dass man also hier wohl denken kann, dass das Hervorbrechen eisenhaltiger Sauerwasser mit vulkanischen Erscheinungen in Verbindung stand, und periodisch war, wie diese zu sein pflegen; und diess um so mehr, da sich am Lidermont, zu Düppenweiler, wirklich nachweisen lässt, dass mit dem rothen Porphyre bedeutende Massen von Spatheisenstein gebildet wurden. Anderer Seits könnte man aber auch denken, dass es zur Erklärung des Thoneisensteins hinreichend sei, gewöhnliche Sauerquellen auf dem Boden des Meeres anzunehmen, welche lange Zeiträume hindurch das Material zur Bildung des Thoneisensteins geliefert hätten; dass diese Bildung ruhig und langsam erfolgt, und nur nach grössern Stürmen eine bedeutendere Schlamm-Masse als Schieferthon abgesetzt, und dadurch die Bildung des Thoneisensteins unterbrochen worden sei. Da die Sauerquellen zu den vulkanischen Erscheinungen gehören, so würde das Vorkommen des Thoneisensteins also wohl auch auf diese Weise mittelbar von der vulkanischen Thätigkeit, die in diesem alten Meere statt fand, abhängig gemacht; aber man würde sich doch vielleicht enger an diejenigen Erscheinungen anschliessen, welche die jetzt thätigen Vulkane darbieten, wenn es nicht schwer wäre, auf diese Weise das Vorhandenseyn der Fische in den Thoneisenstein-Nieren genügend zu erklären.

Eben so lokal, wie der Thoneisenstein, scheinen sich auch die hauptsächlichsten Steinkohlenflötze innerhalb der Grenzen unseres Gebirgsdistrictes gebildet zu haben, indem sie vorzüglich zwischen Wellesweiler, bei Nassau-Neunkirchen, und zwischen Saarbrücken und Schwalbach bei Sarrelouis, auf einer Fläche von ungefähr vier deutschen Quadratmeilen vorkommen. Die herrschende Gebirgsart ist ein grobkörniger, konglomeratartiger Kohlensandstein, nebst dem Kieselkonglomerate, welches dem Todtliegenden der deutschen Gebirgsforscher in Zusammensetzung und Aussehen vollkommen ähnlich ist. Auch ist deswegen der grösste Theil dieses Districtes mit Waldungen bedeckt, da er sich zum Ackerbaue wenig eignet. Untergeordnet ist der graue Schieferthon, welcher zuweilen schwache Flötze von Thoneisenstein, selten von dichtem Rotheisenstein, enthält, und mit Schichten von Kohlenschiefer (Brandschiefer), Kohlensandstein und Steinkohlen wechselt. Das Hauptstreichen der Kohlenflötze ist von SW nach NO gerichtet, mit einem Hauptfallen gegen NW von etwa 20°, so dass die nordwestlichen Flötze die hangendsten sind. Von dieser Regel machen nur specielle Mulden und Sattelbildungen zu Neunkirchen und Wellesweiler und bei Geislautern eine Ausnahme. (Vergl. Karsten l. c. p. 172 und Karte der Länder von Basel bis Mainz von v. Oeynhausen und v. Dechen &c.).

„Die Kohlenflötze erreichen zuweilen eine Mächtigkeit von 8 bis 14 Fuss. „Flötze, die weniger als zwei Fuss mächtig sind, finden sich in grosser „Menge, ohne dass man noch zur Zeit, wegen Ueberfluss an mächtigern, bei deren Abbau Vortheil findet, so dass als Regel angenommen werden kann, dass die in Bau stehenden Flötze in der Mächtigkeit von 2 bis 14 Fuss wechseln. Mit der einzigen Ausnahme, dass zu Hostenbach, bei Geislautern, Schachtförderung statt findet, und eine Dampfmaschine in Thätigkeit ist, wird der Bau, vermittelst Stollen, über der Thalsoole, betrieben, so dass die Gruben-Wasser, auf der Stollen-Soole von selbst abfliessen. Meistens löest man die Flötze vom Thale aus durch Querschläge, das heisst, durch Stollen, welche mit dem Streichen der Flötze einen rechten Winkel machen, und baut sie dann links und rechts, mittelst söhliger Strecken, diagonaler und Bremswerke ab, und zwar die obersten zuerst. Sie liefern theils fette, theils magere Kohlen. Im Jahre 1837 wurden ungefähr 4 Millionen Zentner Kohlen gefördert, und eine Ausbeute von 320,000 Preuss. Thl. an reinem Gewinne gemacht (Aus Privat-Mittheilungen. Aehnliche Angaben siehe in der topographischen Beschreibung des Regierungsbezirks Trier, 1833; im Anhange, pag. XXIII.). In einer Anmerkung zu der deutschen Uebersetzung von W. Buckland's Geologie p. 300 wird angegeben, dass man bei Saarbrücken an 120 besondere, über einen Fuss mächtige (Kohlen-) Lagen, und verschiedene schwächere zähle, die nie abgebaut werden. „Gewöhnlich „setzt man die Zahl der bekannten, bauwürdigen Flötze im Saarbrücker „Reviere, die also über zwei Schuh mächtig sind, auf mehr als hundert. „Das Sohlgebirge der Kohlenflötze besteht gewöhnlich aus einem grauen, „etwas thonigen, mehr oder weniger fein- und scharfkörnigen Kohlensand„stein, und das Dach derselben wird meist von Schieferthon gebildet. Doch „finden hierunter öfters Ausnahmen statt: so ruht z. B. zu Güchenbach zu„weilen ein ziemlich feinkörniger und etwas dickbankiger, rother Kohlen„sandstein unmittelbar auf einem Kohlenflötze, und ein Flötz bei Dutlweiler „ist unmittelbar mit einer Schicht von grobkörnigem, beinahe konglomerat„artigem, sehr festem Kohlensandstein bedeckt. Oefters findet sich auch „zwischen dem Sandstein und den Kohlenflötzen eine Lage von Schieferthon, „der besonders am Ausgehenden manchmal, wie z. B. bei dem 4 Fuss mächt„igen Kohlenflötze im Kohlwalde bei Neunkirchen, zu Letten aufgelöst ist. „Schieferthonlagen von einem halben Zoll bis zwei Fuss finden sich häufig „in den Kohlenflötzen selbst, in denen auch zuweilen Lettenlagen, die aber „selten stärker als ein bis zwei Zoll sind, vorkommen. Letzteres ist unter „andern bei dem sieben Fuss mächtigen Kohlenflötze zu Friedrichsthal der „Fall, welches durch eine nur einen Zoll mächtige Lettenlage, die aber „durch das ganze Flötz, so weit es bis jetzt noch aufgeschlossen worden „ist, sehr regelmässig und gradlinig hindurch läuft, in zwei ziemlich gleiche „Theile geschieden wird.

„Sonst sind die Schieferthonflötze stets durch Lagen von Faserkohle „(faserigem Anthrazit), die selten die Mächtigkeit eines Zolles übersteigen, „in drei Zoll bis einen, selten zwei Fuss dicke Bänke, welche immer sehr „regelmässig fortlaufen, abgetheilt. Zu Güchenbach und Rittenhofen werden „die Kohlenflötze ausserdem auch noch von ein, bis ein und einen halben „Zoll dicken Thonsteinflötzchen eben so regelmässig in 6 bis 12 Zoll mächt„ige Bänke abgesondert. Auch sind dergleichen in dem Schwalbacher Kohl„enflötze vorhanden. Aus einem ähnlichen Thonstein besteht das Dach eines

„Kohlenflötzen zu Wellesweiler. Der Thonstein ist hier an drei Fuss mächtig, „und wird von andern Kohlengebirgsarten bedeckt. Er wird von den Kohl-„enbergleuten irrig wilder Kalkstein genannt *).

„Ziemlich gemein ist das Vorkommen von zwei bis fünf Fuss langen „und breiten, und sechs Zoll bis zwei Fuss dicken, überall abgerundeten „Thoneisensteinknoten, im Dach, zuweilen auch in der Sohle der Kohlen-„flötze. Sie sind jedoch meist noch durch eine Schieferthonlage von den „Kohlen geschieden und kommen nur selten in unmittelbare Berührung mit „denselben. Auf dem Rieth bei Neunkirchen liegt über einem 18 Zoll mäch-„tigen Kohlenflötze zunächst eine Lage Schieferthon von 16 Zoll, auf diesem „eine drei bis 12 Zoll mächtige Schicht eines problematischen Eisensteins **), „der wieder mit einem nur wenige Linien mächtigen und mit Schieferthon „eingeschlossenen Kohlenstreifen bedeckt ist, auf dem ein drei Zoll bis drei „Fuss mächtiges Flötz von schiefrigem, schwarzem Thoneisenstein folgt, „welcher Schieferthon, zuweilen auch Kohlenschiefer, der dann immer dünn „mit Schieferkohle gefasert ist, zum Dache hat.“ (Schmidt in Rheinland-Westphalen IV. p. 85 sq.).

Sehr häufig kommt der Kohlenschiefer (Brandschiefer) in Flötzen, die mehrere Fuss mächtig sind, auch da vor, wo Steinkohlenflötze fehlen, und er wechselt dann, wie diese letztern zu thun pflegen, mit Schieferthon und Kohlensandstein, oder Kieselkonglomerat. Der Kohlensandstein, Schieferthon und Thoneisenstein enthalten gewöhnlich die verkohlten Reste und Abdrücke vorweltlicher Pflanzen; oder sie sind das Versteinerungsmittel derselben; und diess ist, obgleich in der Nähe der Saarbrücker Steinkohlenflötze bei weitem am häufigsten, doch auch selbst in den übrigen Districten des Kohlengebirges da zuweilen der Fall, wo keine Kohlenflötze vorkommen, wie zu Lebach, Otzenhausen und Niederwörresbach. Im Kalke, welcher in Flötzen von höchstens 6—7 Fuss Mächtigkeit, innerhalb der Grenzen des Kohlengebirges vorkömmt, sind die Pflanzenabdrücke selten, und mir nur zu Medart am Glan bekannt, wo eine pecopteris ziemlich häufig, und im Kalke selbst, vorkömmt, welche mit pecopteris arborescens Brongn. übereinzukommen scheint. Gewöhnlich liegen die Pflanzen-Abdrücke und Versteinerungen mehr oder weniger parallel mit der Schichtungsfläche des Gesteins, worin sie eingeschlossen sind, jedoch sind auch die Fälle nicht selten, wo die Pflanzenversteinerungen senkrecht auf den Schichtungsflächen stehen,

*) Er ist geognostisch von dem Schieferthone wohl nicht zu unterscheiden. St.

**) Kohlensaures Eisenoxydul. St.

und durch mehrere Schichten hindurch gehen (vergl. Karsten, in der Abhandlung über die kohligen Substanzen des Mineralreichs etc. p. 241.), ohne dass man darum mit Bestimmtheit sagen könnte, dass sie sich in diesem Falle an der ursprünglichen Stelle ihres Wachsthums befänden.

Herr Goldenberg zählt, in dem Saarbrücker Gymnasial-Programme für 1835, ein hundert und zwei Pflanzen-Species auf, welche in den Kohlengruben der dasigen Gegend gefunden werden, und unter welchen sich 46 Farren befinden, nebst 14 Sigillarien, welche er, mit H. Brongniart, als Strünke baumartiger Farren betrachtet. Zu den Marsiliaceen, als Süsswasser-Pflanzen, rechnet er drei, zu den Lycopodiaceen, denen er auch die Lepidodendra beizählt, zwölf Arten; und zu den Equisetaceen, mit denen er, nach H. Brongniart, die Calamiten verbindet, zwölf Arten. Pflanzen, deren Stelle im Systeme unbestimmt ist, zählt er fünf.

Ich selbst habe keine Gelegenheit gehabt, alle diese Pflanzen-Abdrücke zu untersuchen; da aber doch die Sammlung der Gesellschaft nützlicher Forschungen Einiges enthält, was zu besondern Bemerkungen Veranlassung geben kann, so will ich diejenigen Arten aufzählen, welche ich verglichen habe. Ich werde mich dabei theils der Benennungen des H. von Sternberg, theils derjenigen des H. Brongniart bedienen, und zugleich die Namen derjenigen Species beifügen, welche H. von Sternberg selbst, aus den Saarbrücker Gruben, anführt, und welche H. Brongniart, oder H. Goldenberg, nach H. Brongniart, bestimmt haben, um auf diese Weise eine Uebersicht der bis jetzt bekannten, fossilen Flora von Saarbrücken zu liefern.

## I. Algae.

1) *Fucoides filiformis;* mihi fig. 1. Filis ramosis; ramis divaricatis, vario intertextis. Affinis videtur Algacili intertexto Sternb. fasc. V. et VI. tab. XXI. fig. 6. aut Fucoidi Targionii Brongn. tab. 4. fig. 4, 6. Geislautern.

## II. Marsileaceae. (Brongn.)

2) *Rotularia marsileaefolia,* Sternb. Sphenophyllum emarginatum, Brongn. Von Geislautern. In der von Sternberg angeführten Abbildung bei Schlotheim, Flora der Vorwelt, tab. II. fig. 24. sind die Blätter nicht gekerbt, so dass also von Schlotheim eine andere Species vor sich gehabt haben muss.

Herr Goldenberg nennt noch Rotularia polyphylla und R. pusilla, Sternb.

## III. Filices.

3) *Sphaenopteris obtusiloba.* Brongn. tab. 53. Von Spiessen bei Neunkirchen.

4) *Sphaenopteris alata.* Brongn. tab. 48. fig. 4. Auf Rotheisenstein, aus dem Kellerthaler Walde, bei Saarbrücken.

5) *Sphaenopteris trifoliata.* Brongn. tab. 53. fig. 3. Saarbrücken. Nach der Gestalt der Fiederblättchen gehört das Exemplar zu der angeführten Abbildung; aber an jedem Fiederblättchen sind 7—8 Paar Fiederläppchen, so dass das Exemplar einem andern Wedeltheile zugehören musste.

Herr von Sternberg nennt noch: Sph. furcata, und Sph. cristata; H. Brongniart: Sph. Schlotheimii, Sph. delicatula und Sph. latifolia; H. Goldenberg: Sph. asplenioides.

6) *Odontopteris minor.* Brongn. tab. 77. Saarbrücken. Die Hauptspindel ist stark, der Länge nach, gestreift.

7) *Odontopteris Sternbergii.* mihi. fig. 3. vergl. die Odontopt. Schlotheimii. Brongn. tab. 78. fig. 5. Schlotheims Flora der Vorwelt tab. 3. fig. 5. Einzelne Fiederläppchen sitzen zwischen den Fiederstücken auf der Hauptspindel; an den Fiederstücken sind die Fiederläppchen weiter auseinander gerückt, als in der Figur bei Schlotheim, aber doch immer an der Basis herablaufend und unter einander verbunden. Dagegen sind die Fiederläppchen auf den obersten Fiederstücken, nach der Spitze hin, oder auch alle unter einander, verwachsen, und bilden im letzten Falle eine pinnam integram, lanceolatam, arcuatam, ähnlich einer pinna von einer grössern Neuropteris, wie von Neuropteris Voltzii, Brongn. tab. 67. Ich erhielt ein Exemplar dieses seltenen Abdrucks von der Asbacher Eisenhütte, so dass es also ohne Zweifel aus den Thoneisenstein-Gruben von Börschweiler herkömmt, indem mir die Arbeiter in diesen Gruben sagten, dass sie die vorkommenden Abdrücke auf die Asbacher Hütte abgeben.

8) *Neuropteris lanceolata.* mihi. Pinnulis ovato-lanceolatis. fig. 2. Hat einige Aehnlichkeit mit Neuropt. alpina. Sternb. V. VI. tab. 22. fig. 2. In meinem Exemplare sind die Fiederblättchen um ⅓ länger, und stärker an der Basis herablaufend, als bei Sternberg; auch ist der Verlauf der Nerven ganz verschieden. Von Castel bei Nonnweiler.

9) *Neuropteris smilacifolia.* Sternb. Schlotheim tab. 16. fig. 4. Geislautern.

10) *Neuropteris tenuifolia.* Brongn. tab. 72. Geislautern.

11) *Neuropteris flexuosa.* Sternb. III. tab. 32. fig. 2. Geislautern.

12) *Neuropteris conferta.* Sternb. V. VI. tab. 22. fig. 5. Sori parvi, rotundi, sparsi. Saarbrücken; Birkenfeld. Die pinnulae sind kleiner, als in der angeführten Abbildung; vielleicht weil das Exemplar ein oberes Stück eines Wedels ist; woher es denn auch mit Goeppert tab. 40. fig. 1. genauer übereinstimmt.

*Neuropteris decurrens.* Sternb. V. VI. tab. 20. fig. 2. Saarbrücken; Castel bei Nonnweiler. Diese Species, so wie auch Pecopteris gigantea Brongn. tab. 92, sind wohl von Neuropteris conferta nicht verschieden. Vergl. Goeppert, Systema filicum fossilium p. 283.

Die Pecopt. gigantea, Brongn. scheint aus den Thoneisenstein-Gruben von Börschweiler zu sein, welche die Erze für die Asbacher Hütte liefern. Bei Brongniart steht, durch einen Druckfehler, Abascherhütte.

13) *Pecopteris aquilina.* Brongn. tab. 90. Von Lebach. Die Fiederblättchen sind nur halb so lang, als in der angegebenen Abbildung; so dass das sehr schöne Exemplar also wohl der obere Theil eines Wedels ist. In einem Exemplare von Geislautern sind die Fiederblättchen so gross, wie bei Brongniart, liegen aber etwas enger beisammen.

*Pecopteris Grandini.* Brongn. tab. 91. fig. 2. Fronde bipinnata; pinnis oppositis, lanceolatis, pinnatifido-lobatis, lobis sinuatis. Scheint von Pecopteris aquilina nicht spezifisch verschieden zu sein. Von Geislautern.

14) *Pecopteris lonchitica.* Brongn. tab. 84. 128. Geislautern; Duttweiler.

15) *Pecopteris Defrancii.* Brongn. tab. 88. fig. 2. Geislautern.

16) *Pecopteris Cistii.* Brongn. tab. 106. Auf Thoneisenstein; wahrscheinlich aus der Gegend von Neunkirchen.

17) *Pecopteris affinis.* Brongn. tab. 100. fig. 2. Geislautern.

18) *Pecopteris cyathea.* Brongn. tab. 101. Die Fiederblättchen sind oft mit Saamenhäufchen bedeckt. Geislautern.

19) *Pecopteris polymorpha.* Brongn. tab. 113. fig. 1. 3. 4. tab. 114. fig. 2. Fronde bipinnata; pinnis alternis; pinnulis approximatis, lineari-lanceolatis, obtusis. Die Hauptspindel ist dick; die Fiederblättchen stehen sehr dicht beisammen, sind 5 bis 6 Linien lang, und scheinen steif und lederartig gewesen zu sein. Geislautern.

20) *Pecopteris Miltoni.* Brongn. tab. 114. fig. 6. 8. tab. 113. fig. 5. Fronde bipinnata; pinnis, pinnulisque alternis; pinnulis lanceolatis, impari-pinnatifido-lobatis; lobis alternis, sinuato-rotundatis, quinque-aut sex-jugis, lobo impari repando; pinnulis superioribus repando-crenatis, summis integris, basi connatis; nervis secundariis bifurcatis. Geislautern.

Die angeführten Abbildungen scheinen sich auf die species zu beziehen, welche ich vor mir habe, obgleich sie die Gestalt der Pflanze nur sehr unvollkommen darstellen. Eine grössere Uebereinstimmung zeigt ScIadipteris radnicensis Sternb. VII. VIII. tab. 37. fig. 1. Indessen ist der habitus der Saarbrücker Pflanze nicht so steif, wie die Abbildung bei Sternberg, und die Nerven sind nicht so stark ausgedrückt. Auch sind die Seitennerven, in den Fiederläppchen, in grösserer Menge vorhanden und gegabelt; die Fiederläppchen selbst sind nicht ausgerandet; und die obersten Fiederblättchen sind theils buchtig ausgerandet, wie in den Figuren bei Brongniart, theils ganzrandig, lanzettförmig. Auf tab. 113 und 114 Brongn. scheinen zwei sehr bedeutend von einander abweichende species verwechselt zu werden; und unerachtet der Abweichungen, welche sich in Sciadipteris radnicensis zeigen, dürfte dieselbe doch wohl zur Pecopteris Miltoni gehören.

21) *Pecopteris abbreviata.* Brongn. tab 115 fig. 3. Spiesen bei Neunkirchen. Ich vermuthe, dass Pecopt. abbreviata, Brongn. tab. 115 fig. 3 und Pecopt. oreopteridius, Brogn. tab. 105 fig. 1, 2, 3 zur nämlichen Species gehören. Dagegen scheint mir Pecopt. abbreviata, Brongn. tab. 115 fig. 1, 2, 4 wirklich von Pecopt. Miltoni nicht verschieden zu seyn.

22) *Pecopteris Pluckenetii.* fig. 4, 5, vergl. Brongn. tab. 107 fig. 3. Schlotheim, Flora der Vorwelt, tab. 10 fig. 19. Geislautern.

In einem Exemplare fig. 4. sind die Lappen der Fiederstücke sehr gross; aber durch Form und Nerventheilung scheint es doch zur nämlichen Species zu gehören; welche sich demnach durch ungleiche Grösse der Fiederstücke am obern und untern Ende der Wedel sehr auszeichnet, und bis jetzt noch durch keine Abbildung gehörig dargestellt ist.

*Pecopteris bifurcata.* Sternberg IV. tab. 59. fig. 2. Geislautern. Ist wohl dieselbe Pflanze, wie Pecopteris Pluckenetii, Brongn. tab. 107. fig. 2, und gehört zu einem untern Wedelstücke, welches durch Verbiegung der Fiederläppchen, entstellt ist; auch sind in meinem Exemplare nur pinnae pinnatifidae sichtbar, nicht pinnae pinnatae, wie in der figur bei Sternberg.

23) *Pecopteris dentata.* Brongn. tab. 124. Jägersfreude bei Saarbrücken. Zu Geislautern kömmt eine sehr zierliche Pecopteris vor, welche sich durch ihre schlanken, gebogenen Nebenspindel und ihre zarten Fiederblättchen auszeichnet. Sie gehört ohne Zweifel zu Pecopteris dentata, Brongn. tab. 123. Man würde sie wohl für eine besondere species (Pecopt. gracilis) halten, wenn nicht Brongniart dagegen warnte.

24) *Pecopteris nervosa.* Brongn. tab. 94. Wellesweiler. Die Fiederläppchen sind nicht so breit, und auch kürzer, als in der angezeigten Figur; so dass das Exemplar dem obern Ende eines Wedels angehört zu haben scheint. Exemplare von Saarbrücken stimmen mit der Abbildung bei Brongniart überein.

25) *Pecopteris pennaeformis.* Brongn. tab. 118, fig. 4. Die Nerven der Fiederblättchen sind sehr stark ausgedrückt, und die Nebennerven meistens einfach. Geislautern.

26) *Pecopteris plumosa.* Brongn. tab. 121. Geislautern.

*Pecopteris delicatula.* Brogn. tab. 116. Saarbrücken. Die Pecopt. delicatula und Pecopt. plumosa scheinen zur nämlichen Species zu gehören, da man an dem nämlichen Exemplare die Nebennerven der Fiederblättchen bald einfach, bald getheilt findet.

27) *Pecopteris microphylla.* Brongn. tab. 117. Das Exemplar, welches ich vor mir habe, ist wohl von Pecopteris Biotii, Brongn. ibid. nicht verschieden, und ich würde dasselbe unter letzterm Namen anführen, wenn nicht Brongniart für die Saarbrücker Pflanze den Namen Pecopt. microphylla gebraucht hätte. Die Länge der Fiederblättchen variirt an meinem Exemplare von unten nach oben so sehr, dass es unten die Pecopt. Biotii, und oben die Pecopt. microphylla darstellt. Geislautern.

28) *Pecopteris arborescens.* Brogn. tab. 102. fig. 1, 2. tab. 103. fig. 2, 3. Aus der Kalkgrube zu Medart am Glan, wo sie in dem Kalke ziemlich häufig vorkömmt.

29) *Pecopteris aspera.* Brongn. tab. 120. fig. 1—4. Saarbrücken.

*Asplenites ophiodermaticus.* Goeppert, tab. 17. fig. 1. Die Pflanze kömmt in Allem mit der Zeichnung bei Göppert überein, nur stehen die Stacheln auf den Spindeln unregelmässig, dicht beisammen. Die Fiederblättchen sind länger, als bei Pecopt. aspera, Brongn. und haben wenigstens fünfzehn Paar Fiederläppchen, wie bei Göppert; auch ist die Spindel viel stacheliger, als in der Abbildung der Pecopt. aspera bei Brongniart. Die Brongniartische Abbildung scheint mir zu obern Wedelstücken zu gehören, aber nicht spezifisch von Asplenites ophiodermaticus verschieden zu seyn. Geislautern.

30) *Pecopteris unita.* Brongn. tab. 116. fig. 2, 3, 5. Geislautern.

31) *Glossopteris microphylla?* mihi fig. 6. Foliis lanceolatis, oppositis, divaricatis, longitudine 2½‴ non excedente. Geislautern. Die Blättchen scheinen durch ihre Gestalt, und durch ihre Mittelrippe, mit den Glossopteris überein zu kommen, und stehen an dem ästigen, krautartigen Stengel, sehr enge beisammen, senkrecht auf die Richtung des Stengels.

32) *Glossopteris coriacea;* mihi. Sie ist so breit, wie die Glossopteris Philippsii Brongn. tab. 61 bis; aber die Mittelrippe ist 1¼ Linie breit, und man kann keine Seitennerven erkennen. Sie gehört vielleicht doch mit Glossopteris Philippsii zur nämlichen Species. Auf Rotheisenstein, vermuthlich von Spiessen, bei Neunkirchen.

33) *Gleichenites Neesii.* Goeppert tab. 3. fig. 1. Pinnula longitudine bipollicari, ovato-lanceolata, pinnatifido-incisa, apice rotundato-crenata, venis secundariis oppositis, arcuatis, ascendentibus.

Nur eine Pinnula, auf thonigem Sandsteine, von Bliesen, bei St. Wendel.

Herr von Sternberg nennt noch: Neuropteris crenulata, N. gigantea, N. Loshii, N. heterophylla, N. Brongnartii; Pecopteris crenulata, P. sinuata, P. Sauveurii, P. longifolia, P. Brongniartiana, P. Schlothemii. Dazu kommen, bei H. Brongniart: Pecopteris arguta, P. lepidorachis, zu Drücken (nicht Bruchen, entre Hombourg et Mayence), P. cristata, P. hemitelioides, P. Defrancii; und H. Goldenberg erwähnt: Pecopteris pteroides, P. Durnaisii, P. angustissima, P. alata, P. acuta, P. pectinata; Cyclopteris orbicularis. Endlich nennt H. Brongniart auch Schizopteris anomala.

## IV. Lycopodiaceae.

34) *Lycopodites elegans.* Sternberg. Brongn. vol. II. tab. 14. Cicatricibus squamaeformibus, rhomboidalibus, acuminatis, mediò glandulà ellipticà notatis. Geislautern. Ob diese Pflanze wohl zu den Lycopodiaceen zu zählen sein mag?

35) *Lycopodites Bronnii.* Sternberg VII. VIII. tab. 24. fig. 1. Auf Thoneisenstein, von Birkenfeld; und auf Schieferthon, von Castel, bei Nonnweiler. Oft sind die Blätter bogenförmig gekrümmt, und die Pflanze alsdann wahrscheinlich nur in einem verschiedenen Vegetationszustande.

## V. Lepidodendreae.

36) *Sagenaria aculeata* (Lepidodendrum aculeatum). Sternberg II. tab. 14. fig. 3. Der erhabene Rindenabdruck dieser Art, in thonigem Sandsteinschiefer von Lebach; vertiefte Rindenabdrücke in Rotheisenstein von Saarbrücken. Diese Abdrücke erinnern sehr durch die warzenförmigen Erhöhungen, worauf die Blätter sassen, und welche durch tiefe Furchen von einander getrennt sind, an manche afrikanische Euphorbien, z. B. Euphorbia tridentata und Euph. caput Medusae, in den Plantes grasses von Redouté, 26ième et 27ième livraisons; Paris 1804.

Ein vielleicht auch hierher gehöriger, erhabener Rindenabdruck, aus der Gegend von Lebach, ist breit gedrückt; die Warzen stehen in spiralförmig gebogenen Reihen, und sind nicht durch Furchen getrennt, wie bei den vorigen Exemplaren. Der Abdruck ist einen halben Schuh lang; unten zwei, oben drei und einen halben Zoll breit; und theilte sich nach dieser Seite in zwei, drei Zoll breite Aeste, so dass dieser Umstand eine cactusartige Pflanze, wie Cactus opuntia, oder Cactus microdasys, andeutet.

37) *Aspidiaria undulata* (Lepidodendrum undulatum). Der Abdruck stimmt

6

mit Sternberg I. tab. 10. fig. 2. überein; nur fehlen die Längestreifen neben der Mittellinie der Schuppen, und die Narbe ist rhomboidal. Saarbrücken.

Hierher, oder vielleicht eher zu den Sigillarien gehörig, verdient ein Rindenabdruck auf Kohlensandstein von Lebach genannt zu werden, auf welchem keine Schuppen, oder Warzen, wohl aber Blattnarben vorkommen, welche, in der Stellung, mit Sigillaria Schlotheimii, Brongn. tab. 152. fig. 4, und in der Gestalt, mit Sigillaria lepidodendrifolia, Brongn. tab. 161. fig. 3 übereinstimmen, so dass ich sie wohl am ersten zu Sigillaria Schlotheimii zählen möchte. Zugleich ist die ganze Oberfläche des Abdruckes, zwischen den Narben, mit unregelmässigen Längestreifen bedeckt, wie in der angeführten Abbildung der S. lepidodendrifolia.

Die Stämme der baumartigen Farren haben, in der Zeichnung der Rinde, eine grosse Aehnlichkeit mit den Lepidodendren, Sigillarien, Aspidiarien und Sagenarien, aber die nadelförmigen Blätter des Lepidodendrum dichotomum zeigen, dass wenigstens diese Pflanze von den Farren ganz verschieden war. Ein Gleiches lässt sich von mehrern andern dieser Pflanzen vermuthen. Ich habe sie deswegen, unter der Rubrik Lepidodendreae, zusammengefasst, ohne über ihre natürliche Verwandtschaft entscheiden zu wollen. Rhode hat mehrere derselben mit den Cacteen, und H. Corda, im VII. und VIII. Hefte der Flora der Vorwelt von Sternberg, mit den Crassulaceen verglichen; und ich zweifle keineswegs an der Richtigkeit dieser Zusammenstellungen, indem ich das Faserskelet des cactus spinosissimus vor mir habe, welches durch den Kunstgärtner Herrn Courtehoute von hier, der Sammlung der Gesellschaft nützlicher Forschungen geschenkt wurde, und auf den ersten Blick an die Sagenarien der Kohlengruben, besonders Sagenaria obovata Sternb. so sehr erinnert, dass schwerlich eine andere Pflanzenfamilie eine so grosse Aehnlichkeit darbieten möchte. Es besteht aus einer hohlen, cylinderförmigen Röhre, deren Wände aus einem starken Holzfasernetze gebildet sind, dessen Maschen in Spirallinien um den Cylinder herumlaufen, und der Gestalt nach mit Sagenaria obovata und aculeata Sternb. am meisten übereinstimmen. Drückt man dieses Skelet in Thon ab, so hat man einen Hohlabdruck, welchen wohl Jeder unbezweifelt zu den Sagenarien zählen wird.

Herr Goldenberg nennt noch: Lepidodendrum dichotomum, selaginoides, rimosum, tetragonum, und Veltheimianum.

*Lepidostrobus.* Die blattartigen Schuppen liegen dachziegelförmig über einander, so dass sie einen rundlichen Kopf bilden, dessen Inneres entweder aus verkohlten Gefässbündeln, welche, aus einer Central-Axe, nach den

Blättern auslaufen, oder aus übereinander liegenden, breiten und holzigen Blattstielen besteht. Die Figur bei Brongniart, II. tab. 24. fig. 6. hat Aehnlichkeit; nur ist sie viel länger. In Thoneisenstein, von Neunkirchen. Sollte dieser Lepidostrobus nicht eine aloëartige Pflanze, oder ein Sedum, eine Crassula, gewesen seyn? Die Gestalt und Lage der blattartigen Schuppen scheinen wohl eine solche Deutung zuzulassen.

38) *Sigillaria alveolaris.* Brongn. tab. 162. fig. 5. Favularia obovata, Sternb. Die Schilder sind mehr oder weniger sechseckig, und nur wenige so sehr zugerundet, wie in der Abbildung bei Sternb. tab. 9. fig. 1. St. Ingbert; Sulzbach.

39) *Sigillaria elegans.* a) Brongn. tab. 158. fig. 1. Favularia hexagona, Sternb. Saarbrücken. b) Brongn. tab. 155. Favularia variolata, Sternb. Sulzbach; Schiffweiler.

Die Varietät a) stimmt so sehr mit Euphorbia tridentata, bei Redouté, überein, dass man nicht wohl zweifeln kann, dass sie nicht sollte einer baumartigen Euphorbia angehört haben.

In einem Exemplare von der Varität b) liegen noch drei Blätter so gegen die Blattnarben gekehrt, dass es wahrscheinlich ist, dass sie der nämlichen Pflanze angehörten, und sich noch unmittelbar an ihren Insertionspunkten befinden. Man kann sie auf folgende Weise characterisiren: folia solitaria, lineari-lanceolata, quadrinervia, in cicatricibus trunci aut ramorum articulata. Die Blätter sind 2''' breit, scheinen mehrere Zoll lang gewesen zu sein, so wie bei Sigillaria lepidodendrifolia, Brongn. tab. 161., und waren vermuthlich grosse Nadeln.

40) *Sigillaria mamillaris.* Brongn. tab. 163. fig. 1. Saarbrücken. Die angeführte Abbildung stellt die Beschaffenheit der Oberfläche der Rinde dieser schönen Sigillaria nur unvollkommen dar. Das Exemplar, welches ich vor mir habe, gehört zur Sammlung des Herrn Oberforstmeisters Lintz, und erinnert, durch die Blattstellung, an die blätterreichen Aeste der Nadelhölzer, welche sie in einem vergrösserten Maasstabe zu wiederholen scheint. Die knotigen Erhöhungen, worauf die Blätter sassen, treten stark auf der zusammenhangenden Rinde hervor, ohne eigentliche, getrennte Schilder zu bilden; und nach der schiefen Richtung der obern Knotenfläche zu urtheilen, müssen sich die wahrscheinlich nadelförmigen Blätter ziemlich dicht an den Stamm, oder die Aeste angelegt haben. Die sehr kleinen Blattnarben scheinen die Annahme nicht zuzulassen, dass ein dickes, fleischiges Blatt auf denselben gesessen habe.

41) *Sigillaria Cortei*, Brongn. tab. 147. fig. 4. Stück eines Rindenabdruckes, aus dem Kohlwalde bei Schiffweiler.

42) *Sigillaria pachyderma*. Brongn. tab. 150. fig. 1. St. Ingbert.

43) *Sigillaria subrotunda*. Brongn. tab. 147. fig. 5. 6. Duttweiler.

Bei dieser Species, so wie bei Sigillaria pachyderma, scheint auf jeder Narbe, entweder ein Blatt mit rundem Stiele, oder ein Blattbündel, in runder Scheide, aufgesessen zu haben, der sich an der Basis in eine furchenartige Grube einlegte, wie die Aeste, welche an den Knoten mancher Gräser entstehen; und diese Grube war der Länge nach gestreift. Unter dem Blatte war die Pflanze drüsig, und mit rauhen, vielleicht stechenden Erhöhungen besetzt. Die Gegenseite des Abdrucks, oder die Oberfläche der Kohlendecke, welche hier wahrscheinlich die untere Fläche der Rindenschichte darstellt, ist wie ein Grasblatt, der Länge nach, gestreift. Das Gleiche findet bei den Syringodendris statt. Demnach haben diese Pflanzen wohl eine eigenthümlich organisirte Rindenschichte gehabt, und können nur zweifelhaft unter die endogenen Pflanzen gezählt werden.

Ueberhaupt scheint mir die Kohlendecke der Pflanzen-Versteinerungen und Pflanzen-Abdrücke alsdann eine Pflanzenrinde darzustellen, wenn sie, sowohl auf ihrer obern, als untern Fläche, den organischen Bau auf eine ähnliche Weise zeigt, wie er bei Pflanzenrinden stattfindet. Ist z. B. die obere Fläche mit regelmässigen, schildförmigen Schuppen bedeckt, auf welchen sich die Blattnarben kenntlich darstellen, während auf der untern Fläche nur parallele Streifung, oder netzförmige Zeichnungen mit regelmässigen Punkten zu sehen sind, welche anzeigen, dass an diesen Stellen Gefässbündel aus der Pflanze nach den Blättern gingen, so glaube ich mich für berechtigt zu halten, diese Kohlendecke als eine verkohlte Rinde anzusehen.

44) *Sigillaria pyriformis*. Brongn. tab. 153. fig. 3, 4. Stück eines Rindenabdruckes, von Saarbrücken.

45) *Lepidofloios laricinum*; Sternberg I. tab. 11. fig. 2. Von St. Ingbert.

Die eine Seite des acht Zoll breiten Exemplars ist so dicht mit Schuppen bedeckt, dass man die Blattnarben nicht erkennt; aber da H. von Sternberg mir diese Pflanze selbst, als zu seinem Lepidofloios laricinum gehörig, bestimmte, so nehme ich keinen Anstand, die oben angeführte Abbildung auf die Pflanze von St. Ingbert zu beziehen, insbesondere, da die Lage der drüsenartigen Punkte, welche an den von Blattschuppen entblössten Stellen des Abdrucks vorhanden sind, vollkommen übereinstimmt. Diese Punkte sind einfach, höchstens von einem Wulste umgeben, und kommen in zu geringer Zahl vor, als dass sie in irgend einer Beziehung zu den zahlreichen Blattschuppen stehen sollten, welche sich dachziegelförmig auf einander legen, und den Strunk der Pflanze dicht bedecken, ohne eine Aehnlichkeit mit den schildförmigen Rinden-Organen zu haben, auf welchen die Blätter bei manchen Sigillarien aufsassen. Die Sigillaria Defrancii, Brongn. tab. 159. fig. 1. möchte vielleicht zur nämlichen Pflanze gehören, indem die Gestalt der zurückbleibenden Schuppen von geringer Bedeutung zur Bestimmung der species zu sein scheint, und die angeführten Abbildungen v. Sternberg und Brongniart hinsichtlich der Lage der angegebenen Punkte übereinstimmen. Aber Sternberg scheint mit Recht diese Pflanzenreste in ein besonderes genus vereinigt zu haben, welches wohl zunächst mit den Cycadeen verwandt sein mochte. (Vergl. in Bucklands Geologie von Agassiz, die Cycadeen, tab. 58—61.).

46) *Sigillaria Brochantii.* Brongn. tab. 159. fig. 2. Squamis minutis, rhomboidalibus, imbricatis. Von Duttweiler. Gehört mit der vorherigen species zu demselben Geschlechte. Die Punkte, wovon bei der vorigen species die Rede war, sind einfach, und bei dieser Art, nur halb so weit von einander entfernt; aber auch zugleich auf der untern Fläche einer jeden Blattschuppe abgedrückt. Sie sind vielleicht die Spur von Organen, welche zwischen den Blättern hervorbracken.

47) *Sigillaria reniformis.* Brogn. tab. 142. Syringodendrum alternans, Sternb. IV. tab. 58. fig. 2. Das Exemplar ist breit gedrückt, scheint übrigens mit den Abbildungen bei Brongniart und Sternberg überein zu kommen. Saarbrücken.

48) *Sigillaria laevigata;* Brongn. tab. 143. fig. 1. Ist von der vorhergehenden Species dadurch verschieden, dass die Blattnarben, in derselben Vertikalreihe, doppelt so weit, und selbst etwas weiter aus einander stehen, als in der Figur bei Brongniart. Von Geislautern.

49) *Syringodendrum sulcatum;* Sternb. Siehe: Schlotheims Nachträge zur Petref. tab. 16. fig. 1, 2. Beide Varietäten von Geislautern; aber die Blattnarben sind nicht mehr vorhanden.

50) *Syringodendrum pes capreoli;* Sternberg I. tab. 13. fig. 2. Mit erhaltener Kohlendecke. Saarbrücken; Wellesweiler.

51) *Syringodendrum organum;* Sternberg I. tab. 13. fig. 1. Von der Kohlendecke ist nur wenig erhalten. Geislautern.

Die aufrechtstehenden, fossilen Bäume, in der Kohlengrube zu Wellesweiler, scheinen dem Herrn von Sternberg zu Syringodendrum pes capreoli und Syringodendrum organum zu gehören. (Sternberg; Flora der Vorwelt

IV. p. XXIV. und 6.). Der eine dieser Bäume hat gegen fünf Schuh im Umfang, oder 18 Zoll Durchmesser. Herr Brongniart erwähnt noch: Sigillaria peltigera (wahrscheinlich der Stamm eines Farren), Sigillaria Brardii, tessellata, Knorrii, Utschneideri, Polleriana, Deutschiana, canaliculata, microstigma; H. Goldenberg fügt hinzu: Sigillaria orbicularis, S. appendiculata, Brongn. und Favularia trigona, Sternb.

VI. Calamites.

52) *Calamites Cistii;* Brogn. tab. 30. fig. 1. Vom brennenden Berge, bei Duttweiler. Die Länge der Internodien beträgt 2—4 Zoll; die Cicatrices befinden sich auf jeder der Längerippen, unmittelbar unter den Gelenken. H. Brongniart, welcher die Calamiten für Equisetaceen hält, betrachtet diese cicatrices hauptsächlich als die Spuren fehlgeschlagener Scheiden, theils auch als Wurzelknötchen (histoire des végétaux fossiles vol. I. p. 108. f.). Aber die Scheiden, welche die Gelenke der Equiseten umgeben, sind keine Nebenorgane, welche sich auf einem andern entwickeln, und fehlschlagen könnten. Sie sind die Anfänge der Internodien selbst, und finden sich, mit den innern Scheidewänden der Gelenke, schon in den Knospen, welche sich auf dem rhizoma bilden, und aus welchen sich die Schafte entwickeln. Das Wachsthum der Equiseten findet an der Basis der jedesmaligen äussersten Scheide statt; und sobald auf diese Weise ein Internodium seine gehörige Länge erreicht hat, bricht das nächstfolgende durch die Scheide hervor. Dagegen bilden sich zunächst unter den Gelenken des rhizoma, und rund um dieselben, die Wurzelknötchen, und entwickeln sich zu quirlförmig gestellten Wurzeln; eben so wie sich dieses über den Gelenken des Stengels der arundo phragmites beobachten lässt, wenn dieselben tief im Schlamme stehen. Obgleich nun die Wurzelknötchen selten so regelmässig gestellt sind, so würden sich die cicatrices der Calamiten doch einiger Massen mit ihnen vergleichen lassen, wenn man nicht bemerken müsste, dass die von der Kohlenhaut entblössten Calamiten nur der Abdruck der innern Oberfläche eines hohlen Pflanzenstengels sind. In dieser Hinsicht verdient es vielleicht bemerkt zu werden, dass man in dem Stengel der arundo phragmites, unmittelbar unter den Gelenkknoten, eine im Kreise herum stehende Reihe freier Gefässbündel beobachtet, welche durch leere Zwischenräume getrennt, und nur von Markzellen bedeckt sind. Füllt sich ein solches Rohr, nach gänzlicher Zerstörung des Markes mit Schlamm, so muss der Abdruck dieses Theils desselben eine Reihe länglicher Knötchen darstellen, welche mit den Knötchen der Calamiten sehr grosse Aehnlichkeit haben würden. Ueberdiess kommen aber auch zuweilen bei dem Abdrucke der Calamiten runde Knötchen an den Gelenken vor.

welche nicht auf allen Rippen aufsitzen, sondern, in einem Exemplare vom brennenden Berge, bei Duttweiler, immer noch eine, oder zwei freie Rippen zwischen sich haben, welche man wohl eher für den Abdruck von Wurzelknötchen halten könnte. Auch scheint mir die Abbildung bei Sternberg VII. u. VIII. tab. 56. fig. 13 u. 14. solche Nebenwurzeln darzustellen. Sie stimmt mit den Wurzeln auf den Gelenken einer arundo phragmites überein, welche ich vor mir habe.

53) *Calamites Suckowii;* Brongn. tab. 15. fig. 1. In Kohlensandstein, von Geislautern. Etwas breit gedrückt; 5 Zoll Durchmesser; die Internodien 5 Zoll lang; die Kohlenhaut sehr dünn; keine Knötchen an den Gelenken. In einem zweiten Exemplare von Saarbrücken sind die Internodien beinahe 3 Zoll lang; Knötchen theils in, theils unter den Gelenken; die Kohlenhaut ist sehr dünn und regelmässig gestreift. Das Exemplar ist etwas breit gedrückt, 4 Zoll breit; und befindet sich in der Sammlung des H. Oberforstmeisters Lintz.

54) *Calamites pachyderma;* Brongn. tab. 22. In feinkörnigem Kohlensandsteine von Lebach. Cylinderförmig; Durchmesser 4 Zoll; die Internodien 8 Zoll lang. Die Rippen stossen in den Gelenken unregelmässig an einander. Die Kohlenhaut fehlt. In einem zweiten Exemplare ist ein Theil derselben erhalten, und die Streifung auch auf der äussern Oberfläche sichtbar.

55) *Calamites distans;* Sternberg IV. p. XXVI. Costis planis; articulis pedalibus. In Schieferthon der Saarbrücker Gruben, z. B. bei der Friedrichsthaler Glashütte. Breit gedrückt; 3 Zoll breit; die Internodien 1 Schuh lang.

56) *Calamites approximatus;* Schlotheims Petrefaktenkunde, tab. 20. fig. 2. Costis planis, contiguis; von Lebach? Das Exemplar ist der Länge nach zusammen gedrückt, so dass die verschiedenen Theile desselben, in den Bruchflächen, unter scharfen Winkeln zusammen stossen, und auf eine holzartige Pflanze hindeuten. Ich sah ein der Länge nach zusammen gedrücktes Exemplar eines Calamiten bei H. Dr. Hirscher, Kantonsarzt in Wolfstein, welches sehr kurze Internodien, und einen Durchmesser von ungefähr einem Schuh hatte. Die Streifen der Internodien waren alle nach der nämlichen Richtung über einander gebogen, so dass das Ganze dadurch ein sehr seltsames Aussehen hatte und eine fast krautartige Pflanze anzudeuten schien. Sollten die Calamiten Pflanzen angehört haben, welche mit den Equiseten verwandt waren, so könnten sie wohl nur in Sümpfen sich zu solchen Dimensionen entwickelt haben, wie das angeführte Exemplar von Wolfstein zu unterstellen scheint. Ich fand das Verhältniss des Durchmessers zur Länge, bei dem Equisetum sylvaticum ungefähr wie 1 : 80, bei dem Equi-

setum hiemale wie 1 : 144. Da Pflanzen aus derselben Familie häufig einen ähnlichen habitus besitzen, so scheint das Exemplar des H. Hirscher eine Pflanze anzuzeigen, welche gegen hundert Schuh Länge hatte, wenn sie mit den Equiseten verwandt war. Aber es ist zu bezweifeln, ob selbst im Wasser der Sümpfe, ein krautartiger Schaft, von solcher Länge, sich zu tragen im Stande sein möchte.

57) *Calamites cannaeformis;* Schlotheims Petrefaktenkunde tab. 20. fig. 1. Aus dem Kohlensandsteine, von Ottweiler. Das Exemplar ist einem Bockshorne ähnlich gekrümmt, ungefähr 18 Zoll lang; unten etwas breit gedrückt; 3 Zoll breit. Der mittlere Durchmesser beträgt 2½ Zoll; die Internodien sind 1¼ Zoll lang, und die obere Hälfte des Exemplars läuft spitz zu, so dass die untern Internodien stets dicker sind, als die darauf folgenden, obern. Da hier der mittlere grösste Durchmesser nur siebenmal in der Länge enthalten, so sieht man, wie unsicher die oben angegebene Vermuthung ist, dass die Pflanze, von welcher das Exemplar des H. Dr. Hirscher herrührt, gegen hundert Schuh lang gewesen sein könnte.

Aber der Calamites cannaeformis weicht überhaupt so sehr von dem habitus der Equiseten ab, dass dadurch die Analogie zwischen den Calamiten und Equiseten sehr geschwächt wird; und bis zu welchem Grade diese Verschiedenheiten gehen möchten, wenn man vollständigere Exemplare hätte, als gewöhnlich die Kohlengruben liefern, ist unbekannt. Dagegen sagt Rumphius von den jungen Schösslingen der arundarboris vasariae: „Surculus „e terra excrescens ad majorem distantiam a matrice, quam in prioribus, est „primo *conus acuminatus*, acutis squamis obductus, 25—30 ped., in Amboina „18—20 ped., antequam sese explicat: in *hoc eodem cornu* genicula jam con„spicua, quae inferius ped., superne 1½ ped., undique vaginâ serius deciduâ, „vel convolutâ, obducta, exterius rugosa, interius glabra. Juniores stipites multo crassiores vetustis" (Caroli a Linne, systema vegetabilium; editio nova Studtgardtiana, vol. VII. p. 1341.). Dieser Vergleich der jungen Schösslinge einer bambusa mit einem Horn erinnert sehr an die Gestalt des oben beschriebenen Calamites cannaeformis, dessen schnell dünner werdende Internodien wohl von Blattscheiden umgeben und in Blätter eingeschlossen sein konnten.

58) *Calamites nodosus?* Brongn. tab. 23. fig. 3. Von Saarbrücken. Die Abbildung bei Brongniart scheint noch am meisten zu passen; aber die Knoten fehlen in derselben; auch ist das Exemplar wenigstens doppelt so breit. Die Internodien sind 3¼ Zoll lang, und in den Artikulationen sehr zusammengezogen. In jeder Artikulation scheinen zwei Hauptknoten nebst

mehrern schwächern Nebenknoten gewesen zu sein. Die Hauptknoten stehen so über einander, dass in dem 1, 3, 5 Gelenke sich jedesmal ein Knoten in derselben senkrechten Reihe befindet, dagegen in dem 2, 4, 6 Gelenke keine sind. Auf der entgegengesetzten Seite des breit gedrückten Calamiten scheinen aber die Knoten in den Gelenken 2, 4, 6 gestanden zu haben, dagegen die Gelenke 1, 3, 5 frei waren; so dass also die Hauptäste rami decussati, oder vielleicht rami spirales waren; während die kleinern Knoten in den Artikulationen quirlförmig stehen, und vielleicht nur die Spuren von Nebenwurzeln sind, welche sich auf denjenigen Gelenken entwickelten, welche im Schlamme standen.

Ob auch Calamites nodosus, Sternb. II. tab. 17. fig. 2. hierher gehöre, wage ich nicht zu bestimmen, indem selbst die Hauptknoten meines Exemplars nicht so gross sind, wie der Knoten in der Figur bei Sternberg; doch ist wahrscheinlich kein spezifischer Unterschied vorhanden.

59) *Calamites cruciatus;* Sternb. IV. tab. 49. fig. 5. In Thoneisenstein, von Neunkirchen. Die Kohlendecke scheint dick, und auf der äussern Oberfläche, ohne Streifung gewesen zu sein. H. Brongniart macht die Bemerkung, dass der Calamites regularis, Sternb. IV. tab. 59. fig. 1. von Saarbrücken, zur nämlichen Species gehört haben möge. Die Entfernung der Knoten-Eindrücke, in den Gelenken, stimmt mit dem Exemplare überein, welches ich vor mir habe; die Gelenke sind in diesem letztern viel schärfer gezeichnet, vielleicht weil es weniger verdrückt ist. Indessen möchte ich der Bemerkung des H. Brongniart doch nicht beistimmen, weil ein Exemplar von Saarbrücken, welches ich vor mir habe, und welches zu Calamites regularis zu gehören scheint, durch seine höchst unregelmässige Streifung sich auf den ersten Blick von Calamites cruciatus unterscheidet.

Herr von Sternberg zählt den Calamites regularis im VII. und VIII. Hefte der Flora der Vorwelt p. 205, unter dem Namen Tithymalites striatus, zu den baumartigen Euphorbien.

Da besonders die knotigen Calamiten von den Equiseten am meisten abweichen, so mache ich des Vergleiches wegen, nochmal auf die angeführte Stelle des Rumphius aufmerksam. Er sagt von der Arundarbore vasaria ferner: „ligni substantia vix digitum minorem crassa; *ad nodos undique surculi tenues*, erecti, quorum maximus orgyalis et in articulos divisus; omnes ad ortum vaginâ rugosâ obducti, atque pilis rarioribus hirti, sensim decidentibus.“ Desgleichen bemerkt Loureiro von der Beesha fax: „ad nodos saepius ramuli plurimi, laterales, foliosi, nodosi“ l. c. p. 1336. Von Nastus borbonica wird angegeben: „Culmi arborei, *ramis verticillatis*“ l. c. p. 1337. Es ist also keines-

7

wegs der Fall, dass bei diesen Pflanzen, die Aeste an den Knoten nur einzeln und wechselständig wären, wie bei unsern inländischen Gräsern; und es zeigt sich also auch hierin, dass die Calamiten diesen Pflanzen näher stehen, als man gewöhnlich annimmt.

Herr von Sternberg nennt noch: Calamites decoratus; H. Brongniart: Equisetum infundibuliforme; H. Goldenberg: Calamites undulatus, C. dubius, Brongn. und Volkmannia arborescens, Sternb.

### VII. Euphorbiaceae.

60) *Stigmaria ficoides;* Sternberg I. tab. 12. fig. 2. Geislautern.

H. Sternberg nennt noch: Stigmaria melocactoides. Flora d. Vorw. IV. p. XXXVIII.

### VIII. Plantae ignotae sedis.

61) *Knorria imbricata;* Sternb. III. tab. 27. Saarbrücken.

Herr Sternberg nennt noch, Knorria Sellonii.

62) *Annularia fertilis.* Sternb. IV. tab. 51. fig. 2. Von Geislautern. Es kömmt eine Annularia mit 16 Blättchen im Quirle vor, wie bei Annularia fertiles; aber die Blättchen sind sehr klein.

63) *Annularia longifolia;* Brongn. Mit 30 Blättern im Quirle. Geislautern.

H. Sternberg nennt noch: Annularia floribunda, und H. Goldenberg: A. brevifolia, Brongn.

64) *Bruckmannia rigida.* Sternberg II. tab. 19. fig. 1. und IV. p. XXIX. Spiessen bei Neunkirchen; Saarbrücken.

65) *Musaeites annulatus;* mihi, fig. 8. Caudex cylindraceus, longitudinaliter sulcatus; sulcis principalibus septem, secundariis insuper, seu minus profundis, quibusdam. Lineae annulares impressae, tres lineas invicem distantes, totum caudicem cingunt. Saarbrücken.

Das höchst merkwürdige Exemplar ist in Thoneisenstein vererzt; hat 27½ Zoll Länge und 1⅓ Zoll Durchmesser. Es war zweimal gebrochen; aber die Stücke sind wieder, entweder durch Thoneisenstein, oder durch Steinkohlen-Substanz verbunden. Die Kohlenhaut ist ziemlich dick; auf der äussern Oberfläche zum Theil glatt, und ohne regelmässige Zeichnung; unter der Kohlenhaut ist der Stamm unregelmässig, mit eng zusammenstehenden, mehr oder weniger scharf gezeichneten Ringen versehen, und in dieser Hinsicht dem alten Strunke der Musa paradisiaca, oder Musa sapientum ziemlich ähnlich. Die Kohlenhaut selbst mag wohl durch die Blätter und Blattschuppen gebildet worden sein. Das Exemplar wurde von H. Oberforstmeister Lintz geschenkt.

66) Ein anderes Exemplar eines versteinerten Stammstückes ist einen halben Schuh breit, und wurde in der Quecksilber-Grube, Davidskrone, auf dem Potsberge, bei Kusel gefunden. Es ist durch Quarz versteinert, — ein Holzstein. Die Oberfläche ist mit mikroscopischen, schwarzen Quarz-Säulchen und kleinen Quarz-Pyramiden besetzt, und zum Theil mit Anthrazit bedeckt. Die der Länge nach herablaufenden Furchen sind meistens unregelmässig. Nur an wenigen Stellen scheinen sie eben so regelmässig gewesen zu sein, wie in dem unter Nro. 65. beschriebenen Exemplare; auch erkennt man zum Theil eingedrückte, ringförmige Zeichnungen. An dem einen Ende des Exemplares scheinen Aeste quirlförmig, auf der einen Seite drei, und ihnen gegenüber, auf der andern Seite, ebenfalls drei gestanden zu haben; und an der Stelle der Aeste scheint der Stamm etwas verdickt gewesen zu sein. Vielleicht mögen aber auch diese Aeste eher als Wurzeln zu betrachten sein. Das Exemplar ist von H. Beurard, vormaligem Agenten des französischen Gouvernements bei den Quecksilbergruben der Pfalz, geschenkt worden.

67) Endlich muss ich noch des Holzachates, oder der Holzsteine überhaupt, erwähnen, welche innerhalb der Grenzen des Saarbrücker Steinkohlengebirges, besonders an den Orten häufig vorkommen, wo die Sandsteinkonglomerate an die Oberfläche des Bodens hervortreten. Sie werden als Rollsteine, von meistens kleinern Dimensionen, auf den Feldern gefunden, und aus der Dammerde hervorgegraben; und grosse Blöcke, die zuweilen einige Zentner wiegen mögen, gehören zu den Seltenheiten. So grosse Blöcke, deren die Gesellschaft nützlicher Forschungen einen besitzt, zeigen, dass die Pflanzen der Steinkohlen-Formation, auch rücksichtlich ihrer Grösse keineswegs hinter den Pflanzen der gegenwärtigen Schöpfung zurückblieben.

Einige Holzsteine, in der Sammlung der Gesellschaft, sind im Querschnitte angeschliffen, und gewähren eine nicht gemeine Belehrung. Ich erwähne zunächst:

I. eines Exemplars von Reichweiler, bei Baumholder, welches eine Zeichnung darbietet, wie man sie auf dem Querschnitte baumartiger Farren findet. fig. 9. Es hat viele Aehnlichkeit mit dem Farrenstamme von Van-Diemens-Land, bei Sternberg VII und VIII. tab. 66. fig. 8. Auf fleischfarbigem Grunde sind schwarz gefärbte Gefässbündel theils eben so zickzackförmig vertheilt, theils in dickere Parthien vereinigt, wie in der angegebenen Zeichnung; und mit der Luppe erkennt man, auch in den fleischfarbigen Parthien, eine ähnliche Vertheilung der Gefässe. Ein anderes Exemplar ist diesem durch die Grösse der Gefässe und die Unregelmässigkeit in Vertheilung derselben ähnlich, zeigt aber nicht dieselbe Uebereinstimmung mit der Abbildung bei Sternberg. Beide halte ich unbezweifelt für Reste baumartiger Farren.

II. Ein zehn Zoll hohes Stammstück, welches 4 Zoll im Durchmesser hat, ist cylinderförmig; die Rindenschichte ist zum grössten Theile zerstört, und die Axe zum Theile aufgerissen und hohl. Im Querschnitte scheinen die Reste der Rindenschichte durch die Vertheilung grosserer Gefässe mit den baumartigen Farren überein zu kommen. Aehnliche Gefässbündel mögen wohl auch um die centrale Höhlung vorhanden gewesen sein; doch sind sie nicht so deutlich. Aber der Hauptkörper des Stammes, welcher zwischen der Rindenschichte und den nächsten Umgebungen der Central-Höhle liegt, zeigt eine sehr zarte Streifung, welche sich in unregelmässigen Biegungen von der Peripherie nach dem Centrum verläuft. Die Streifen könnte man mit sehr zarten Markstrahlen vergleichen, welche dicht neben einander liegen, wenn sie geradlinig wären. Zwischen den Streifen sind oft viele feine Oeffnungen röhrartiger Gefässe in einer zelligen Masse vertheilt. Zum Theil ist nur eine Reihe sehr kleiner Zellen zwischen je zwei solcher Streifen vorhanden, wobei es denn wahrscheinlich wird, dass die Streifen durch die Zellenwände selbst gebildet werden. Zwei andere Exemplare scheinen in ihrer Bildung ganz mit diesem Stammstücke überein zu kommen. Die Rindenschichte fehlt an beiden; aber an dem einen ist die Central-Höhlung vorhanden. Die sehr feine gebogene Streifung von der Peripherie nach dem Centrum, und der zarte, zellige Bau zwischen den Streifen, nebst parthienweiser Zusammenhäufung röhriger Gefässe, ist beiden gemein; und gänzliche Abwesenheit von Jahrringen findet sowohl hier, als bei den unter I beschriebenen Exemplaren statt. Sie dürften wohl auch baumartigen Farren angehört haben, müssen aber jeden Falls generisch von den unter I angegebenen verschieden gewesen sein.

III. In einem Exemplare ist ein sehr zarter zelliger Bau vorhanden, ähnlich dem feinsten Gasflor. Alle Zellen laufen in parallelen, aber auf eine ganz unregelmässige Weise gebogenen Reihen neben einander fort, und sind durch undurchsichtige zarte Streifen, wie in den Exemplaren unter II von einander getrennt. Aber quer über die Richtung dieser Zellenreihen zieht eine unregelmässige Streifung, in grössern Abständen von einander, durch den ganzen Stein. In diesen Streifen, welche einiger Massen an die Bildung der Jahrringe erinnern, scheinen röhrartige Gefässe sich manchfaltig durcheinander zu verschlingen. Wenn nun dieses Exemplar auch einer exogenen Pflanze angehört haben mag, so ist mir doch nichts bekannt, womit ich es zu vergleichen im Stande wäre. Auf dem Querschnitte junger Aeste von pinus sylvestris erkennt man, mit Mühe, wohl ähnliche Zellenreihen; aber die Zellen des pinus sylvestris sind kleiner, als die der Holzsteine, wovon hier die Rede ist. Unter den Abbildungen bei Sternberg hat die Darstellung eines Stückchens des Holzcylinders von Cycadites revolutus, im Querschnitte, (VII. VIII der Flora der Vorwelt, tab. LI. fig. 4.), eine sehr grosse Aehulichkeit; und ich vermuthe daher, dass auch unser Holzstein von einer solchen Pflanze herrühren mag.

Ein anderer Holzstein, welcher sich ebenfalls, so wie die vorherigen, aus der Gegend von Oberstein, in der Sammlung unserer Gesellschaft befindet, scheint mir, durch seine Jahrringe, den Bau eines sehr dichten, dicotyledonen Holzes darzustellen.

Die übrigen Exemplare von Holzsteinen, welche wir besitzen, sind nach Längeschnitten geschliffen, und daher weniger belehrend; doch scheinen die meisten mit denjenigen Holzsteinen übereinzustimmen, deren Abstammung von baumartigen Farren nicht wohl bezweifelt werden kann. Ueberhaupt wäre zu wünschen, dass die Holzsteine, welche in so grosser Menge bei uns vorkommen, mehr berücksichtigt würden, als bis jetzt geschehen ist; und dass man sich auf den Achat-Schleifereien bei Oberstein, dünne Quer- und Länge-Schnitte von den vorkommenden Holzsteinen schleifen liesse, wodurch man, ohne grosse Kosten, eine lehrreiche Sammlung zur Geschichte vorweltlicher Pflanzen erhalten würde.

## IX. Früchte.

68) *Trigonocarpus Noeggerathii;* Brongn. Sternberg IV. tab. 58. fig. 3. Palmacites dubius. Nüsse mit dreiklappiger Schale. Die Basis der Schale ist zerstört, so dass man den Kern der Nuss sieht, und nicht sagen kann, ob die drei runden Löcher an der Basis der Schale vorhanden waren, oder nicht. Neunkirchen an der Blies, wo sie in Kohlensandstein und Rotheisenstein vorkommen.

69) *Cardiocarpus ovatus;* Brongn. Semina lenticularia, compressa, orbicularia aut ovata, minima; diametro dimidiam lineam non excedente. Aus dem Kohlwalde bei Ottweiler; auf bituminösem Schieferthone.

Diess sind die Pflanzen, welche bis jetzt in dem Saarbrücker Steinkohlengebirge vorgekommen sind. Diejenigen, welche ich selbst kennen zu lernen Gelegenheit hatte, machen wohl nur den vierten Theil aller aus der Steinkohlen-Formation bekannten Pflanzen aus, indem sich diese gegenwärtig auf 258 species belaufen (Ad. Brongniart; im dictionnaire des sciences naturelles, art. végétaux fossiles); da sich indessen einzelne species aus fast allen Geschlechtern darunter befinden, so glaube ich mich dadurch berechtigt, auf die Folgerungen aufmerksam machen zu dürfen, welche man aus dem Character dieser Pflanzen ziehen kann.

Erstens kommen, nach der oben gemachten Aufzählung, in den Saarbrücker Kohlengruben allein, wenigstens ein und sechzig species von Farren vor, während in der Flora gallica von Decandolle zusammen nur 40 species jetzt lebender Farren, eben so viele in Deutschlands Flora von Hoffmann, und nach Smith's Flora britannica, in England 39 Arten aufgezählt werden. In der Vorwelt müssen also die klimatischen Verhältnisse der Entwickelung der Farren da sehr günstig gewesen sein, wo sich jetzt das Saarbrücker Kohlengebirge befindet, indem auf einen geringen Raum sich viel mehr Pflanzen aus dieser Familie vorgefunden haben, als jetzt in ganz Frankreich, oder in Deutschland und England, vorkommen. So sehr drängen sich aber jetzt die Farren nur unter den Wendekreisen, besonders auf den Inseln zusammen. Auf Jamaica zählt man, nach H. Rob. Brown, ungefähr 200 Farrenspecies, während nach H. von Humboldt nur 764 species phanerogamer Pflanzen daselbst bekannt sind (Humboldt, de distributione geographica plantarum p. 170. sq.); und wenn man auf dem amerikanischen Continente, in der kalten und gemässigten Zone 70 species Farren kennt, so hat man daselbst zwischen den Wendekreisen schon 460 species gefunden (l. c.). Ueberhaupt lieben die Farren Schatten und eine feuchte Luft, wobei die krautartigen species in jedem gemässigten, und selbst in einem kältern Klima gefunden werden, während die baumartigen Farren im Allgemeinen eine mittlere Jahres-Temperatur von 18° bis 22° C. verlangen (l. c. p. 183. 185.).

„Aus dem gegebenen Grade der Breite allein (sagt Rob. Brown.) kann „über das Verhältniss der Farrenkräuter noch kein genügender Schluss ge„zogen werden; denn zu ihrem reichlichen Fortkommen scheint ausser einer „etwas unter der gewöhnlichen Tropenwärme auf mässiger Höhe stehenden „Temperatur, noch eine feuchte Atmosphäre und Schutz gegen den directen „Einfluss der Sonnenstrahlen wesentlich nothwendig zu sein.

„Wenn alle diese Bedingungen zusammen treffen, so steht dann das „Tropenverhältniss der Farren zu den phanerogamischen Pflanzen wahr„scheinlich wie 1 : 20, und zwar selbst in solchen Gegenden, wo die ihr „Gedeihen vorzüglich begünstigenden Strecken nur einen kleinen Theil des „Ganzen ausmachen; und ihre Zahl wächst in demselben Maase, in welchem „solche Landstriche in Bezug auf die Gesammt-Oberfläche zunehmen. Daher „scheinen sie ihr Maximum auf den hohen, und vorzüglich auf den reichbe„waldeten Inseln unter den Tropen zu haben, und auf Jamaica z. B., wo

„schon fast 200 Arten von Farren entdeckt worden sind, steht ihr Verhält-
„niss zu den phanerogamischen Pflanzen wahrscheinlich fast wie 1 : 10,
„ja auf Isle de France und Bourbon scheint dieses Verhältniss nach Herrn
„Du-Petit-Thouars Angabe sogar bis auf 1 : 8 zu steigen.

„Auf Otaheiti verhalten sich, nach Hrn. Joseph Banks Beobachtungen,
„die Farren wie 1 : 4, und auf St. Helena übersteigen sie nach Herrn Dr.
„Roxbourgh's Verzeichniss, selbst das Verhältniss von 1 : 2.

„Dieses hohe Verhältniss erstreckt sich auch noch auf die Inseln, welche
„schon beträchtlich weit über den südlichen Wendekreis hinaus liegen. So
„stehen z. B. die Farren in der von Herrn Joseph Banks auf Neu-Seeland
„gebildeten Sammlung ungefähr in dem Verhältniss wie 1 : 6; auf den
„Norfolk-Inseln übersteigen sie, nach meines Freundes, Herrn Ferdinand
„Bauers Beobachtungen, das Verhältniss von 1 : 3, und auf Tristan da
„Cunha verhalten sie sich sowohl nach dem von Herrn du Petit-Thouars
„bekannt gemachten Verzeichniss, als nach der weit vollständigern Flora
„dieser Insel, die ich Hrn. Capitain Dugald-Carmichael verdanke, zu den
„phänogamischen Pflanzen wie 2 : 3.

„Das Tropenverhältniss der Farren auf niedern und offenen Landstrichen
„weicht sehr von den hier gegebenen Beispielen ab, und es ist nicht un-
„wahrscheinlich, dass so wie das Maximum dieser Familie unter die Tropen
„fällt, so auch das Minimum derselben entweder innerhalb oder nur wenige
„Grade jenseits der Tropen gefunden werden dürfte. So sah man z. B. auf
„mehrern niedern Inseln im Meerbusen von Carpentaria, welche eine Flora
„von mehr als 200 phänogamischen Pflanzen besitzen, nicht mehr als drei
„Arten von Farrn, und diese in sehr geringer Anzahl.“ (Rob. Brown:
Pflanzen vom Congo, in Rob. Brown's vermischten botanischen Schriften,
von Nees von Esenbeck. Schmalkalden 1825. I. p. 285. sq.). Derselbe be-
rühmte Botaniker sagt: „In Hinsicht auf geographische Vertheilung unter-
„scheiden sich die Farrenkräuter von allen andern kryptogamischen Ge-
„wächsen, indem sie ihr Maximum in geringern Breiten, wahrscheinlich
„unter den Wendekreisen, oder doch nur wenig ausserhalb derselben er-
„reichen. So bringt z. B. die Norfolk-Insel, unter 29° südl. Breite und bei
„einem Umfange von wenigen Meilen, eben so viele Arten dieser Familie
„hervor, als in Hrn. Dr. Smith's Flora britannica aufgezählt werden.

„Weil indess Schatten und feuchter Boden wesentliche Bedingungen
„des Fortkommens für den grössern Theil der Farrenkräuter sind, so hat
„man in dem Aequinoctial-Theil Neu-Hollands, welcher bisher durchforscht
„wurde, nur wenige Arten derselben gefunden. . . . . . Man hat nur zwei

„baumartige Farrenkräuter in Australien entdeckt: die eine Art in der Co-„lonie von Port-Jackson, die andere, Dicksonia antarctica, häufig auf Van-„Diemens Insel, in deren nördlichen Gegenden der Stamm derselben nicht „selten eine Höhe von 12 bis 16 Fuss erreicht. Eine baumartige Farren-„krautart von derselben Gattung wurde von Forster auf Neu-Seeland in der „Dusky-Bay, fast unter 56° südl. Br. gefunden, der höchsten, in welcher „nach den bisherigen Beobachtungen Baumfarrn vorkommen. Es verdient „bemerkt zu werden, dass, obwohl die Baumfarrn eine so weite Verbreitung „in der südlichen Hemisphäre haben, man noch keinen derselben jenseits „des nördlichen Wendekreises angetroffen hat.“ Rob. Brown, Flora Australiens; l. c. p. 116. sq.

Wenn nun auch bis jetzt in den Saarbrücker Kohlengruben nur die Sigillaria peltigera vorgekommen ist, welche Hr. von Sternberg glaubt den baumartigen Farren unbezweifelt beizählen zu dürfen; und wenn nur wenige der bis jetzt untersuchten Holzsteine, aus den Konglomeraten unserer Steinkohlenformation, von vorweltlichen Baumfarren abstammen; so sehen wir doch, aus den Angaben des H. Rob. Brown, dass diese einzelnen Beispiele von Baumfarren, verbunden mit der grossen Zusammendrängung fossiler Farren-Species auf einem engen Raume, offenbar ein Klima andeuten, wie es nur auf den Inseln, in der Nähe der Wendekreise, oder in feuchten Küstenländern, unter dem Aequator, gefunden wird.

Zweitens. Der oben beschriebene Musacites annulatus hat höchst wahrscheinlich einer Pisang-Staude, oder selbst einer Palme angehört, und deutet also gleichfalls auf ein wärmeres Klima.

Drittens. Unter den Calamiten mögen wohl sehr verschiedenartige Pflanzen, mit gestreiftem, hohlem und knotigem Stengel zusammengefasst werden; aber es bleibt mir noch immer sehr wahrscheinlich, dass die meisten Calamiten von baumartigen Gräsern und Rohrarten abstammen mögen, und eine Vegetation unterstellen, wie sie auf den ostindischen Inseln vorkömmt.

Herr Brongniart betrachtet die Calamiten als Equisetaceen; indessen scheinen mir seine Gründe nicht so wichtig zu sein, dass man die ältere Annahme, wonach man sie vorzüglich mit den Pflanzen aus dem Geschlechte Bambusa verglich, gänzlich aufgeben müsste. Was 1) die regelmässige Streifung betrifft, so scheint hier der Umstand, dass die Equiseten auf ihrer äussern Oberfläche meistens viel regelmässiger gestreift sind, als die Gräser, sehr wenig in Betracht zu kommen, weil die Calamiten in den meisten Fällen nur die Gestalt der innern Oberfläche des Pflanzenstengels darstellen, und die innern Wände der Equiseten wenigstens nicht regelmässiger gestreift sind, als die der rohrartigen Gräser. Uebrigens muss man bemerken, dass, wenn zuweilen die Kohlenhaut der Calamiten auch auf der äussern Oberfläche regelmässig gestreift ist, dieses wohl einen spezifischen, höchstens einen generischen Unterschied begründen kann, aber nicht wichtig genug ist, um danach zu unterscheiden, ob der Calamit zur Familie der Equiseten, oder der Gräser gehöre.

2) Die Zusammenschnürung, welche meistens in den Gelenken der Calamiten bemerkt wird, und bei Calamites arenaceus der bunten Sandstein-Formation oft so stark ist, dass sich die Streifen in den Gelenkflächen weit in den Stengel hineinziehen, kann in jedem Falle nur dadurch erklärt werden, dass die Calamiten durch die Ausfüllung des hohlen Stengels der Gräser, oder des hohlen Schaftes der Equisetaceen entstanden sind, wo in den Gelenkknoten der Gräser und Equiseten eine Scheidewand, oder wenigstens ein Wulst vorhanden ist, welcher die Röhre verschliesst. Aber das Zusammenstossen der Streifen in den Gelenken der Calamiten ist vielleicht nur selten so regelmässig, wie Hr. Brongniart annimmt. Bei den Calamiten, welche ich vergleichen konnte, habe ich diese Regelmässigkeit nicht gefunden.

3) Aus den oben angeführten Stellen des Rumphius erhellt, dass die Aeste, in den Gelenken der grössern Rohrarten, auch quirlförmig gestellt sein können; so dass die Stellung der Astknoten in den Gelenken der Calamiten kein hinlänglicher Grund ist, die Calamiten von den Gräsern zu trennen. Uebrigens mögen diese Knoten oft nur Spuren quirlförmig gestellter Wurzeln sein.

Wenn ich alles dieses zusammenfasse, und erwäge, dass man, bei Erklärung geologischer Erscheinungen so viel, als möglich, die Analogien berücksichtigen muss, welche die gegenwärtige Schöpfung darbietet, so halte ich die Ansicht, welche die ältern Botaniker von den Calamiten hatten, für die wahrscheinlichere. Man trenne immerhin, wo es thunlich ist, die seltener vorkommenden, wahren Equisetaceen von den eigentlichen Calamiten, so werden diese letztern doch noch mit vollem Rechte zu den baumartigen Gräsern und Rohrarten gezählt, — sie mochten mehrere, den Geschlechtern Bambusa, Beesha und Nastus, verwandte Geschlechter gebildet haben. Wenigstens finden wir in diesen, wenn auch noch wenig bekannten Pflanzen-Geschlechtern, sowohl in Grösse, als Dicke und Streifung der Internodien, Analogien, welche bei den Equiseten, mit Ausnahme des letzten Umstandes, gänzlich fehlen; und es scheint mir gar zu gewagt, wenn man, durch Annahme riesenhafter Equisetaceen, ohne Noth über die Grenzen der gegenwärtigen Schöpfung hinaus geht.

Viertens. Die Stigmarien werden für baumartige Euphorbiaceen gehalten (Göppert p. 441.); aber die Lepidodendra, Sagenariae, Sigillariae, und Syringodendra sind bis jetzt noch nicht ganz erklärt. Indessen dürften wohl manche Sigillarien mit verschiedenen, afrikanischen, zum Theil baumartigen Euphorbien sehr nahe verwandt sein. Man wird, auf den ersten Blick, die Euphorbia caput medusae und Euphorbia tridentata für lebende Sigillarien halten, welche mit Sigillaria hexagona verglichen werden können; so wie man geneigt sein könnte, in der Euphorbia canariensis und Euphorbia officinarum (Redonté, 13 et 25 livraisons) das Syringodendrum sulcatum wiederzufinden.

Das Fasergewebe des Cactus spinosissimus hat die Form der Sagenarien; nur sind die Stacheln ausgefallen, deren Spur in dem Abdrucke der Sagenarien noch vorhanden ist. Sollten nicht auch manche gerippte Sigillarien Pflanzen angehört haben, deren Analoga jetzt nur, theils unter den Melocactis, theils unter den säulenförmigen Cactus zu finden sein möchten? Welche andere Familie bietet so gerippte Pflanzen dar? Dagegen kann aber nicht verkannt werden, dass Syringodendra, welche 18 Zoll im Durchmesser haben, und Sigillarien, welche grosse Bäume bilden, oder deren untere Rindenfläche mit einer parallelen Längestreifung, nach Art der Gräser, versehen ist, und daher auf monocotyledone Pflanzen deutet, in der gegenwärtigen Schöpfung keine bekannten Analoga haben möchten; so wie die Lepidodendra bis jetzt noch unbekannte Pflanzen, und die Nadelhölzer erst noch zu entdecken sind, welche das Terpenthinöl lieferten, das durch Herrn Reichenbachs interessante Untersuchungen in den Steinkohlen nachgewiesen wurde.

Fünftens. Bis jetzt wurde in den Saarbrücker Gruben nur eine Pflanze (Fucoides filiformis) gefunden, welche man berechtigt ist, für eine Meerespflanze zu halten; und man hat in den verschiedenen Steinkohlen-Ablagerungen Europas, mit wenigen Ausnahmen, wozu das Sargassum bohemicum Sternb. gehört, überhaupt keine Seepflanzen entdeckt.

Sechstens. In Betreff aller vorweltlichen Pflanzen muss man bedenken, dass die Vertheilung der Pflanzenformen auf der Oberfläche der Erde, gegenwärtig nicht bloss vom Klima, sondern auch von andern, uns unbekannten Ursachen abhängt, und dass dieses wohl auch in der Vorwelt der Fall sein konnte; so dass aus tropischen Pflanzenformen allein, noch nicht auf ein südliches Klima geschlossen werden kann; indem auch gegenwärtig Palmen in kältern Gegenden vorkommen (v. Humboldt, de distributione geographica plantarum p. 216. 235.), und auf den ostindischen Inseln, baumartige Gräser auf hohen Bergen wachsen, wo die Luft sehr kalt ist (Rumphius l. c.).

Aus diesen Betrachtungen dürfte sich nun wohl ergeben, dass die Vegetation des Saarbrücker Steinkohlen-Gebirges überhaupt eine Land-Vegetation war, und nur in Bezug auf die Calamiten, aus Sumpf- und Wasser-Pflanzen bestand. Im Allgemeinen gehörten diese Pflanzen einem feuchten, und einem wärmern Klima an, als wir gegenwärtig besitzen; — einem Inselklima, wie es jetzt in der Aequinoctialzone, oder in der Nähe der Wendekreise, im atlantischen Ozean, und in der Südsee, gefunden wird.

Aber in der Vorwelt waren; zur Zeit der Steinkohlen-Bildung, unsere jetzigen Continente zum grössten Theile; und selbst noch zu Anfang der Tertiärzeit war alles Flachland derselben; es waren insbesondere die Ebenen des nordwestlichen Europas und Asiens, von der Schelde bis nach Kamtschatka, vom Meere bedeckt. Dieser Umstand allein musste vielleicht kuhlere Sommer, wenigstens wärmere Winter bewirken, als wir jetzt unter derselben Breite besitzen, und scheint eine grosse Gleichförmigkeit in die Vegetation der damaligen Inseln der nördlichen Hemisphäre bis in hohe Breiten hervorgebracht zu haben, wie diess aus der Gleichförmigkeit der Pflanzenreste in der Steinkohlen-Formation fast aller nördlichen Länder hervorgeht. Mit dem Beginne der Tertiärzeit fing das Meer an von unsern Continenten zurückzutreten, und es mussten dadurch allein bedeutende Veränderungen in den Temperatur-Verhältnissen hervorgebracht werden. Unsere Tertiär-Gebirge umschliessen wohl noch Palmreste; aber schon am Ende der Tertiärzeit wurde das Eis gebildet, worin die Cadaver langhaariger Elephanten, an der Küste Siberiens einfroren.

Nach dieser Thatsache zu urtheilen müsste das Klima auf der nördlichen Hemisphäre plötzlich, und zwar in Folge der veränderten Vertheilung des Wassers und Landes auf der Oberfläche der Erde, und der geänderten Stellung der Continente gegen den Aequator, kälter geworden sein. Wenn wir dagegen die jetzigen klimatischen Verhältnisse der südlichen Hemisphäre betrachten, welche zum grössten Theile mit Wasser bedeckt ist, so ist es nach unsern Kenntnissen in der Pflanzengeographie, doch nicht möglich anzunehmen, dass die Aenderungen in der Vertheilung des Wassers und Landes auf der Oberfläche der Erde allein hinlänglich seien, um das wärmere Klima zu erklären, welches die Vegetation der Steinkohlengebirge unterstellt. In 49° südlicher Breite finden wir das Tropenverhältniss der Farrenkräuter nicht mehr, welches in den Saarbrücker Kohlengruben erkannt wird; und es wird sowohl aus diesem Umstande, als auch durch das allmählige

8*

Auftreten von Muschelschalen noch lebender Species, in den Tertiärschichten wahrscheinlich, dass sich das Klima nur allmählig änderte.

Da die Erde in ihrem Innern eine eigenthümliche, von der Sonne unabhängige Wärme besitzt, so hat man daher angenommen, dass die ehemalige höhere Temperatur, von welcher die Pflanzen der Steinkohlen-Formation Zeugniss geben, von dieser innern Wärme herrührte. Aber wie gross der Einfluss ist, den die Abkühlung der Erde, seit der Zeit der Steinkohlenbildung auf die Veränderung des Klimas in nördlichern Breiten gehabt hat, das lässt sich mit Sicherheit nicht angeben.

Wenn die mittlere Jahres-Temperatur gegenwärtig in unsern Thälern zu 10° C. angenommen werden kann, und die Farrenkräuter der Steinkohlengruben zu ihrer Entwickelung eine mittlere Temperatur von wenigstens 18° bis 22° C. erforderten, wie aus den obigen Angaben des Hrn. v. Humboldt hervorzugehen scheint, so hätte die Abkühlung des Bodens wenigstens gegen 10° C. betragen müssen, und man könnte hieraus einiger Massen auf das hohe Alter der Steinkohlen-Formation schliessen. Da sich die Mitteltemperatur der Oberfläche der Erde in historischen Zeiten nicht merklich geändert hat, so muss sich die Erde in einem Zustande befinden, wo die Mitteltemperatur ihrer Oberfläche nicht merklich höher ist, als die Temperatur des Weltraums, worin sich die Erde bewegt, so dass die Abkühlung der Erde, wenn sie noch wirklich statt haben kann, nun mit einer unendlichen Langsamkeit vor sich gehen muss. Fourier glaubt annehmen zu können, dass sich die Oberfläche der Erde in den letzten zwei tausend Jahren noch nicht um ein dreihundertstel eines Centesimalgrades abgekühlt habe. (Fourier, mémoire sur les températures du globe terrestre, in den mémoires de l'Académie de Paris. 1824. p. 591.); und man würde demnach für die Steinkohlen-Formation ein Alter von ungefähr sechs Millionen Jahren erhalten, wenn man die Abkühlung der Zeit proportional annehmen wollte; was wohl nicht ganz richtig ist, aber doch der Wahrheit ziemlich nahe kömmt, wenn die Abkühlung nur wenige Grade beträgt. Dagegen würde die wohl weit weniger wahrscheinliche Theorie des H. Poisson für die Steinkohlen nur ein Alter von ungefähr hundert tausend Jahren liefern; indem sich nach derselben die Erde in fünfzig tausend Jahren um fünf Centesimal-Grade abgekühlt haben würde (Annales de Chimie et de physique; avril 1837 p. 359.) *).

---

*) Herr Poisson nimmt an, die Zunahme der Wärme im Innern der Erde lasse sich dadurch erklären, dass sich die Erde, mit dem ganzen Sonnensysteme, früher in einem Theile des Weltraumes bewegt habe, in welchem die von den Fixsternen ausstrahlende

Wenn man solche Zahlen auch nur als ungefähre Grenzen betrachten will, zwischen welche die Bildung der Steinkohlen fällt, so wird es immer wichtig bleiben, dass es möglich ist, einiger Massen den Grad der Abkühlung zu bestimmen, welche die Erde, seit dem Beginne der Flötzgebirgs-Bildungen, erlitten hat.

Zugleich wird es immer wahrscheinlich bleiben, dass sich die Steinkohlen an niedrigen Küsten bildeten, welche häufig Ueberschwemmungen ausgesetzt waren, oder öfter durch Hebung und Senkung, bald über der Wasserfläche, bald unter derselben standen, und im letzten Falle vielleicht Sümpfe bildeten, Lagunen an Meeresküsten, oder sumpfigen Boden, wie ihn die Küste von Surinam darbietet, wo sich die Pflanzenstoffe während Jahrtausenden aufhäufen konnten.

H. Schmidt hat im Kohlensandsteine, zu Castel am Peterberge, sehr viele Abdrücke von Terebrateln gefunden (Rheinland-Westph. IV. p. 135.), und ich selbst erhielt, durch den ehemaligen Kaplan von Saarbrücken, Herrn Scheer, einen mit Schwefelkies überdeckten Ammoniten aus dem Schieferthone einer der dortigen Steinkohlen-Gruben, welcher, unter dem Namen Ammonites numismalis, in den mémoires de la société géologique de France I. pl. XXIII. fig. 6. abgebildet ist. Ob unio carbonarius, und Unio unifor-

---

Wärme eine grössere Intensität gehabt habe, als sie da besitzt, wo sich die Erde jetzt um die Sonne bewegt. In diesen wärmern Gegenden des Weltraums habe die Erde eine höhere Temperatur angenommen, welche sie nun in dem kältern Raume, durch Abkühlung wieder verliere. Da solche Veränderungen, bei der Bewegung des Sonnensystems, periodisch sein können, so scheinen sie Herrn Poisson geeignet zu sein, um zur Erklärung der Revolutionen benutzt zu werden, welche die Oberfläche der Erde betroffen haben.

Indessen scheint mir diese Ansicht vorzüglich den Umstand gegen sich zu haben, dass sie nicht die ganze Klasse der Phaenomene umfasst, um welche es sich hier handelt; indem sie sich nicht auf die Erklärung der vulkanischen Erscheinungen, und die Entstehung der Bergketten, geschweige auf die Abplattung der Erde anwenden lässt, ohne in die gewöhnliche Ansicht, welche den Abhandlungen Fourier's und des H. Cordier zu Grunde liegt, umgestaltet zu werden. Da ferner die Sternbilder, seit Hipparch's Zeiten, keine merkliche Veränderung in ihrer Gestalt erlitten zu haben scheinen, und selbst nach den neuen, astronomischen Entdeckungen, die Systemsparallaxe der Fixsterne sehr klein zu sein scheint, (Siehe: über die eigene Bewegung des Sonnensystems, von H. Herschel; in Bode's astronom. Jahrb. für 1787. p. 224 f.); so ist es höchst wahrscheinlich, dass der Durchmesser der noch unbekannten Bahn des Sonnensystems eine sehr untergeordnete Grösse ist, wenn man ihn mit den Entfernungen der Fixsternensysteme von einander vergleicht; so dass die Intensität der Wärmestrahlung der Fixsterne, in den verschiedenen Punkten dieser Bahn, nicht sehr verschieden, und jedenfalls, gegen die von der Sonne herrührende Erwärmung der Erde, verschwindend klein sein dürfte.

mis (De la Beche, Handbuch der Geognosie, Berlin 1832. p. 516; und Goldfuss, Petrefakten tab. 131. fig. 19, 20.), welche im Schieferthone zu Nieder-Staufenbach bei Cusel so häufig vorgekommen, Süsswasser-, oder Meer-Muscheln gewesen sind, lässt sich nicht bestimmen. Die Schale, welche hin und wieder erhalten ist, war äusserst dünn und biegsam, und bis jetzt konnte ich an den Abdrücken keine Muscular-Eindrücke und nichts vom Schlosse bemerken; so dass es höchst wahrscheinlich ist, dass sie nicht zum Geschlechte unio gehörten. Ferner habe ich zu Offenbach eine grosse Menge versteinerter Schwämme (Spongien) im Schieferthone der Kohlengruben, auf der rechten Seite des Glans, gefunden. Sie kommen gesellschaftlich beisammen, bis zur Grösse eines Huhner-Eies vor. Weniger deutlich sah ich dieselben auch in dem Kalke der Kohlengruben zu Odenbach. Man könnte dieselben, wegen der runzligen Oberfläche, spongites rugosus (fig. 10.) nennen. Sie beweisen gleichfalls, dass sich das Steinkohlen-Gebirge auf Meeresboden bildete.

Der Schieferthon der Kohlengruben enthält häufig so viel Schwefelkies eingesprengt, dass er bei Duttweiler zur Alaunfabrikation benutzt werden kann. Auch die Steinkohlen selbst, welche sich oft senkrecht auf die Schichtungsfläche, nach Richtungen zerklüften, welche sich rechtwinklig schneiden, haben zuweilen auf den Absonderungs-Flächen einen dünnen Ueberzug theils von Schwefelkies, theils von weissem Braunspath, welcher auf sehr klüftigen Kohlenflötzen, oft durch die Einwirkung der Feuchtigkeit braun geworden, indem sich das kohlensaure Eisenoxydul in Eisenoxydhydrat verwandelt hat. Das unveränderte Fossil besteht, nach H. Karsten, aus:

| | |
|---|---|
| kohlensauerm Kalke | 49,5 |
| kohlensaurer Bittererde | 48,7 |
| kohlensauerm Eisenoxydul | 1,6 |

(Karstens Untersuchungen über die kohligen Substanzen des Mineralreichs &c. im Archiv für Bergbau und Hüttenwesen XII p. 180.). Selten bildet der Braunkalk in den Steinkohlen schöne, mit Rhomboedern auskristallisirte Drusen, in welchen zuweilen haarförmiger Schwefelkies vorkömmt.

Da der Braunkalk offenbar auf den Steinkohlenflötzen mit der Kohle gleichzeitig entstanden ist, so lässt sich aus seinem Vorkommen einiger Aufschluss über die Bildung der Steinkohlen selbst in so weit schöpfen, als man einige Hypothesen über ihre Entstehung beseitigen kann. Denn es dürfte wenigstens daraus hervorgehen, dass die Steinkohlen nicht durch die verkohlende Einwirkung von Schwefelsäure auf vegetabilische Substanzen entstanden sind (vergl. Karsten l. c. p. 234 ff.); indem ein so leicht zersetzliches kohlensaures Salz sich, in diesem Falle, in den Steinkohlenflötzen nicht hätte bilden können.

Der auf den Steinkohlen und in dem Schieferthone vorkommende Schwefelkies ist, wenn nicht immer, doch häufig von derjenigen Zusammensetzung, welche der feuchten Luft ausgesetzt, sich in schwefelsaures Eisenoxydul (Eisenvitriol) verwandelt. Ich sah auf diese Weise mehrere mit Schwefelkies gemengte Steinkohlenmassen aus den Saarbrücker Gruben, nach einigen, und selbst noch nach mehr als zwanzig Jahren, in den Sammlungen, worin sie aufbewahrt wurden, zerfallen und sich mit Eisenvitriol-Efflorescenzen bedecken. Es ist dies die dritte Schwefelungsstufe des Eisens von Berzelius, welche aus 62,77 Eisen und 37,23 Schwefel besteht (Lehrbuch der Chemie von Berzelius II. p. 574.).

Die Bildung der Steinkohlen selbst lässt sich nach dem gegenwärtigen Zustande unserer Kenntnisse nicht erklären, und wir können nur, gestützt auf die in Steinkohlen verwandelten Pflanzenreste und die zuweilen eben so umgewandelten Fische, und auf die chemische, den Pflanzenstoffen analoge, elementare Zusammensetzung derselben, als wahrscheinlich vermuthen, dass organische, meistens vegetabilische Massen, durchtränkt von Meerwasser und gegen gewöhnliche Fäulniss, durch Ausschluss der Luft, unter dem Drucke bedeutender Schlamm- und Sandmassen, geschützt, durch die allmählige Einwirkung ihrer verschiedenen Bestandtheile auf einander und auf die im Meerwasser enthaltenen Salze, sich in Steinkohlen verwandelten, ohne dass wir im Stande sind, den Prozess, wodurch dieses geschah, näher anzugeben. Wohin die alkalischen Salze gekommen sind, welche in so grossen Pflanzenvorräthen enthalten sein mussten, und von welchen sich keine Spur in der Steinkohlenasche findet, ist uns unbekannt. Ob der Schwefelkies sich, bei der Bildung der Steinkohlen, als Nebenprodukt, aus dem in den Pflanzen enthaltenen Schwefel und Eisen bildete, wissen wir nicht; nur ist es auffallend, dass sich der Schwefelkies sehr oft auch auf den Braunkohlenlagern und selbst in dem Letten der Torfmoore, in hinlänglicher Menge findet, dass Alaunfabriken darauf angelegt werden können.

Da der Braunkalk auf den Steinkohlenflötzen selbst immer in verhältnissmässig nur geringer Menge vorkömmt, so möchte man denken, dass die Bildung des Thoneisensteins (kohlensauren Eisenoxyduls) auf den Schieferthonflötzen, von der Entstehung der Steinkohlen unabhängig gewesen wäre; und dennoch scheint es Regel zu sein, dass sich Thoneisenstein- und Steinkohlenflötze immer begleiten, zu Lüttich und in England, wie zu Saarbrücken

(Cauchy, mémoire sur la constitution géologique de la province de Namur p. 32).

Wäre es nicht möglich zu denken, dass der Thoneisenstein der Steinkohlengruben von der Kohlensäure abhängig gewesen sein könnte, welche sich aus den Pflanzenmassen entwickeln musste, die zur Entstehung der Steinkohlen Veranlassung gaben? Haben vielleicht die Pflanzen selbst das Eisen zur Bildung des kohlensauern Eisenoxyduls geliefert? Wenigstens kann man aus dem Umstande, dass das Eisen, als Oxyd, in der Pflanzenasche enthalten ist, nicht folgern, dass es auch in der lebenden Pflanze sich in demselben Zustande befinde; und wenn sich die Kohlensäure auch mit dem Oxyde nicht direkt verbindet, so könnte sich doch wohl, bei der Zersetzung der Pflanzen, kohlensaures Eisenoxydul gebildet haben, welches sich, wenn es einmal auf den Steinkohlenflötzen entstanden war, durch die anfänglich überschüssige Kohlensäuere im Wasser aufgelöst erhalten konnte, um sich allmählich in dem Schieferthone abzusetzen. Die Asche der Steinkohlen enthält wohl auch viel Eisenoxyd (Karsten l. c.), und man könnte in demselben den Eisengehalt der ursprünglichen Pflanzen wiederzufinden glauben. Aber der sehr grosse Thongehalt der Steinkohlenasche ist für sich schon ein hinlänglicher Beweiss, dass dieselbe nur von dem den Steinkohlen beigemengten Schieferthone herzuleiten ist, indem der Thon gewöhnlich in der Pflanzenasche fehlt. (Vergl. Berzelius, Lehrbuch der Chemie III. B. pag. 1223, und Davy's Agrikulturchemie, französ. Uebers. p. 111 sqq. Decandolle's Pflanzenphysiologie, deutsche Uebers. I. p. 381.). Auf diese Art dürfte es wirklich nicht unwahrscheinlich sein, dass eine doppelte Entstehungsweise des Thoneisensteins in unserm Steinkohlengebirge angenommen werden könnte, die eben angedeutete, (vergl. Karsten l. c. p. 237.) und die oben für diejenigen Thoneisenstein-Niederlagen vermuthete, welche in keiner Verbindung mit Steinkohlenflötzen stehen.

Von den Steinkohlen selbst hat neuerlich Webster vermuthet, dass dieselben aus grossen Ablagerungen von Erdpech entstanden sein könnten, und dass der Erdpechsee auf Trinidad ihre Entstehung zu erklären geeignet sei (Jahresbericht von Berzelius, 16ter Jahrgang p. 407.). Aber ausser der von Herrn Berzelius gemachten Bemerkung, dass doch wohl das Erdpech selbst, als ein Produkt organischer Stoffe zu betrachten sei, möchte auch zu berücksichtigen sein, dass oft verkohlte Pflanzenreste in Sandstein eingeschlossen sind, an Stellen, wo auf grosse Strecken keine wirklichen Steinkohlen gefunden werden, und wo der Sandstein keinen weitern Gehalt an Bitumen zeigt.

In dem an Steinkohlen so höchst reichen Gebirgsdistricte zwischen Welleswcilcr, Saarbrücken und Sarrelouis ist die Menge der Kohlenflötze so bedeutend, dass es unmöglich ist, die Zahl derselben mit Genauigkeit anzugeben. Dagegen ist das ganze Steinkohlengebirge im Norden und Osten des Saarbrücker Districts arm an Kohlenflötzen; und wo noch solche vorkommen, erreichen sie selten eine Mächtigkeit von zwei Schuh. Die Kohlen werden alsdann stark von Brandschiefer durchzogen, und sind meistens von geringerm Werthe. Indessen ist die Zahl der Gruben, welche auf diesen schwachen Flötzen bauen, nicht gering; und da in der Nähe und gewöhnlich im Hangenden der Kohlenflötze meistens auch ein Kalkflötz vorkömmt, welches drei bis sieben Schuh mächtig ist, so dienen die Kohlen zum Kalkbrennen und zur Heizung der Stuben, während die Schmiede ihren Kohlenbedarf aus der Gegend von Nassau-Neunkirchen beziehen müssen. Im Allgemeinen kann man bemerken, dass alle diese Kohlengruben auf dem südlichen Flügel der Mulde liegen, welche das Kohlengebirge bildet, und dass die Flötze von WSW gegen ONO streichen und in NW unter einem Winkel von ungefähr 20° bis 30° fallen. Die Ausnahmen von dieser Regel findet man vorzüglich in der Nähe der Porphyr- und Trappgebirge, welche die Schichten des Kohlengebirges gehoben und ihre ursprüngliche Lagerung manchfach gestört haben. Zu den bedeutendern Gruben, in dem genannten, kohlenarmen Districte, dürften wohl diejenigen von Dörrenbach, Breitenbach und Altenkirchen, nebst Ohmbachbrücken zu zählen sein. Das Flötz, auf welchem zu Breitenbach gebaut wird, ist 11½ — 12 Zoll mächtig; dagegen das Flötz zu Altenkirchen nur 7 Zoll stark ist. Wenn man darauf Rücksicht nimmt, dass das Streichen der Flötze von Brücken, Altenkirchen, Breitenbach und Dörrenbach, nach Westen über Mainzweiler, Uchtelfangen und Heisweiler, in der Gegend von Sarrelouis, hinzieht, wo ebenfalls Kalk- und Kohlen-Flötze bekannt sind, so wird es wahrscheinlich, dass die Kohlen an allen zuletzt genannten Orten auf den nämlichen Flötzen vorkommen; und da die Linie, welche durch die genannten Orte geht, im Norden des kohlenreichen Gebirgsdistrictes von Saarbrücken vorüberzieht, so kann es kaum noch zweifelhaft bleiben, dass diese Kohlenflötze sich im Hangenden der Saarbrücker Flötze befinden, und also jünger sind als diese. Im Norden der eben angegebenen Linie, von Breitenbach nach Uchtelfangen, liegen die Kalkgruben zwischen Frohnhofen und Werschweiler und im Katzenloch bei Werschweiler, die Gruben von Niederlinxweiler und Mainzweiler, welche auf dem nämlichen, zwei bis drei Fuss mächtigen Kalkflötze zu bauen scheinen, welches dem Kohlensandsteine und Schieferthone gleichförmig eingelagert

9

ist. Dieses Kalkflötz befindet sich also im Hangenden der genannten Kohlenflötze. Der Kalk ist von grauer und braungrauer Farbe. Kalk und Kohlen kommen ferner noch bei Urexweiler, Kohlen zu Marpingen und Kalk zwischen Habach und Wiesbach vor. Ob aber diese Flötze von den ersten verschieden seien, oder ob die ersten Flötze durch Sattelbildungen und Zerstörung eines Theils der sie bedeckenden Gebirgsschichten an diesen Orten der Oberfläche des Bodens wieder nahe gerückt sind, ist schwer zu bestimmen. Auf der Streichlinie der Marpinger Kohlen liegen auch die von Leitersweiler und Hof, bei St. Wendel, und dürften wohl mit ihnen zusammen zum nämlichen Flötze gehören.

Oestlich von Altenkirchen und Brücken werden gegenwärtig noch zu Steinbach und Hüffweiler und zwischen Quirnbach und Liebstal, desgleichen zu Theisbergstegen, Kohlen gegraben; aber nicht mehr zu Niederstaufenbach. Kalk wird zu Ohmbach *) und Börschborn gegraben; und man kann ein bis sieben Schuh mächtiges Kalkflötz von Elschberg und Föckelberg über Bosenbach, Roth-Seelberg und Zweikirchen, nach Wolfstein verfolgen, wo man aber keine Kohlengruben, mit Ausnahme einiger schwach betriebenen Gruben zu Essweiler und in der Nähe von Rossbach und Oberweiler, auf der rechten Seite der Lauter, bei Wolfstein, findet. Auf der ganzen genannten Strecke hat das Kalkflötz ein südostliches Fallen unter einem Winkel von 20° bis 30°. Unterhalb Wolfstein trifft man in der Nähe von Oberweiler, auf dem linken Ufer der Lauter, nochmals bedeutende Kalkgruben; und das Kalkflötz, welches nun nördliches Fallen hat, zieht über den Berg nach SW, durch die Nähe von Aschbach und Elsweiler. Ferner findet man Kalkgruben zu Patersbach und Rammelsbach bei Altenglan. Das Kalkflötz ist an all diesen Orten von 3 bis gegen 7 Schuh mächtig, und der dichte Kalk mit gross- und flachmuschligem Bruche und meistens dunkelgrauer und selbst schwarzer Farbe, ist dem Kalke auf den Gruben bei Wolfstein vollkommen ähnlich, so dass man nicht zweifeln kann, dass alle genannten Kalkgruben auf demselben Flötze bauen, welches die Porphyrgruppe von Wolfstein und den Trappgebirgszug des Remigiusberges bei Kusel mantelförmig umlagert.

Das Kalkflötz hat in den Gruben SW. von Aschbach, an dem Königsberge, eine westliche Richtung, und fällt unter einem Winkel von 40° nach Norden; und tiefer am Berge herab liegen die Kohlengruben von Offenbach,

---

*) Zu Ohmbach ist im grauen Schieferthone ein Kalkstein eingelagert, welcher gebrochen und gebrannt wird. Der Kalkstein ist rauchgrau von Farbe, im Grossen von ebenem, im Kleinen von splittrigem Bruche, ohne Versteinerungen (Merian, Wanderung durch die Rheinpfalz, in von Leonhards Taschenbuch für die Mineralogie 1830 p. 334.)

Nerzweiler und Hundheim. In den Gruben, welche auf der rechten Seite des Glans unterhalb Offenbach in Bau stehen, findet sich kein Kalk, dagegen drei Kohlenflötze, wovon nur das mittelste bauwürdig und ungefähr 6'' mächtig ist. In der neuen Grube, oberhalb Offenbach, auf der linken Seite des Glans, bildet der Kalk das Dach der Kohle. Auch zu Beedesbach, am Glan, ist früher eine Kohlengrube in Betrieb gewesen, welche angeblich auf einem 6 Schuh mächtigen Flötze gebaut, das zwischen Trappgebirgsmassen eingeklemmt war, und sich bald wieder verloren hat; desgleichen zu Niedereisenbach, wo das Kohlenflötz 6'' mächtig ist, und auch das Kalkflötz vorkömmt. Zwischen Rammelsbach und Altenglan ist das Kalkflötz 6 Schuh mächtig, sein Streichen Stunde 4 und Fallen 10° NW. Der Kalk ist dunkel, blauschwarz, dicht, mit grossmuschligem Bruche, und liegt zwischen schiefrigem, thonigem Sandsteine, und sandigem Schieferthone. Zu Medard, weiter am Glan hinab, ist das Kohlenflötz 3 Zoll mächtig, und liegt 3 Schuh tief unter einem Kalkflötze, dessen Mächtigkeit anderthalb Schuh beträgt. Auch bei Kronenberg, auf der rechten Seite des Glans, sind Kalkgruben. Bei Odenbach liegen, auf der linken Seite des Glans, drei Kohlenflötze über einander, von welchen nur eins bauwürdig, und ungefähr ¼ Schuh mächtig ist; die andern sind 3 Zoll mächtig. Die Decke des abgebauten, obersten Kohlenflötzes ist ein ¾ Schuh mächtiges Kalkflötz. Andere Kohlengruben sind bei Odenbach, Roth und Reiffelbach, auf der rechten Seite des Glans, und bauen, nach der Angabe von Beurard, auf zwei Kohlenflötzen, von welchen jedes ungefähr 7 Zoll mächtig sein und unmittelbar im Dache ein Kalkflötz von 5—7 Zoll Mächtigkeit haben soll. Das Liegende eines jeden der Kohlenflötze ist eine Schichte von 2 Zoll Schieferthon, und überdies sind beide Flötzsysteme durch ein Zwischenmittel von ungefähr 14 Lachter Sandstein, sandigem Schieferthon, und Sandstein-Konglomerat getrennt (Rheinland-Westphalen IV. p. 128.). Das Kohlenflötz bei Reiffelbach und Odenbach streicht Stunde 9 und fällt unter einem Winkel von 15° in NO. (Burkart im Rheinland-Westphalen IV. p. 165.). Auf eine ähnliche Weise liegt am Geisborn, in der bereits oben berührten, schwach betriebenen Kohlengrube, bei dem Dorfe Oberweiler, östlich von Wolfstein, „unmittelbar auf „einem fünf bis sechs Zoll mächtigen Kohlenflötzchen, eine Kalksteinlage „von 4''—8'', die wieder mit einem zwei Fuss mächtigen Schieferthonflötze „bedeckt ist. Dann wechselt aufwärts Kohlensandstein mit Schieferthon. „Bei Rölsberg dient ebenfalls eine schwache Kalksteinschichte dem dortigen „Kohlenflötzchen zum Dache. Derselbe Fall tritt bei dem schmalen Kohlen„flötzchen von Seel ein" (Rheinland-Westphalen IV. p. 127.).

Das erste der zwei zuletzt genannten Flötze streicht zwischen Rölsberg und Hefersweiler, das zweite, bei Seelen, zwischen Bösodenbach und Rathskirchen durch; und eine Kalkgrube ist bei dem Messerbacher Hofe, nordöstlich von Heimkirchen. Zu Heimkirchen kommen Fischabdrücke im Schieferthone zwischen Sandsteinschiefer vor, und liegen mehrere hundert Schuh tiefer, als das Kalkflötz bei dem Messerbacher Hofe; die Gebirgsschichten haben nördliches Fallen. — Des Kohlenflötzchens von Hohenöllen, so wie des Kalksteins, der das Dach desselben bildet, erwähnt auch H. Burkart in Rheinland-Westphalen IV. p. 165, wo er statt Hohenöllen, Hohenelbe schreibt.

Ober-Moschel liegt ringsum vom Kohlensandstein-Gebirge umgeben, in einem tiefen, engen Thale. Unmittelbar NW. von Ober-Moschel liegt der Oligberg, NO. der Seelberg, und SO. der Moschellandsberg. „Der Oligberg und Seelberg bestehen ganz aus deutlich geschichtetem Kohlensandstein, in welchem sich ein schwarzes Kalksteinlager und ein schmales „Kohlenflötz einlagern. Kalksteinlager und Steinkohlengebirge am Oligberge: Streichen, Stunde 4; Fallen NW, unter beiläufig 10°; Kalksteinlager und Steinkohlengebirge am Seelberge: Streichen, Stunde 3, Fallen „NW. Kalksteinlager unten im Thale, auf dem halben Wege zwischen „Ober- und Nieder-Moschel; Streichen, Stunde ½; Fallen Ost, circa 15°. „Das Steinkohlenflötz und der Kohlensandstein in der Nähe von Sitters und „Schiersfeld, wo noch Bergbau stattfindet: Streichen, Stunde 4; Fallen NO, „circa 15°. Das Steinkohlenflötz hat eine Mächtigkeit von 7 Zoll, wovon 5 „Zoll Kohle von geringer Qualität. In seinem Hangenden hat es wenige „Zoll Schieferthon; sonst besteht sein Hangendes, wie sein Liegendes aus „Sandstein. Etwa 15 Lachter über diesem Steinkohlenflötze soll das Kalksteinlager liegen. Dieses hat eine Mächtigkeit von 16 Zoll, und besteht „aus zwei Bänken, von welchen die eine 6 Zoll, die andere 8 Zoll stark „ist. Der Kalkstein zeichnet sich durch seine dunkel braunschwarze Farbe „aus. Versteinerungen finden sich nicht in ihm, (wie überhaupt nicht im „Kalke des saarbrückisch-pfälzischen Kohlengebirges). (S. Fr. v. Oeynhausen, in Rheinland-Westphalen I. p. 202. sq.).“

Auf der Ostseite des Landsberges ist gleichfalls eine Kohlengrube; die Kohle ist schlecht, ungefähr 6 Zoll dick; und Sandstein nebst Schieferthon haben auf dem Abhange gegen Oberndorf östliches Fallen. Endlich wird noch eine halbe Stunde nordöstlich von Odernheim, Boos an der Nahe gegenüber, in dem feinkörnigen, graulich-weissen, mit Schieferthon wechselnden Sandstein, auf einem 6 Zoll mächtigen, fast nur aus Brandschie-

„fer bestehenden Kohlenflötze gebaut, welches Stunde 3 streicht, und mit „15° in NO. fällt; 4—6″ mächtiger, schwarzer, mit vielem Thon gemengter, „gerieben bituminös riechender Kalkstein bildet das Dach dieses Flötzes „(Burkart in Rheinland-Westphalen IV. p. 163.); und bei Bingart hat man früher im Kohlensandstein auf einem Kohlenflötze von 6″ Mächtigkeit, Bergbau betrieben. (Rheinland-Westphalen I. p. 238.). „Das 14″ mächtige „Kohlenflötz zu Norheim, an der Nahe, liegt zwischen Schieferthon. Im „Schieferthon des Daches findet sich eine 6″ mächtige Lage von schwarzem „Kalkstein“ (Schmidt, in Rheinland-Westphalen IV. p. 88.). Auch bei Treisen, an der Nahe, giebt H. Burkart zwei 3—4″ mächtige, und keineswegs bauwürdige Kohlenflötze und mehrere schwache Kalksteinflötze an, welche mit Schieferthon und Kohlensandstein wechseln und sich auf den rothen Feldsteinporphyr von Kreuznach anlegen. Ihr Streichen ist Stunde 12 bis 1; das Fallen 45°—50° nach W. (Rheinland-Westphalen IV. p. 163. 169. sq.).

Um nichts zu übergehen, was auf das Vorkommen der Steinkohlenflötze einiges Licht werfen kann, erwähne ich hier noch des 9″—10″ mächtigen Kohlenflötzchens, welches zwischen Kirn und Steinkallenfels, auf dem rechten Hahnenbachufer, kaum 80 Lachter von der Grenze des Schiefergebirges abgebaut wird. Das Streichen der Gebirgsschichten, nebst dem Kohlenflötze, ist Stunde 7; Fallen 15°—18° in S. Das Kohlenflötz besteht grössten Theils aus Brandschiefer, der nur von wenigen Schnürchen Schiefer — und Grobkohle durchsetzt wird, welche nur höchst selten die Mächtigkeit von 1″—2″ erreichen (Rheinland-Westphalen IV. p. 162.). Ein ähnliches Vorkommen von Brandschiefer und schwachen Kohlenflötzchen, gab zu nutzlosen Nachgrabungen auf Kohlen, zwischen Algenroth und Retzweiler, und an einigen andern Orten auf der Grenze des Schiefergebirges, besonders zu Wadrill, bei Otzenhausen, Buleuberg, Hochstetten, Daubach und Argenschwang, desgleichen am Spiemont bei Oberlinxweiler, und am Bosenberge bei St. Wendel, Veranlassung (vergl. Rheinland-Westphalen IV. p. 43.). Am Glan werden diese schwachen Kohlenflötze, so wie auch die Kalkflötze, nur bis auf die Thalsoole abgebaut; und die Gruben werden verlassen, sobald man bis auf das Wasser gekommen ist. Deswegen sind auch die Nachrichten über die in Betrieb stehenden Gruben, welche meistens Privatunternehmungen sind, wenig übereinstimmend, wenn sie aus verschiedenen Zeiten herrühren.

Aus allen diesen Angaben ist es wohl sehr schwer, eine allgemeine Regel über die Lagerungsverhältnisse der Steinkohlenflötze in der Rheinpfalz und über ihre gegenseitige Beziehung aufzufinden; doch dürften sich vielleicht folgende Bemerkungen machen lassen, ohne dass die Thatsachen dadurch entstellt werden. Ein Kalkflötz befindet sich im Hangenden schwacher Kohlenflötze und zieht aus der Gegend von Ottweiler bis nach Wolfstein in der Pfalz. Die Hebung der Feldstein-Porphyr-Gruppe von Wolfstein, und der aphanitischen Trappmassen des Remigiusberges bei Kusel, ist später erfolgt, nachdem das Kohlengebirge und das darin eingeschlossene Kalkflötz längst gebildet waren. Die Schichtenstellung des Kohlengebirges wurde dadurch in der Nähe dieser gehobenen Gebirgsmassen so geändert, dass das Kalkflötz dieselben nun mantelförmig umlagert. Aber die Kohlenflötze, welche sich im Liegenden des Kalkflötzes befinden, kommen dabei auf der Südseite des Porphyrs von Wolfstein nicht mehr, oder nur selten zum Vorschein. Auf der Nordseite scheint dagegen das Kalkflötz bei der Bildung des Glanthales zum grossen Theile zerstört worden zu sein, so dass die Reste desselben gegen die mittlern Höhen des Wolfsteiner Gebirges, in der Nähe von Hundheim und Elsweiler, nur noch schildförmig auf dem Porphyrgebirge aufliegen, während die Kohlenflötze tiefer im Thale der Oberfläche näher kommen. Gegen Offenbach und Meissenheim hinab, treten die gewöhnlichen Verhältnisse wieder hervor, so dass sich der Kalk immer im Hangenden der Kohlenflötze befindet. Nur diese eine Veränderung geht mit ihnen vor, dass Kalk- und Kohlenflötze nur durch schwache Zwischenmittel von Schieferthon und Kohlensandstein getrennt sind, oder dass der Kalk unmittelbar auf den Kohlen liegt. Zugleich trennen sich zuweilen das Kohlen- und Kalkflötz, jedes in zwei Flötze, welche nun beide viel schwächer sind, aber die nämliche respective Lage gegen einander behalten, wie früher; und es treten wiederholt bedeutende Verwerfungen der Schichten ein, so dass die Kalk- und Kohlenflötze, welche zu Patersbach bis unter die Thalsoole herabgehen, zu Nieder-Eisenbach und Offenbach hoch über dem Niveau des Glans, an den Thalwänden hervortreten; und nachdem sie sich bei Medart wieder unter die Oberfläche des Glans herabgesenkt haben, zu Odenbach und Reiffelbach wieder bedeutend über die Thalfläche in die Höhe gerückt sind (Siehe das Profil in Fig. IX.). Dieses Schichten-System, wobei ein schwaches Kohlenflötz von einem Kalkflötze gedeckt wird, und nach einem bedeutenden Zwischenmittel im Hangenden nochmal ein ähnliches Kohlen- und Kalkflötz hat, erstreckt sich nun bis an die Alsenz, wo die Flötze in der Nähe von Ober-Moschel nochmal besondere Störungen erlitten haben, welche mit der Bildung der quecksilberführenden Gänge des Moschellandsberges und Stahlberges in Zusammenhang zu stehen scheinen.

Indessen könnte man auch die Ansicht haben, dass im Hangenden des

Kalkflötzes, welches von Ottweiler bis nach Wolfstein zieht, nach bedeutenden Zwischenmitteln, die Kohlen- und Kalkflötze, an dem untern Glan und an der Alsenz vorkommen, und von ihm gänzlich verschieden sind; und dass der Kalk und die Kohlen von Urexweiler, Marpingen und Hof, bei St. Wendel, diesen neuern Flötzen angehören. Bei den grossen Störungen, welche die Hebung der Porphyr- und Trappkuppen in die Lagerungsverhältnisse des Kohlengebirges gebracht haben, wird es schwer sein, zwischen beiden Hypothesen zu entscheiden *). Aus der Beschaffenheit des Kalkes dürfte man schwerlich einen Grund für die Einerleiheit oder Verschiedenheit der Flötze herleiten können, auf welchen er vorkömmt, indem bei so grossen Entfernungen die Flötze wohl bedeutende Aenderungen in ihrer Beschaffenheit erleiden konnten.

Ich fand, bei einer Temperatur von ungefähr 16° C. das spezifische Gewicht des schwarzen Kalkes vom Seelberge 2,71; des grauen Kalkes von Altenglan 2,75; des grauen Kalkes von Niederlinxweiler 2,81. Alle diese Kalkarten brennen sich weiss. Der Stoff, wodurch sie also schwarz und grau gefärbt sind, ist fein vertheilte Steinkohlensubstanz, die besonders bei dem schwarzen Kalke des Seelberges in grosser Menge zurückbleibt, wenn man ihn in Salzsäure auflös't. Der Gehalt an Eisenoxyd bringt beim Brennen zuweilen eine braunrothe Farbe, wenigstens stellenweise, hervor. Talkerde habe ich im Kalke vom Seelberge nicht gefunden, und der Kalk von Niederlinxweiler, bei Ottweiler, ist so stark mit der fein vertheilten Substanz des Schieferthons gemengt, dass man mit der Thonerde wohl auch Talkerde ihm

*) Beide Ansichten stellt auch Schmidt als gleich möglich dar, indem er bemerkt, dass fast alle besondern Einlagerungen des Kohlengebirges meist durch die ganze Kohlengebirgslänge von SW nach NO hindurch laufen, was „besonders auf eine bewunderns„würdige Art bei einigen meist nur einige Zoll mächtigen Kohlenflötzchen der Fall ist. „Eins derselben beginnt in der Gegend von Lobach, und zieht sich unter nördlichem „Fallen nach Marpingen und St Wendel; geht durch das Oesterthal nach Diedelkopf; „passirt unweit Patersbach den Glan, und zieht sich auf der rechten Seite desselben „über Uerzweiler, Adenbach, Reifelbach und zwischen Sitters und Ober-Moschel fort. „Es verschwindet wahrscheinlich erst unter dem jüngern Flötzkalk der Pfalz. Hin und „wieder zeigen sich andere Kohlenflötzchen in dessen Nähe. So baut man zwischen „Ober-Moschel und Sitters zwei, nur wenige Lachter von einander entfernte Kohlen„flötze: auch befinden sich weiter nordwestlich von solchem, zur Rechten der Nahe, „bei Bingart und Feil, jenseits derselben bei Grumbach und Hausweiler ähnliche Flötz„chen. Es ist indessen möglich, dass wegen des Falles und Wegens „der Schichten, ein und das nämliche Flötz an mehreren Punkten, der „Breite des Kohlengebirges nach, zu Tage geht und dass sich in die„sem Falle obige Flötzchen, wenigstens zum Theil einander zuge„hören." (Rhl. Westphl. IV. p. 43. sq.).

beigemengt finden mag, indem der Schieferthon an Talkerde oft so reich ist, dass man auf der Alaunhütte zu Sulzbach auch Bittersalz (schwefelsaure Talkerde) als Nebenprodukt gewinnt. Zum magnesiahaltigen Kalke (magnesian limestone) scheint demnach der Kalk des Kohlengebirges bei uns keineswegs gezählt werden zu können; ob aber darum auch nicht zur Zechsteinformation? Diess wird durch die Fischabdrücke des kalkhaltigen Schieferthons von Münsterappel und des Schieferthons von Lebach und Heimkirchen nicht absolut bewiesen; denn wenn auch der palaeoniscus Freieslebeni von Agassiz, welcher für die Zechsteinformation gewisser Massen charakteristisch zu sein scheint, bis jetzt bei uns noch nicht gefunden wurde, so können wohl alle unsere Fischabdrücke den ältern Schichten angehören, welche unter den Kalkflötzen liegen, und die Verschiedenheit kann daher erklärt werden.

Der Schieferthon ist durch fein vertheilte Steinkohlensubstanz gewöhnlich, und besonders stark in der Nähe der Kohlenflötze, grau gefärbt; und der ziemlich häufig vorkommende Brandschiefer ist bekanntlich nichts anders, als Schieferthon, welcher mit Steinkohlensubstanz stark gemengt ist. Aber weicher, zarter Schieferthon ist zuweilen ebenfalls dunkel schwarz gefärbt, und wurde zu Krügelborn, bei St. Wendel, einige Zeit gegraben, und als schwarze Kreide nach Sarrelouis verkauft. Ich fand auf den Schichten dieses Schieferthons daselbst viele rhomboidale Fischschuppen, und selbst einen ziemlich grossen Theil eines Fisches, welcher zum Amblyterus punctatus gehörte. Merkwürdiger scheint mir die Färbung des Kalkes durch Steinkohlensubstanz da zu sein, wo die Kalkflötze in der Pfalz das Dach der Kohlenflötze bilden, oder doch in ihrem Hangenden vorkommen. Es scheint nämlich sehr leicht erklärlich zu sein, dass die Substanz der Steinkohlen den Schieferthon durchdrungen hat, zwischen welchem die Kohlenflötze liegen; dass aber auch der Kalk, welcher sich im Hangenden der Kohlen findet, durch sehr fein vertheilte Steinkohlen-Substanz gefärbt ist, scheint nur dadurch möglich geworden zu sein, dass die Steinkohlen-Substanz im Wasser aufgeschlämmt war, aus welchem sich der Kalk niederschlug; oder dass dieselbe nach Art des Pflanzenextractivstoffes aufgelös't, dasselbe dunkelbraun farbte, wie kaum zuweilen das Wasser in Torfsümpfen gefärbt ist. Zugleich scheint aber auch dieser Umstand den Mangel an Thier-Versteinerungen, oder wenigstens ihre grosse Seltenheit, zu erklären, welche diese Kalkflötze und im Allgemeinen die Schichten des Steinkohlengebirges da auszeichnet, wo viele Kohlenflötze vorkommen *); indem eine starke Auflösung

*) Thierische Ueberreste kommen im Thoneisenstein des kohlenreichen Gebirgsstreifens niemals vor, oder sind wenigstens bis jetzt in demselben noch nicht gefunden worden

der extractivartigen Steinkohlen-Substanz ohne Zweifel das Wasser zur Unterhaltung des Lebens der meisten Wasserthiere untauglich machte. Der Kalk dürfte sich wohl mit dem Extractivstoff niedergeschlagen und zugleich auf diese Weise durch ihn gefärbt haben; während die Steinkohlenmasse selbst durch die Veränderungen, welche sie nach und nach bis zu ihrer völligen Ausbildung erlitten, ihre Auflöslichkeit im Wasser verloren hat.

Ob das Kohlenflötzchen, welches bei Kirn auf dem nördlichen Flügel der Mulde vorkömmt, die das Steinkohlengebirge bildet, zu einem der beschriebenen Kohlenflötze der Pfalz gehöre, oder nicht, und in welcher Verbindung es mit den schwachen Flötzchen in der Nähe des Lemberges bei Kreuznach stehe, kann nicht ermittelt werden; so wie es denn auch unmöglich ist zu bestimmen, ob, und wie weit die bedeutenden Kohlenflötze, welche zwischen Wellesweiler, Saarbrücken und Sarrelouis vorkommen, in der Tiefe nach Norden fortsetzen. Wenn man aus der Breite des Steinkohlengebirges, welche von Neunkirchen bis Castel bei Nonnweiler, 4¼ deutsche Meilen beträgt, und aus dem Fallen der Schichten, einmal zu 18°, das anderemal zu 25° angenommen, die Tiefe der Mulde berechnet, in welche das Steinkohlengebirge eingelagert ist; so möchte man wohl denken, dass sie gegen die Mitte hin von 16000 bis 24000 pariser Fuss unter die Oberfläche des Bodens niedergehe; und wenn man annehmen wollte, dass sich die Kohlenflötze, deren Ausgehendes man bei Neunkirchen beobachten kann, ohne Unterbrechung nicht nur bis in diese Tiefe erstrecken, sondern dass sie auch noch auf dem nördlichen Muldenflügel, bis nahe unter die Oberfläche des Bodens, in die Höhe steigen; so würde man die bereits erstaunlich grossen Niederlagen organischer Stoffe, welche die Kohlenflötze, so weit sie bekannt sind, enthalten, wahrhaft ins Ungeheure treiben müssen. Aber ich glaube nicht, dass solche Rechnungen etwas mehr, als blosse Rechenexempel sind, die auf die Natur wenig, oder gar keine Anwendung finden; denn es ist sehr wahrscheinlich, dass der Fallwinkel der Schichten auf der Grenze des Schiefergebirges von der Neigung der Gebirgswände, an welche das Kohlengebirge angeschwemmt wurde, abhängig war, ohne dass die Mulde gegen die Mitte hin sehr tief sein muss; so wie ein Flussbett stark geneigte Ufer haben kann, ohne sehr tief zu sein. Das Uebergangs-Schiefergebirge, welches am Lidermont bei Sarrelouis aus dem Kohlengebirge bedeutend hervor-

(Schmidt in Rhl. Westphl. II. p. 159.). Fischabdrücke kamen auf der Kohlengrube Russhütte und im Kohlwalde, wiewohl als Seltenheit, im Schieferthone vor. ibid. p. 88. Ich selbst habe schwache Reste eines Kiemendeckels in dem Kalke von Medart, am Glan, gefunden.

10

ragt, scheint diese Ansicht zu bestätigen. Auf dem südlichen Muldenflügel möchte dagegen das Fallen der Schichten von ganz andern Ursachen herrühren; indem Hebungen und Senkungen, welche lange nach der Bildung des Kohlengebirges auf seine Schichten wirkten, die ursprünglichen Lagerungsverhältnisse derselben gestört und mannichfaltig verändert zu haben scheinen. Die Hebung der Schichten des Hundsrückens hatte wohl lange vor dem Absatze des Kohlengebirges statt, weil die Schichten des letztern auf die Köpfe der Schichten des Uebergangsgebirges flach aufgelagert sind; aber die Hebung der Vogesenkette scheint auf die Lagerungsverhältnisse des Steinkohlengebirges nicht ohne Einwirkung gewesen zu sein, indem noch Reste dieses letztern auf dem Hury, bei Ste Croix aux mines, dem Gneis aufgelagert, in einer Höhe von ungefähr 1779 Fuss über dem Meere, vorkommen (geognostische Umrisse der Rheinländer von C. v. Oeynhausen &c. Essen 1825 p. 90; und geognostische Charte der Rheinländer, von denselben Herrn Verfassern; ferner: topographische Uebersicht der Mineralogie der beiden Rhein-Departemente, von Herrn Voltz, Strassburg 1828 p. 15.); wo sie vom Vogesensandsteine bedeckt sind, welcher den Gipfel des Berges bildet. Als ich im Jahre 1825 auf dem Berge war, befand sich daselbst eine Kohlengrube in schwachem Betriebe. Aber in einer solchen Lage können sich die Steinkohlen nicht gebildet haben; vielmehr muss man annehmen, dass die Vogesenkette erst nach der Bildung, nicht nur des Kohlengebirges, sondern auch des Vogesensandsteins durch Hebung entstanden ist, und dass dadurch diese Reste des Steinkohlen- und Vogesen-Sandsteingebirges in ihre jetzige sehr hohe und isolirte Lage gebracht wurden. Einige andere ähnliche Reste beider genannten Gebirgsbildungen, auf dem Granite der Vogesen, und in bedeutenden Höhen, findet man auf der angeführten Karte gezeichnet; und ihre spätere Hebung wird durch das Vorkommen des Steinkohlengebirges bei Ronchamps, auf der südlichen Grenze der Vogesenkette, und in einer verhältnissmässig sehr niedrigen Lage bestätigt; indem Champagny bei Ronchamps nur 1164 par. Fuss, und die Kohlengrube daselbst nur 1133 par. Fuss Höhe über dem Meere haben. Zugleich ersehen wir hieraus, dass sich das saarbrückische Kohlengebirge ursprünglich, wenigstens in einzelnen Parthien, viel weiter nach Süden verbreitete, als gegenwärtig; so wie man auch auf der östlichen Rheinseite noch Reste desselben, in dem ihm angehörigen, gewöhnlich zum Roth- und Weiss-Liegenden gerechneten Konglomerate, unter andern zu Philippseich, bei Langen, in der Gegend von Darmstadt (S. meine Gebirgscharte &c. p. 50.), und auf Gneis aufgelagert, als Weissliegendes, im Biebergrunde bei Hanau findet.

Man muss demnach die Vorstellung modifiziren, welche man sich von der muldenförmigen Lagerung des pfälzisch-saarbrückischen Steinkohlengebirges zu machen geneigt sein könnte. Wenn auch südliches Fallen auf der Grenze des Schiefergebirges, von Bingen bis in die Nähe von Merzig an der Saar, und nördliches Fallen von Saarbrücken bis an den Donnersberg vorherrscht; so scheint die Annahme doch kaum zulässig zu sein, dass sich das Steinkohlengebirge in einer thalförmigen, von WSW nach ONO hinziehenden Vertiefung abgesetzt habe. Im Gegentheile hat sich dasselbe in seinen wesentlichen Gliedern über eine grosse Strecke, bald mehr bald weniger mächtig, zwischen dem Uebergangsgebirge des Hundsrückens und dem Taunus im Norden, dem Spessart und Odenwalde im Osten, und auf die granitischen Gesteine und Uebergangsgebirgsbildungen der Vogesen im Süden abgesetzt; und wenn die Hebung der Vogesenkette, und vielleicht auch der granitischen Kette des Odenwaldes, später statt fand, so scheint dieselbe auch wesentlich auf die Neigung der Schichten des Kohlengebirges zwischen Saarbrücken und dem Donnersberge eingewirkt zu haben. Der bunte oder Vogesen-Sandstein schneidet nämlich, auf der ganzen südlichen Grenzlinie des Kohlengebirges, bis in die Nähe von Winnweiler, die Schichten dieses letztern ab; und wenn er in der Nähe von Saarbrücken und bei St. Wendel auch in einzelnen Parthien dem Kohlengebirge aufgelagert ist, oder bei Winnweiler sich an den Trapp des Kohlengebirges anlegt (Vergl. Rhl. Westph. I. p. 178, 249), so findet man doch selbst in den Thälern keine Spur mehr von letzterm, sobald man bei St. Ingbert, Neunkirchen und zu Hirschhorn an der Lauter, oder zu Winnweiler, die Schichten des Kohlengebirges verlassen hat. Neunkirchen selbst liegt auf der Nordseite eines Bergrückens, dessen Südseite ganz aus buntem Sandstein besteht. Man steigt aus dem Bliesthale durch Neunkirchen über das Kohlensandsteingebirge in die Höhe, und sieht von diesem letztern auch keine Spur mehr, sobald man den Rücken überschritten hat, und nun zwischen den letzten Häusern von Neunkirchen an Felsen von Vogesen- oder buntem Sandsteine vorüber nach Itexbach hinabgeht. Bei Hirschhorn und Winnweiler ist der Uebergang aus dem einen Gebirge in das andere eben so plötzlich; doch legt sich hier zwischen das Kohlengebirge und den bunten Sandstein eine thonigsandige, zum Theil aus Trappgebirgstrümmern bestehende, aber nur einige Lachter mächtige Konglomeratschichte, welche ich dem rothen Todtliegenden beizähle, die man aber bei Winnweiler, wo sie sich zum Theil auf grünsteinartigen Trapp auflegt, und zum Theil ein festes und thoniges Gestein wird, leicht mit einem thonigmandelsteinartigen Trappgesteine verwechseln kann. Auf der ganzen Linie zwischen Saarbrücken und

10*

dem Donnersberge hat also eine sehr starke Verschiebung der Schichten statt gefunden, wodurch die südlich von dieser Linie gelegenen Theile des Kohlengebirges tief unter die Oberfläche des Bodens hinabgerückt, und wahrscheinlich auch die Theile desselben Gebirges, nördlich von dieser Linie, in die Höhe gehoben wurden, so dass ein nördliches Fallen der Schichten hervorgebracht werden musste, und dass nun gerade auf dieser Linie, und in ihrer Nähe, die höchsten Punkte des Kohlengebirges liegen. Während das Kohlengebirge im Allgemeinen eine Höhe von 800 bis 1100 Schuh über dem Meere erreicht, erhebt sich der Kohlensandstein bei Hegen (Högersberg, östlich von Ottweiler) gegen . . . . . . . . 1617 par. Fuss,
der Potsberg bei Kusel . . . . . . . . . . 1736 — —
der Hermersberg bei Oberweiler, in der Nähe von Wolfstein 1623 — —
dagegen Oberweiler nur . . . . . . . . . . 718 — —
(diese zwei nach eigner Beobachtung)
und der Stahlberg, in der Gegend von Ober-Moschel, . 1337 — —
über dem Meere (geognostische Umrisse der Rheinländer &c. p. 97. sqq.).

Die Verschiebungen der Kalk- und Kohlenflötze, an dem Glan, zeigen, dass die Hebungslinien alle mit der Streichlinie des Kohlengebirges ungefähr parallel waren, lassen aber auch vermuthen, dass die Hebungen mit den Porphyr- und Trapp-Bildungen in Verbindung standen, und also lange Zeiträume hindurch dauerten.

Da wo das Kohlengebirge, zwischen Neunkirchen und dem Donnersberge, durch den bunten oder Vogesen-Sandstein begrenzt wird, bildet dieser letzte eine Niederung, welche ungefähr eine Meile breit ist, und sich von Mittelbexbach bei Neunkirchen, bis in die Nähe des Donnersberges, über Homburg und Kaiserslautern hinzieht, um sich hier an die grosse Ebene am Mittel-Rheine anzuschliessen. Nur in der Gegend von Kaiserslautern selbst hebt sich der bunte oder Vogesen-Sandstein unmittelbar auf der Grenze des Kohlengebirges noch zu bedeutender Höhe, und die Niederung zieht sich etwas südlich von der Grenze zurück. Ich fand die Höhe des bunten Sandsteins auf dem Wege zwischen Otterberg und Winnweiler, südlich von Potzbach, im Walde auf dem Kahlenberge, 1205 p. F. und Winnweiler, im 2. Stocke des Gasthauses zum König von Bayern, 694 par. F. über dem Meere. Auch zu Neunkirchen, Spiessen, St. Ingbert und Saarbrücken hebt sich der bunte Sandstein eben so sehr gegen das Kohlengebirge, und legt sich in einzelnen Kappen bei Duttweiler und Friedrichsthal auf dasselbe; und die erwähnte Niederung ist nur noch in dem Thale von Rohrbach nach St. Ingbert und Saarbrücken zu erkennen. Im Allgemeinen erreicht diese Niederung, durch welche die Kaiserstrasse von Saarbrücken nach Mainz führt, eine Höhe von sieben, bis achthundert Schuh über dem Meere. Homburg liegt 734, Neuhäusel bei Homburg 743 Fuss, Landstuhl 764, und Kaiserslautern 759 par. Fuss über dem Meere. Die südliche Grenze dieser Ebene wird durch eine Reihe steil ansteigender Berge von Vogesen-Sandstein gebildet, welche mit der Grenze des Kohlengebirges parallel sind, und im Allgemeinen eine Höhe von ungefähr 1400 bis 1600 Fuss über dem Meere zu erreichen scheinen (Siehe die Militärcharte: Das Land zwischen Rhein und Maas von Major v. Decker. Berlin 1824.). Man kann annehmen, dass dieser Gebirgszug die nördliche Grenze der Vogesen bezeichnet; und da die Hebung der Vogesen nach der Bildung des bunten Sandsteines erfolgt ist, so ist es nicht unwahrscheinlich, dass er sich längs einer Hebungsspalte hinzieht, welche mit der Verwerfungskluft parallel ist, die das Kohlengebirge und den bunten Sandstein scheidet. Die meistens aus Konglomerat und Kohlen-Sandstein bestehenden Höhen, welche auf der südlichen Grenze des Kohlengebirges hinziehen, schliessen zwischen sich und diesem steilen Zuge von Vogesensandstein, die oben angegebene Niederung, wie ein grosses, wasserloses Thal ein, welches zwei Gebirgssysteme trennt, das Vogesensystem im Süden und das System des Kohlengebirges, oder den Westrich, im Norden. Mit dem gegenwärtigen Wasserlaufe steht dieses Thal in keiner directen Beziehung, und kann demnach nicht wohl als ein Auswaschungsthal betrachtet werden; wogegen der Vergleich mit den wasserlosen Längethälern des Jura, oder noch richtiger, mit der grossen Niederung zwischen den Vogesen und dem Schwarzwalde, die gewiss auch nicht durch die Erosion des Rheines entstanden ist, ziemlich nahe liegt, besonders in der Gegend der Torfsümpfe bei Homburg und Landstuhl. Ob es gar keine tertiären Bildungen enthalte, das möchte ich vor der Hand nicht absprechen; besonders weil ein Murex und ein Buccinum zu St. Ingbert im Sande gefunden wurden (Siehe meine geognostische Studien am Mittelrheine p. 159.). Immer bin ich geneigt anzunehmen, dass diese Niederung vielleicht in der Tertiärzeit das Wasser der Blies und diejenigen Bäche sammelte, welche sich auf dieser Niederung bilden, und nun durch den Glan, die Alsenz und die Lauter der Nahe zufliessen. Die Quelle der Blies, so wie die der Nahe, liegen nahe bei Neunkirchen am Petersberge, welches nach meiner Beobachtung 1357 par. Fuss über dem Meere erreicht; St. Wendel an der Blies hat, nach H. Lintz, 831 par. F. Meereshöhe, welches mit meiner Beobachtung, im Hause meiner Mutter, gut übereinstimmt, wonach der untere Stock 889 p. F. hoch liegt; Nassau-Neunkirchen erreicht, bei der Brücke über der Blies, 785 p. F. Höhe, welches noch die Höhen von Homburg,

Landstuhl und Kaiserslautern übersteigt. Denkt man sich also den Abfluss der Blies und überhaupt die Schluchten des Vogesensandsteines bei Homburg und Lautzkirchen, so wie die Thaler, welche nach der Nahe ziehen, verschlossen, so müsste sich diese ganze, jetzt sumpfige Niederung mit Wasser füllen, welches vorzüglich mit dem tertiären Bassin bei Mainz, und vielleicht auch über Rohrbach und St. Ingbert mit dem jetzigen Saarthale in Verbindung sein möchte. St. Ingbert (das Eisenwerk) liegt 687 p. F., Saarbrücken, unter der Brücke, 573 p. F. hoch über dem Meere. Dass sich aber das süsse Wasser mit Salzwasser in diesem Bassin mischte, dass es ein Meeresbassin war, wie das Bassin von Mainz, womit es in Verbindung stand, erkennt man bloss aus den angeführten Muscheln.

Da die hier vorgetragene Ansicht auf wichtigen, aber bis jetzt noch sehr wenig berücksichtigten Thatsachen beruht, so dürfte sie wohl mehr, als eine blosse Möglichkeit, sie möchte vielleicht eine starke Wahrscheinlichkeit aussprechen, und wird mich in jedem Falle rechtfertigen, wenn ich ohne Rücksicht auf Hypothesen, die Steinkohlen-Niederlage bei Saarbrücken, als eine lokale Erscheinung, innerhalb der weiten Grenzen des pfalzisch-saarbrückischen Kohlengebirges, betrachtet habe.

Zu St. Etienne und an mehrern andern Orten des südlichen Frankreichs befinden sich die Steinkohlen-Niederlagen in kleinen Bassins auf der Grenze, oder innerhalb granitischer Gebirgsdistricte, und die Steinkohlen-Niederlagen zu Eschweiler, Aachen und Lüttich stehen zu dem Uebergangs-Schiefergebirge der Ardennen in einer ähnlichen Beziehung. Nach dem Gesagten dürfte man indessen schwerlich die Kohlenflötze von Saarbrücken mit dem Uebergangsgebirge des Hundsrückens in Verbindung setzen wollen. Aber auf welcher niedrigen Insel, oder an welcher Küste, aus vielleicht granitischem Boden gebildet, die saarbrückischen Kohlenflötze entstanden sind, ist ein unauflösliches Problem, indem jetzt südlich von Saarbrücken und Neunkirchen nur jüngere Gebirgsbildungen bekannt sind; und auf dieser Seite möchte ich doch das Grundgebirge der Steinkohlen suchen, weil die Flötze nach Norden und Osten, nämlich fern von der alten Küsten-Stelle, wo der Steinkohlenabsatz stattfand, sehr schwach werden und verschwinden. Vielleicht hat die nämliche Verwerfung, wodurch der bunte Sandstein jetzt das Kohlengebirge abschneidet, auch das granitische Grundgebirge der Kohlenflötze tief unter die Oberfläche des Bodens hinabgerückt; und man würde sich wohl keine unrichtige Vorstellung machen, wenn man sich alle Flötzgebirgsbildungen des östlichen Frankreichs hinwegdächte, und einen theils aus granitischen, theils aus Uebergangs-Gebirgsbildungen bestehenden Meeresboden annähme. Aus dem Meere ständen nach dieser Vorstellungsweise die Uebergangsgebirge am Mittelrheine und an der Maas, die granitischen Plateaux des mittlern Frankreichs, die ältern Bildungen der Vogesen, des Schwarzwaldes, Odenwaldes und Spessarts, als niedrige Inseln hervor; und eine ähnliche Insel hätte das uns unbekannte Grundgebirge der Saarbrücker Steinkohlenflötze gebildet. An den niedrigen Küsten dieser Inseln hätten sich endlich die Pflanzen angehäuft, welche den Steinkohlenflötzen ihr Entstehen gaben. Vielleicht zeigt der Granit, auf welchem zu Annweiler, bei Landau, der bunte Sandstein aufgelagert ist, dass die Annahme dieses inselartigen, granitischen Grundgebirges der saarbrückischen Steinkohlenflötze nicht so grundlos ist, als man ohne denselben zu glauben geneigt sein könnte. Aehnliche Hebungen, wie die, welche der Vogesenkette und dem Odenwalde ihre jetzige Gestalt gaben, konnten den südlichen Flügel des Steinkohlengebirges in die Höhe rücken, und nördliches Schichtenfallen auf demselben hervorbringen, zugleich aber auch das südlicher liegende Grundgebirge tief unter die Oberfläche des Bodens hinabsenken. Eben dieser granitische Boden, welcher nach Süden und Osten hin vom Meere bespült wurde, lieferte das Material zu den glimmerreichen Sandsteinschiefern, den granitischen Arkosen von Patersbach bei Kusel, und den Konglomeraten, welche die Kohlenflötze einschliessen. Die Sandsteine, welche das kleine Kohlengebirge zu Aubenas bilden, die von la foi d'Argentière im Forèz, und die zu Brioude, in der Auvergne, selbst die Arkosen zu Brives bei Le-Puy-en-Velay, sind dem Sandsteine des Saarbrücker Kohlengebirges sehr ähnlich, und aus demselben granitischen Materiale zusammengesetzt. An der Maas hat sich dagegen das Kohlengebirge unter andern Verhältnissen gebildet. Da fehlen die feldspathreichen Sandsteine und Sandsteinkonglomerate, welche zu Saarbrücken aus den Trümmern granitischer Gebirge entstanden sind; und während die Gesteinschichten, zwischen welchen die Kohlenflötze liegen, in ihrer Zusammensetzung nur wenig von den Schichten des darunter liegenden Uebergangs-Schiefergebirges verschieden sind, befinden sie sich auch mit ihnen in paralleler, gleichförmiger Lagerung. H. Cauchy zählt deswegen, wie ich schon früher gethan, das Kohlengebirge an der Maas, zu dem Uebergangsgebirge (mémoire sur la constitution géologique de la province de Namur p. 135; vergl. auch Omalius d'Halloy, mémoires géologiques p. 79, 80.). Wenigstens scheint es ausser Zweifel zu sein, dass das Kohlengebirge an der Maas gebildet wurde, bevor das Uebergangsgebirge der Ardennen seine gegenwärtige Schichtenstellung angenommen hat; während die Entstehung des Saarbrücker Kohlengebirges in eine Periode fällt, in welcher die Schichten des Schiefergebirges im Hundsrücken bereits ihre sehr geneigte Lage angenommen hatten. Indessen beweisen die in beiden vorkommenden, ähnlichen Pflanzenreste, dass ihre Bildung unter denselben klimatischen Verhältnissen stattfand. Auch wäre es wohl nicht undenkbar, dass parallele Hebungen noch auf die Schichtenstellung des Schiefergebirges an der Maas wirkten, während die Höhenzüge des Hundsrückens bereits gebildet waren; und so würde man noch immer, gestützt auf Möglichkeiten, nicht auf Thatsachen, die Gleichzeitigkeit beider Kohlenablagerungen vertheidigen können.

---

## II. Der Feldstein-Porphyr und das rothe Porphyrkonglomerat.

Das Steinkohlengebirge war gebildet, als der rothe Thonporphyr, oder der Feldsteinporphyr, entstanden ist, und die Gebirgsgruppen, welche aus ihm zusammengesetzt sind, aus dem Boden in die Höhe gehoben wurden. Die Grundmasse dieses Porphyrs ist bald erdig, — eine Art Thonstein, und der Porphyr ist alsdann der argilophyre porphyroide von Brongniart; spez. Gewicht 2, 4 (2, 5 vom Lidermont) bei 19° C. Wärme; bald aber auch dicht, — eine feldspathartige Masse, porphyre violatre, Brongn. (von Kreuznach); seltner hat sie einen dichten, kleinsplittrigen Bruch und ist an dünnen Kanten durchscheinend, — ein ausgezeichneter Petrosilex (Spez. Gew. 2,6 von Kreuznach); die braunrothe, mehr oder weniger dunkele Farbe ist vorherrschend. Eingemengt ist dichter, gemeiner Feldspath, von hellrother Farbe, und in der erdigen Varietät eine weisse, erdige Feldspathmasse. Selten findet man in dem dichten Porphyre, grauen Quarz in kleinen Körnern. Gewöhnlich enthalten beide Varietäten dünne, rhomboidale, oder sechsseitige, kleine Tafeln von braunem, oder schwarzem, und zuweilen unregelmässige Blättchen von tombackfarbigem Glimmer, selten schwarze Hornblendenadeln und Körner von Magneteisen, wodurch der Porphyr dann auf die Magnetnadel wirkt (Kreuznach). Nur bei Düppenweiler, am Lidermont, hat man bis jetzt gemeinen Granat, in ausgebildeten Trapezoëdern in demselben gefunden, von welchen ich durch die Gefälligkeit des H. Pastors Schmitt einige Exemplare erhalten habe. Das Gestein bildet gewöhnlich unregelmässig zerklüftete Felsmassen; nur bei Fierfelden, in der Gegend von Kreuznach, sah ich dasselbe in Säulen gespalten, nach Art des Basaltes; häufiger bildet es Platten, welche nur einige Zoll dick sind.

Die Berggruppen, welche aus diesem Porphyre zusammengesetzt sind, zeichnen sich meistens durch eine bedeutende Höhe und runde Wölbung der einzelnen Berge, durch steile Abhänge und enge Felsthäler aus, und sind gewöhnlich mit Buchen- und Eichen-Waldungen bedeckt, indem sie dem Ackerbaue nur wenig günstigen, und meistens sehr steinigen, trockenen Boden liefern.

Die Gruppe des Donnersberges erreicht die grösste Höhe innerhalb der Grenzen des Kohlengebirges, und hat am Königsstuhle, nach der Messung der französischen Ingénieurs, 2090 par. Fuss über dem Meere. (Geognostische Umrisse der Rheinländer &. p. 99.). Durch eine, bei beständigem, schönem Wetter gemachte Barometerbeobachtung fand ich für die Höhe des Plateau's des Donnersberges, zwischen dem Hofe und dem Königstuhle 2121,36 par. Fuss über dem Meere. Die Gruppe von Kreuznach erreicht nach H. Lintz, auf der Hardt, am linken Ufer der Nahe, 1094 par. Fuss; und der Lemberg in derselben Gruppe hat nach der Angabe des H. von Nau (in von Leonhards Zeitschrift für Mineralogie, Jahrg. 1826 p. 501) 1343,9 p. Fuss Meereshöhe. Ich selbst fand aus einer sehr guten Barometerbeobachtung, die Höhe des Lemberges bei dem Signale 1292,1 par. Fuss über dem Meere. Der Königsberg (Kingsberg der Bauern) bei Wolfstein, hat, nach H. von Oeynhausen 1666 par. Fuss über dem Meere (Geognost. Umrisse & p. 99. 100.). In der Gruppe von Birkenfeld, der ausgedehntesten von allen, habe ich den Berg, woran die Güdesweiler Kapelle liegt, eine Meile nördlich von St. Wendel, durch barometrische Messung 1608 p. Fuss hoch über dem Meere gefunden. Der Lidermont bei Saarlouis besteht wohl an seinem südlichsten Ende, wo er die höchste Höhe erreicht, aus Kieselkonglomerat (konglomeratartigem Quarzfels), aber der Porphyr, welcher die Hauptmasse des Berges bildet, bleibt nicht viel unter dieser Höhe zurück, und kann zu 1300 par. Schuh Hohe über dem Meere geschätzt werden. . Auf dem Gipfel des angeführten Berges bei Güdesweiler, ist der Porphyr weiss, erdig und zum Theil löcherig und sehr zerfressen, weswegen man versucht hat, Mühlsteine daraus zu hauen, welche aber wenig geschätzt werden. Auch wird der weisse, erdige Porphyr daselbst gegraben und zur Fabrikation des Steinguts, einer bessern Sorte von Fayence, nach Saarbrücken gefahren; so wie er schon vor 40 Jahren in der Fayence-Fabrik zu Ottweiler benutzt wurde. Er könnte wohl auch, wie der Porphyr von Morl, bei Halle, zu Porzellan verarbeitet werden.

Eine besondere Erscheinung bilden ferner die regenerirten Porphyre, oder die Porphyrkonglomerate (Brèches de porphyre rouge) am Donnersberge.

11

Sie bestehen aus eckigen, scharfkantigen Porphyrstücken, welche ohne besonderes Bindemittel, wieder fest zusammengekittet sind. Da, wo das Falkensteiner und das Imsbacher Thal in dieselben senkrecht einschneiden, haben sie an einigen Stellen gewissermassen das Ansehen, als wären sie geschichtet. Es scheint mir, dass dieses Aussehen vorzüglich durch die zernagende Einwirkung von Wasserströmungen, und durch den Einfluss der Atmosphäre hervorgebracht wurde. Schon die isolirten, senkrechten Felsen im Falkensteiner Thale, zeigen hinlänglich, dass das Gestein keine wahre Schichtung besitzt *). Seine Entstehung kann nicht wohl zweifelhaft sein, wenn man berücksichtigt, dass die Porphyrfelsen zu Ellweiler, in der Nähe von Birkenfeld, in kleinen Parthien, und mit dem unveränderten Porphyre verbunden, dasselbe Konglomerat liefern, und dass der aphanitische Trapp, sowohl an den hohen, steilen Felswänden der Steinalp, bei Erzweiler, als auch unterhalb Winnweiler, ein ähnliches Konglomerat, das aus zertrümmerten und wieder verkittetem Aphanit gebildet ist, darbietet. Es ist demnach ein Konglomerat, welches bei der Hebung des Porphyrs entstanden ist; ähnlich den basaltischen und Schlacken - Konglomeraten, — den Trapptuffen, welche die Eruptionen der erloschenen Vulkane auszeichnen. — Die Hitze war gross genug, um die Trümmermassen älterer Porphyre, woraus das Konglomerat gebildet ist, zu erweichen und zusammenzukitten. In der Nähe der Kapelle von Güdesweiler beobachtet man gleichfalls dasselbe Konglomerat; doch wird sein Zusammenhang mit dem Porphyre selbst nicht so gut beobachtet, als zu Ellweiler. Uebrigens sieht man dasselbe auch bei Falkenstein in Verbindung mit dem Porphyre des Donnersberges (Vergl. Rhl. Westphl. I. p. 182.). Aber in einiger Entfernung vom Donnersberge, im Thale des Imsbaches und der Alsenz, findet man auch abgerundete Geschiebe in diesem Konglomerate, so dass sich darin eine Mitwirkung des Wassers bei seiner Bildung erkennen lässt. Gegen Winnweiler hinauf scheint das Konglomerat zu wahrem, rothem Todtliegenden zu werden, wie dasselbe an der Nahe vorkömmt. Die Nordostseite des Lidermonts besteht gleichfalls zum Theil aus einem Trümmerporphyre, in welchem aber die Porphyrstücke weich und erdig, und wieder durch besondere Porphyrmasse verbunden sind, während die Porphyrstücke in dem Konglomerate des Donnersberges, und der übrigen genannten Orte sehr hart und fest sind. In dem Trümmer-Porphyre

*) Das kleine Falkensteiner Thal ist eins der schönsten Thäler, die ich gesehen habe. Zwischen senkrechten Felsen, unter grünen Bäumen, an einem kleinen Bache, werden hier im Sommer zuweilen Feste gegeben, wobei sich die Gesellschaft aus der Umgegend zu Spiel und Tanz versammelt.

des Lidermonts befindet sich, nahe an dem Gipfel des Berges, ein seigerstehender, einige dreissig Fuss mächtiger Gang, welcher vorzüglich mit Spath-Eisenstein, Kalk- und Braunspath ausgefüllt ist, und auf welchem ich bedeutende Massen von braunem Eisenmulm, (erdigem Eisenoxydhydrat, gemengt mit Manganhydroxyd) abgelagert fand. Der Gang streicht von West nach Ost, und ist durch bedeutende Steinbrüche, welche darauf befindlich sind, auf eine Länge von ungefähr 200 Lachter bekannt. Ich habe schon oben dieses Spatheisensteinganges erwähnt, als von dem Thoneisensteine zu Lebach, Nonnweiler und Börschweiler die Rede war. Er ist in jedem Falle eine interessante Erscheinung, welche die Entstehung des kohlensauern Eisenoxyduls mit der Bildung des rothen Porphyrs in Verbindung bringt, wenn auch dieser letztere im Allgemeinen erst nach der Bildung des Kohlengebirges entstanden sein mag. Sauerwasser scheinen den Beginn der vulkanischen Ausbrüche in dieser Gegend bezeichnet, und sich ohne Zweifel nicht nur mit der Bildung der rothen Porphyre, sondern auch der spätern Trappgebirge gleichzeitig entwickelt zu haben, bis in den wenigen Sauerquellen, welche die Gegend noch jetzt aufzuweisen hat, alle unterirdische Thätigkeit erloschen ist. Ich glaube nämlich, dass man wird annehmen können, die vulkanische Thätigkeit auf der Südseite des Hundsrückens habe mit einer grossen Spaltbildung, mit der Hebung der Quarzfelszüge und der Aufrichtung der Schichten des Uebergangsgebirges, begonnen. Warme Quellen, welche sich später zu gewöhnlichen Sauerquellen abkühlen, scheinen in Folge dieser Spaltbildung entstanden zu sein, und während des Absatzes des Schieferthons, die Thoneisenstein-Bildung veranlasst zu haben. Als endlich, nach der Bildung des Kohlengebirges, der Porphyr gehoben wurde, mögen starke Sauerquellen noch lange kohlensaures Eisenoxydul geliefert haben. Aber in der Hitze, welche die Porphyr-Eruptionen begleitete, konnten das kohlensaure Eisenoxydul und das Eisenoxydhydrat der Sauerwasser nur unter sehr starkem Drucke bestehen und mussten also meistens in rothes Eisenoxyd verwandelt werden; woher es denn ersichtlich ist, dass sich der Spatheisenstein des Lidermonts wahrscheinlich erst nach der Abkühlung des Porphyrs, in der Spalte, welche er ausfüllt, abgesetzt hat. Die Porphyre mögen also immer nach dem Kohlengebirge entstanden sein; so kann das Vorkommen des Thoneisensteins bei Nonnweiler, Börschweiler und Lebach, doch in Verbindung mit den vulkanischen Erscheinungen gedacht werden, durch welche sie zum Vorschein kamen. Wir werden später sehen, dass auch manche Trappgebirgsarten, selbst in der Nähe der Eisengruben von Braunshausen, kohlensaures Eisenoxydul, verbunden mit kohlensauerm Kalke, unter ihren Bestandtheilen enthalten, so wie andre zum grossen Theil aus körnigem und blättrigem Magneteisen bestehen; und es möchte nicht unwahrscheinlich sein, dass manche dieser isolirten Trappkuppen ein sehr hohes Alter haben, und vielleicht der Bildung des Schieferthons gleichzeitig sind.

Die einzigen, noch jetzt vorhandenen, mir bekannten Sauerquellen, innerhalb des pfälzisch-saarbrückischen Kohlengebirges, oder doch in der Nähe seiner Porphyr- und Trappgebirgsbildungen, sind 1) die Mineralquelle bei Rockenhausen, in der Nähe des Donnersberges, welche durch H. von Nau, (in von Leonhards Zeitschrift für Mineralogie, Jahrg. 1826 p. 502) erwähnt wird; und 2) der Sauerbrunnen bei Hambach, nördlich von Birkenfeld, an der Strasse nach Morbach. In seiner Nähe liegen noch drei andere, minder starke Mineralquellen. 3) Zwei Sauerbrunnen bei Schwollen, zwei Stunden nördlich von Birkenfeld. (Siehe: Versuch einer kurzen statistisch-topographischen Beschreibung des Fürstenthums Birkenfeld, vom Amtmann Barnstedt in Oberstein, Birkenfeld 1833 II. B. p. 32, 33.). Die Sauerbrunnen unter N°. 2 und 3 liegen wohl schon im Schiefergebirge, welches in der Nähe der Vulkane der Eifel und des Niederrheines reich an Sauerquellen ist; indessen könnte man sie doch vielleicht eher auf die Porphyr- und Trappgebirgsbildungen von Birkenfeld, als auf irgend eine andere Ursache beziehen wollen. Endlich befinden sich noch zwei Sauerbrunnen bei Saarbrücken im Vogesensandsteine, welche in keiner Beziehung zum Trapp- und Porphyrgebirge zu stehen, vielmehr, wie die zum Theil warmen Quellen von Niederbrunn, Sulzbad, Plombières, Laxeuil &c. dem Vogesensysteme anzugehören scheinen (Geognost. Umrisse der Rheinländer II. p. 344 sq.)

Ich werde später noch einige Worte über die Erzführung des rothen Thonporphyrs, besonders in Bezug auf die Quecksilbererze der Pfalz sagen, und beschränke mich also hier darauf, noch die Gründe anzugeben, weswegen ich glaube, dass dieser Porphyr erst nach der Bildung des Kohlengebirges entstanden ist. Erstens findet man in den Konglomeraten des Kohlengebirges, selbst in der Nähe der Porphyrgebirge, durchaus keine Porphyrgeschiebe, und diesem Umstande muss man einen um so grössern Werth beilegen, da die dem Kohlengebirge aufgelagerten Konglomerate, welche zum rothen Todtliegenden gehören, und von welchen bald die Rede sein soll, zum grossen Theile aus Porphyrgeschieben zusammengesetzt sind. Zweitens wird der rothe Porphyr des Königsberges, bei Wolfstein, von den Schichten des Kohlengebirges mantelförmig umlagert; und unter diesen Schichten befinden sich auch unterhalb Wolfstein, auf dem linken Ufer der Lauter, Bänke von dem Konglomerate, welches zum Kohlensandsteine gehört, die nur in einer beinahe horizontalen Lage gebildet werden konnten, jetzt aber unter einem sehr starken Winkel gegen den Horizont geneigt sind. Es lässt sich also nicht bezweifeln, dass diese Konglomeratschichten durch den Porphyr später in die Höhe gehoben wurden (Siehe das Profil Fig. XV.).

In Börschweiler, östlich von Birkenfeld, steht ein Porphyrfelsen durch das Kohlengebirge in die Höhe; sandiger Schieferthon und Sandsteinschiefer sind ihm an- und aufgelagert (Siehe das Profil Fig. VI.). Aus diesem letzten Beispiele allein würde man nun wohl zu schliessen geneigt sein, dass der Porphyr älter sei als das Kohlengebirge, wenn es wegen der zuerst angegebenen Umstände erlaubt wäre, einen solchen Schluss auf die Haupt-Porphyrgruppen auszudehnen. Zugleich ist aber dieses Vorkommen des Porphyrs zu Börschweiler der Annahme wenigstens nicht entgegen, dass der Porphyr auch an diesem Orte das Kohlengebirge später durchbrochen habe. So sehr daher auch die Annahme, dass schon in den ersten Zeiten der Bildung des Kohlengebirges vulkanische Thätigkeit stattgefunden, dadurch unterstützt würde, dass man der Porphyrmasse zu Börschweiler ein so hohes Alter zuschreiben könnte, und so sehr diese Ansicht mit der oben angegebenen Erklärung des Vorkommens des Thoneisensteins zu Lebach und Nonnweiler übereinstimmen würde; so muss ich doch gestehen, dass sie mir nicht durch hinlängliche Gründe unterstützt zu sein scheint. — Auf das Kohlengebirge und an den Porphyr legt sich, von Lebach bis nach Kreuznach, eine mächtige Anhäufung von Porphyr- und Quarzfels-Geschieben, welche durch einen thonigen und eisenschüssigen Sand bald mehr, bald minder fest verbunden sind. Die Geschiebe sind an Grösse sehr verschieden, und haben oft mehrere Schuh im Durchmesser; doch sind sie gewöhnlich von Kopf- oder Faust-Dicke, und werden selbst zu kleinen, nur erbsengrossen Körnern; so dass sie alsdann eine Art von braunrothem, grobkörnigem Sandsteine bilden, während sie am häufigsten sich als ein loses Haufwerk unregelmässig durcheinander liegender Porphyr- und Quarzfelsmassen darstellen, welche ohne alle Schichtung, hohe und breite Bergrücken zusammensetzen. Eine der bedeutendsten dieser Bergmassen, der Petersberg, zwischen Neunkirchen, an der Quelle der Nahe und der Blies, und zwischen Castel bei Nonnweiler, erreicht, nach meiner Barometerbeobachtung, 1757 p. F. über dem Meere, während die Höhe von Neunkirchen selbst 1357 p. F. beträgt. Da Nonnweiler 1105 p. F. hoch über dem Meere liegt; so kann man also die Mächtigkeit dieses Konglomerates zu 400 bis 600 Schuh rechnen. Zu einem noch stärkern Resultate gelangt man, wenn man betrachtet, dass das Gebirge zwischen Baumholder und Oberstein, nach der Angabe des Herrn F. von Oeynhausen, 1711 p. Schuh Höhe über dem Meere erreicht (Rheinland-Westphalen I. p. 162.), während die Höhe von Wolfersweiler, zwischen St. Wendel und Baumholder, nach H. Lintz, 1185 p. F., und die Höhe von Kirn, vor dem Posthause, nach Herrn Umpfenbach, 529 p. F. beträgt. Die Höhen bei Baumholder, mit der Lage von Wolfersweiler verglichen, würden für die Konglomerate bei Baumholder eine Mächtigkeit von 527 Schuh; aber mit Kirn verglichen, eine Mächtigkeit von 1182 p. F. liefern. Das Nahethal wird unterhalb Oberstein durch senkrechte Konglomeratwände begrenzt, und man wird von der Thalsole bis auf die höchsten Punkte der Winterhauch, eines auf dem Konglomerate gegen Baumholder hin gelegenen, grossen Waldes, wohl immer 1000 Schuh rechnen müssen; so dass die Mächtigkeit des Konglomerates hier bedeutender ist, als an irgend einem andern Orte der Umgegend. Die Auflagerung des Konglomerates auf das Kohlengebirge ist an dem Berge, südwestlich von Nonnweiler ausser Zweifel. Die Höhen des Bergrückens bestehen aus dem Konglomerate, während die Thoneisensteingruben von Castel auf seinem südöstlichen Abhange liegen, und die nördlichen Abhänge, gegen Bierfeld und Raden, gleichfalls aus Schieferthon und Kohlensandstein bestehen. Ferner steht das Kohlengebirge in allen tiefen Thälern, zwischen den aus Konglomerat zusammengesetzten Bergen und auf ihrer nördlichen und südlichen Seite, unter dem Konglomerate hervor; so zu Limbach und Neipel bei Lebach, zu Sötern und Castel am Peterberge, und am Reidelbacher Hofe, zwischen Oberstein und Kirn, an der Nahe. Auch sieht man dieses Porphyrkonglomerat dem Sandsteine aufgelagert, in dem Walde, auf der Höhe nördlich von Pinzweiler, und auf dem Wege von Pinzweiler nach Wolfersweiler, beides nördlich von St. Wendel, wo das Konglomerat von dem Mandelsteingebirge bedeckt ist. Ueberhaupt aber senken sich die Schichten des Kohlensandsteins mit dem Schieferthone auf der nördlichen Seite des Konglomerats, mit südlichem Fallen, und auf der südlichen Seite mit nördlichem Fallen, unter das Konglomerat; und nirgends habe ich eine Beobachtung gemacht, welche die Auflagerung des Konglomerats auf das Kohlengebirge im Geringsten hätte zweifelhaft lassen können.

Indessen kommt das Konglomerat an einigen Punkten vereinzelt, und durch die später gebildeten Mandelsteingebirge, von den Hauptzügen des Konglomerates getrennt vor; so dass derjenige, welcher das Gebirge nicht in seiner ganzen Ausdehnung kennt, durch dieses vereinzelte Vorkommen in Verlegenheit gesetzt, und leicht zu dem Glauben veranlasst wird, als wäre das Konglomerat dem Kohlen-Gebirge noch angehörig, und bilde sogar demselben untergeordnete Lager. So ist es bei Retzweiler, westlich, und bei Herrstein im Idarthale, nördlich von Idar; auch gehört das Vorkommen des Konglomerates bei Pinzweiler, und in einem Walde, nördlich von Wolfersweiler, hierher.

Auf der Anhöhe, südlich von Meddersheim an der Nahe, liegt in dem Konglomerate eine Schichte Kalk-Konglomerat, welche einen Schuh mächtig ist, und mit 18° nach NW. fällt. Die Kalkgeschiebe, woraus das Konglomerat zusammengesetzt ist, sind faustgross, und bestehen aus einem bläulich- oder röthlichgrauen, dichten Kalke, welcher dem Stromberger Kalke nicht unähnlich ist. Die Geschiebe sind durch eine rothe, sandigthonige Masse, wie in dem Porphyrkonglomerate, verbunden, und das Aussehen des Kalk-Konglomerates ist von dem des Porphyr-Konglomerates nicht verschieden. Die Schichte scheint wenig Ausdehnung zu haben, dürfte vielleicht aber ursprünglich mit der Schichte, nördlich von Sobernheim, und mit zwei andern bei Winterborg und Langenthal zusammen gehangen haben, welche Herr Burkart auf seiner Charte des Kreises Kreuznach (Rheinland-Westph. IV.) angibt. — Endlich wird das Porphyr-Konglomerat zu Crettnich bei Wadern, durch einen fast seigern, etwas nach Süden fallenden Gang, durchsetzt, welcher in Stunde 7 streicht, und mit einer eisenschüssig thonigen Masse ausgefüllt ist, welche mit dichtem und strahligem Graubraunsteinerz durchmengt ist. Der Gang selbst hat meistens eine geringe Mächtigkeit, von einigen Zoll bis ungefähr einen halben Schuh; aber im Liegenden des Ganges und einige Lachter von ihm entfernt, befinden sich sehr grosse mit dem Gange mehr oder weniger zusammenhängende Nester, welche mit strahligem Graubraunsteinerz ausgefüllt sind, und wenn sie aufgefunden werden, oft jahrelang eine gewinnreiche Erzförderung liefern. Gegenwärtig steht kein solches Erz-Nest im Abbau, und man muss sich auf die minder reinen Erze auf dem Gange selbst beschränken, die aber in hinreichender Menge vorhanden sein sollen, um den Grubenbetrieb auf lange Zeiten zu sichern. Ausserdem hat man ein Poch- und Waschwerk angelegt, um die früher vernachlässigten und über die Halden gestürzten Erze zu reinigen. Auf den Drusen des strahligen Graubraunsteinerzes kommen zuweilen Kalkspath- und selbst Amethist-Kristalle vor (vergl. Rheinland-Westphalen I. p. 269.). Auch bei Mambächel, in der Nähe von Baumholder, hat man einen Gang in demselben Konglomerate aufgefunden, welcher ebenfalls von West nach Ost streicht, und strahliges Graubraunsteinerz führt. Da er auf der Thalsole ansteht, und in die Tiefe setzt, hat man, wegen des Wasserandrangs, den unternommenen Versuchbau wieder aufgegeben.

In der Nähe der Porphyrgruppe von Birkenfeld, im Zuge des Petersberges, und bei Oberstein, sind die Geschiebe im Konglomerate am grössten; hier scheinen sie vorzüglich entstanden zu sein, und wahrscheinlich haben sie sich von hier nach Ost und West verbreitet. Unterhalb Kirn, an der Nahe, wird das Konglomerat allmälig feinkörnig, und bildet, vorzüglich auf der linken Seite der Nahe, die Berggehänge bei Monzingen, Sobernheim und Sponheim. Noch feinkörniger wird es bei Weinsheim und Rüdesheim, in der Nähe von Kreuznach; bis es endlich zu einem weichen, thonigen, rothen Sandsteine wird, welcher sich in dem Nahethale, der zur Benutzung bromhaltiger Salzquellen errichteten Badeanstalt zu Kreuznach gegenüber, mit östlichem Fallen der Schichten auf den rothen Porphyr der Hardt auflagert. Unterhalb Kreuznach, in der Nähe von Brezzenheim und Langenlohnsheim sind Steinbrüche darauf angelegt, in welchen das Gestein durch Aufnahme von Quarzkörnern, die dem Konglomerate gewöhnlich fast ganz fehlen, dem bunten Sandsteine ähnlich wird, ohne jedoch eine hinlängliche Härte zu erlangen, um zu Aussen-Mauern an den Gebäuden benutzt werden zu können. Die Hausteine, deren man sich zu Kreuznach bedient, werden besonders von Norheim und von Flohnheim, bei Alzei, bezogen.

Im Thale von Annweiler, bei Landau, legt sich der bunte, oder Vogesen-Sandstein auf ein rothes, thoniges Porphyr-Konglomerat, welches mit dem Konglomerate an der Nahe in dieselbe Klasse gesetzt werden muss; unter dem Konglomerate steht der Granit hervor. Zu Dreisbach, bei Mettlach an der Saar, sind die untersten Schichten des Vogesen-Sandsteins, welche unmittelbar auf dem Schiefergebirge aufliegen, ebenfalls ein sehr thoniges, rothes Konglomerat; und in einem bei weitem grössern Maasstabe findet dasselbe zu Uerzig an der Mosel statt, wo das rothe, thonige Konglomerat die Abhänge auf der linken Seite des Moselthales bildet. Auch bei Imsbach, am Donnersberge, sind die untersten Schichten des bunten, oder Vogesen-Sandsteins sehr thonig; und ich möchte geneigt sein, sie mit den dortigen Porphyrbreccien in dem nämlichen Zusammenhange zu glauben, welcher zwischen dem rothen, thonigen Sandsteine zu Kreuznach und dem Konglomerate von Monzingen statt findet, wenn ich mich hätte überzeugen können, dass die Porphyrbreccien durch Wasser gebildet worden wären.

Wir sehen aber hieraus wenigstens so viel, dass der Vogesen-Sandstein mit dem Porphyrkonglomerate in einem Zusammenhange steht, welcher nicht zufällig sein kann; und ich bin geneigt, der Zeit nach drei Abtheilungen in dieser Sandsteinformation anzunehmen. Die unterste Abtheilung besteht aus dem Porphyrkonglomerate, welches an der Nahe, von Oberstein bis

Mambächel, eine Mächtigkeit von ungefähr tausend Schuh erreicht, und in den Vogesen sich in schwachen Schichten auf den Granit lagert. Darauf folgt die mittlere Abtheilung, welche aus einem thonigen, weichen Sandsteine besteht, wie der rothe Sandstein bei Kreuznach, die untern thonigen Schichten in den Vogesen, und der rothe Sandstein bei Schotten und Büdingen in der Wetterau. Die oberste Abtheilung ist endlich, im Allgemeinen, ein sehr fester, quarziger Sandstein, mit wenigem Bindemittel. Er bildet die Höhen der nördlichen Vogesen und des Hardgebirges, und den Zug über Kaiserslautern, Homburg, Saarbrücken und Trier. Indessen findet man zuweilen, zwischen den mächtigen Bänken dieses festen, rothen Sandsteins, auch Schichten, welche weich, thonig und weiss sind, und von welchen ich hier nur diejenigen anführen will, welche unterhalb Wintersdorf, an der Sauer, verkohlte Pflanzenreste, besonders Calamites arenaceus (Brongn. tab. 26. fig. 3, 4, 5.), und ein wenig erdiges, kohlensaueres Kupfer enthalten. Dieselben Schichten sind auch im Walde bei Zewen, in der Nähe von Trier, aufgefunden worden, und haben vor einigen Jahren das Gerücht veranlasst, dass daselbst Steinkohlen vorkämen.

Der Vogesen-Sandstein wird, nahe bei Trier, auf seiner westlichen Grenze, in einer Richtung, welche von Süden nach Norden, von Igel gegen Ach, hinzieht, senkrecht abgeschnitten; aber die obersten Schichten desselben kommen an dem Ufer der Sauer, zwischen Wintersdorf und Metzdorf, in einer viel tiefern Lage, wieder zum Vorschein. Man muss dieses Lagerungsverhältniss wohl als eine sehr starke Verwerfung der Schichten des Vogesen-Sandsteins betrachten, welche vor dem Absatze des Gipsgebirges statt fand, das sich, mit erdigen, rothen und grauen Mergeln, mit Schichten von steinsalzführendem, dichtem Anhydrit (zu Igel), und mit untergeordneten Lagern von einem rothen, oder röthlichweissen Sandsteine (an der Mosel, oberhalb Grevenmacher), wechselnd, wider den Vogesen-Sandstein anlegt. Der Muschelkalk überlagert sowohl diese Gipsformation, als auch den Vogesen-Sandstein in mächtigen Bänken, welche aber nicht immer aus reinem Kalksteine, sondern in den untersten Schichten, oft aus einem feinkörnigen, gelblichen, oder grauweissen Sandsteine bestehen, welcher z. B. zu Udelfangen, bei Trierweiler, sehr schöne Quadern liefert.

Da es den Anschein hat, als wenn der Vogesen-Sandstein mit steilen Ufern das Meer begrenzt habe, in welchem sich die Gipsformation absetzte, so muss man wohl diese letztere, als eine unabhängige Formation von dem Vogesen-Sandsteine trennen, wenn man auch die derselben untergeordneten Sandstein-Schichten nicht als eine besondere Sandstein-Formation betrachten will.

Auf dem quarzigen Vogesen-Sandsteine erheben sich, auf dem Marxberge bei Trier, und in der Nähe des Muschelkalkes, einige Kuppen eines weichen, in dünnere Schichten abgetheilten Sandsteines, von grauweisser und rother Farbe, welcher zu dem bunten Sandsteine der Herrn Voltz und Elie de Beaumont gehört, und viele Reste organischer Körper enthält, welche meistens schlecht erhalten sind, und theils in Muschelabdrücken, theils in Encrinitenstengeln und in Caryophylleen zu bestehen scheinen. Zu Metzdorf, an der Sauer, kömmt der nämliche Sandstein, scheinbar unter dem Muschelkalke vor; ob er aber dem in der Nähe vorkommenden Gipse aufgelagert sei, oder nicht, konnte ich nicht erkennen; obgleich es wahrscheinlich sein dürfte, dass er der Gipsformation und den bunten Mergeln angehöre.

Der zur Muschelkalkformation gehörige Sandstein wird oft Keupersandstein genannt, wenn er dem Gipsgebirge unmittelbar aufgelagert ist, und die Kalkschichten über ihm zerstört sind; darf aber nicht mit dem zur Juraformation gehörigen Luxenburger Sandsteine verwechselt werden.

Der Ingénieur-Lieutenant, H. von Cohausen brachte mir Pflanzenabdrücke, welche in diesem Sandsteine, nahe bei Mesenich, an der Sauer, vorgekommen sind. Die Pecopteris sulzinna (Brongn. tab. 105 fig. 4.) war sehr gut erhalten. Die Fiederstücke (pinnae) sind mehr als dreimal so breit, als in der angeführten Figur von Brongniart, und ungefähr anderthalbmal so breit, als bei Pecopteris concinna Sternbergs (VII. VIII. tab. 41. fig. 3.). Eine Taeniopteris scheint, durch die Gestalt des Blattes, mit Taeniopteris Bertrandi (Brongn. tab. 82. fig. 5.) verwandt zu sein; aber sie ist viel breiter; die Mittelrippe ist drei Linien breit. Ein anderer Abdruck ist dem Filicites vittarioides (Brongn. tab. 137. fig. 1.) ähnlich, hat aber nur ¼ bis ⅓ der Breite der Figur bei Brongniart; und gehört vielleicht zu dem obern Ende eines Cycadeen-Blattes. Eine Alge scheint mit Chondrites acicularis (Sternberg VII, VIII tab. 27. fig. 4.) verwandt zu sein, ist aber viel zarter und stärker ausgebreitet. Damit kommen Reste anderer Pflanzen vor, welche zum Theil schwer zu bestimmen sind, worunter man aber noch einzelne Theile von Equiseten und Bruchstücke von Aesten, welche Nadelhölzern angehört haben mögen, erkennen kann. Auch hat sich der Abdruck einer Muschelschale, den donax ähnlich, vorgefunden. Andere Pflanzenabdrücke aus dem bunten Sandsteine vom Eschberge bei Saarbrücken, habe ich durch einen meiner Schüler, H. Geibel, erhalten; und unter diesen scheint mir besonders einer merkwürdig zu sein, welcher zunächst mit einer frons der Cycas circinnalis verglichen werden kann. Derselbe Abdruck kömmt auch in dem bunten Sandsteine zu Dillingen, bei Sarrelouis, vor. Nach der Angabe des Herrn Pastor Schmitt liegt aber eine dünne Kalkschichte unter der Sandsteinschichte, welche die Pflanzenabdrücke enthält, so dass diese letztere schon, entweder zum Gipsgebirge, oder zur Muschelkalkformation gehören muss. Auf dem Eschberge, bei Saarbrücken, kömmt auch der Calamites arenaceus eben so vor, wie zu Wintersdorf an der Sauer.

Bei den Porphyreruptionen wurde das sehr bewegte Wasser durch rothes Eisenoxyd getrübt, welches mit dem Porphyre zum Vorschein kam. Die grössten Geschiebe wurden zunächst an den Eruptionsstellen angehäuft, während die feinern Thon-, Sand- und Eisenoxydmassen vom Wasser weiter fortgeführt, und später abgesetzt wurden, und die thonigen, weichen, rothen Sandsteine lieferten. Als endlich das Wasser ruhig und klar geworden war, wurden nur noch Sandbänke, und Sanddünen gebildet, aus welchen der feste, quarzige Sandstein entstanden ist. Den Quarzsand selbst hat aber das Meer von andern Stellen herbeigeführt, so wie es schon während der Bildung des Kohlengebirges, besonders in den obersten Schichten desselben, sehr vielen quarzigen Sandstein abgesetzt hatte.

Wir sehen demnach mit der Porphyrbildung einen neuen Zeitraum in der Geschichte unserer Gebirge beginnen. Das Kohlengebirge hatte sich, während einer langen, ruhigen Periode, in einem seichten Wasser abgesetzt. Zwischen Inseln und in stillen Buchten, auf einer niedrigen Küste, hatten sich die Pflanzen angehäuft, aus welchen die Steinkohlenflötze entstanden sind. Periodisch wurden dieselben von Schlamm- und Sandschichten bedeckt, welche später zu Schieferthon und konglomeratartigem Sandstein erhärteten und verkittet wurden, und immer fanden in der Zwischenzeit neue Anhäufungen von Pflanzen statt. Langsam senkte sich der Boden, auf welchem dieses immer von Neuem vor sich ging, unter die Oberfläche des Meeres, und so wiederholte sich mehr als hundertmal der nämliche Vorgang; denn mehr als hundert Kohlenflötze sind bei Saarbrücken über einander gelagert, bis endlich mit der Eruption der rothen Porphyre ein tieferer Wasserstand und stärkere Bewegung des Meeres eintraten, welche den frühern Verlauf der Erscheinungen unterbrachen, um ihn auf dieselbe Art nie mehr zurückkehren zu lassen.

Das Konglomerat des Steinkohlengebirges und das rothe Porphyrkonglomerat enthalten die früher beschriebenen Holzsteine, oder die durch Kieselerde versteinerten Reste alter Holzstücke, an welchen die Holztextur noch sehr gut erkannt werden kann. Sie kommen, wie bemerkt wurde, immer nur in mehr oder weniger grossen Bruchstücken, nie in ganzen Stämmen

12*

vor, und liegen theils in den genannten Konglomeraten, theils in den Bodenschichten, von welchen dieselben bedeckt werden und welche durch Zerstörung der Konglomerate entstanden sind.

Wenn ich oben das rothe Porphyrkonglomerat und den bunten, oder Vogesen-Sandstein blos als verschiedene Abtheilungen derselben Sandsteinformation betrachtete; so bleiben hier noch einige Bemerkungen über diesen Gegenstand zu machen übrig.

Ohne Zweifel ist das Porphyrkonglomerat, nebst dem Vogesen-Sandsteine das neue, rothe Konglomerat und der neue rothe Sandstein (the new red conglomerate, and the new red sandstone) der englischen Gebirgsforscher. Im Uebergangsgebirge an der Maas kömmt wohl auch ein rothes, thoniges Konglomerat in der Gegend von Namur vor, welches nebst dem Konglomerate von Malmedy zu dem alten rothen Konglomerate (the ancient red conglomerate) zu rechnen sein mag. Den Quarzfels des Hundsrückens möchte ich dagegen mit H. Brongniart (théorie de la structure de l'écorce du globe, in dem Dictionnaire des sciences naturelles t. 54. p. 215.), eher für einen wahren Quarz halten, der wohl zuweilen körnig, und mit Glimmer-Schüppchen gemengt, aber immer weit älter ist, als die Uebergangs-Felsarten der Gegend von Namur und Lüttich. In jedem Falle gehören aber der alte rothe Sandstein nebst dem alten rothen Konglomerate (the ancient red sandstone and the ancient red conglomerate) dem Uebergangsgebirge an, und liegen unter dem Steinkohlen-Gebirge. Dass das rothe Porphyrkonglomerat zu dem rothen Todtliegenden (psephite rougeatre Brongn.) als Felsart betrachtet, zu zählen sei, darüber dürfte wohl auch kein Zweifel herrschen; aber wenn ich nun den Vogesensandstein damit zu einer Formation verbinde, so wird man mir sagen, dass die Auflagerung des Vogesensandsteins auf den Zechstein im Biebergrunde unweit Hanau, eine ausgemachte Thatsache sei, und dass eine Zusammenstellung desselben mit dem Todtliegenden also als unzulässig, dass mithin der Vogesensandstein als bunter Sandstein betrachtet werden müsse. In dieser Beziehung glaube ich aber bemerken zu dürfen, dass man nicht immer Felsarten, welche zu derselben Formation gehören, mit dem Namen des Todtliegenden bezeichnet. Ich habe schon erwähnt, dass man auch die rothen Sandstein-Konglomerate von Ottweiler zu dem rothen Todtliegenden zähle, so wie man die weissen Sandstein-Konglomerate der Gegend von Neunkirchen und Saarbrücken, dem Weissliegenden beizuzählen keinen Anstand nimmt. In diesen Fällen bezeichnet man also mit dem Namen des Todtliegenden eine Felsart, keine Formation; denn nichts berechtigt wohl, die erwähnten Konglomerate von Ottweiler,

Neunkirchen und Saarbrücken, von der Steinkohlenformation zu trennen, indem sie mit den verschiedenen Schichten des Kohlengebirges in gleichförmiger Lagerung wechseln. Nun kommen aber Fälle vor, in welchen diese Konglomerate auf ältern Gebirgen aufliegen, und keine Steinkohlen- und Schieferthon-Schichten einschliessen; und solche Fälle scheinen es zu sein, welche die Veranlassung gaben, dass man alsdann diese Konglomerate für eine eigenthümliche, von dem Kohlengebirge verschiedene Formation zu halten sich für berechtigt glaubte, mit welcher man das Porphyr-Konglomerat zusammenfasste, dessen Lagerungsverhältnisse nicht genau bekannt waren.

Dem Todtliegenden ist die Zechsteinformation gleichförmig aufgelagert; das heisst, über dem Konglomerate des Kohlengebirges liegen die zur Zechsteinformation gehörigen Kalkschichten. Ob aber irgendwo diese Kalkformation dem rothen Porphyr-Konglomerate aufgelagert sein möge, daran lässt sich um so mehr zweifeln, da dieses Konglomerat mit dem Vogesensandsteine innig verbunden erscheint, welcher im Biebergrunde auf der Zechsteinformation aufliegt. In der Pfalz wird die Zechsteinformation durch die Kalkschichten vertreten, welche den obersten Schichten des Kohlengebirges eingelagert sind. Der Kalk ist durch Steinkohlensubstanz mehr oder weniger dunkelgrau, oder schwarz gefärbt, und enthält ausserdem zuweilen eine nicht unbedeutende Beimengung von der Substanz des Schieferthons; der Schieferthon selbst, der ihn begleitet, kann oft als ein schiefriger Kalkmergel betrachtet werden. So wird diesen Kalkflötzen schwerlich einer der wesentlichen Charactere der Zechsteinformation fehlen, wenn man zugleich auf ihre Lagerungsverhältnisse Rücksicht nimmt. Der Umstand allein, dass sie nicht in grösserer Mächtigkeit vorkommen, und noch von Schieferthon und Kohlensandsteinflötzen bedeckt werden, ist Ursache, warum man sie gewöhnlich nicht zur Zechsteinformation rechnet. Aber dieser Umstand scheint mir keineswegs von Bedeutung zu sein, da Schichten der Zechformation zuweilen mit Kohlensandstein wechseln, und man also nur sagen kann, dass dieses Schichtensystem sich bei uns nicht in grosser Mächtigkeit entwickelt. Herr von Humboldt sagt von der Zechsteinformation: C'est une grande formation calcaire, qui succède immédiatement au grès rouge ou grès houiller, et qui est quelquefois si intimement liée avec ce grès, qu'elle s'y trouve intercalée (Essai géognostique sur le gisement des roches p. 234); wobei zu bemerken ist, dass H. von Humboldt den Kohlensandstein mit dem rothen Todtliegenden in eine Formation zusammenfasst. Ferner bemerkt er: Même le Zechstein de Thuringe offre quelquefois de petites couches de grès extrêmement quarzeuses, qui traversent le schiste cuivreux. Une marne arénacée (weissliegende) se trouve sur les limites du Zechstein et du grès rouge (ibid. p. 258.). Die Fischabdrücke liegen zu Heimkirchen im Schieferthone, tief unter dem Kalke, welcher auf der Höhe, am Messersbacher Hofe, gebrochen wird; und wenn die Fischabdrücke von Münsterappel (Palaeoniscus Duvernoy und P. minutus, Agassiz.), so wie die des Schieferthons und der Thon-Eisenstein-Nieren von Lebach, Castel bei Nonnweiler, und Börschweiler, von den Fischabdrücken des Mansfeldischen Kupferschiefers (Palaeoniscus Freieslebeni, Agassiz) verschieden sind; so wird dieses hinlänglich dadurch erklärt, dass sie tiefer liegenden, ältern Schichten angehören.

Wenn ich daher den bunten, oder Vogesen-Sandstein mit dem rothen Konglomerate an der Nahe zu einer Formationsgruppe zähle, so bin ich darum keineswegs geneigt, dieselben für älter, als den Zechstein; oder den auf dem Vogesensandsteine liegenden Kalk von Bittburg und Saargemünd, für den rauchgrauen Kalk der Zechsteinformation zu halten. Im Gegentheile halte ich dafür, dass der Zechstein mit dem Kohlengebirge enge verbunden ist, und ich möchte nur darauf aufmerksam machen, wie unbestimmt die Begriffe sind, die man an die Benennung des rothen Todtliegenden knüpft, indem Felsarten von zwei ganz verschiedenen Formationen mit diesem Namen belegt werden. Dass man den Kalk von Bittburg und Saargemünd nicht zur Zechsteinformation rechnen dürfe, geht übrigens schon aus den in ihm vorkommenden Versteinerungen hervor, dem Ammonites nodosus, (besonders bei Blies-Ransberg) der Terebratula lata und elongata, dem Mytilus socialis, Schloth. (bei Gräventhal, Gegend von Saargemünd), und dem Trigonellites vulgaris Schl. (bei Trier), welche für den Muschelkalk zum Theil characteristisch sind. Mehrere andere Muschel-Versteinerungen kommen in der Nähe von Trier vor, welche ich aber nicht mit Sicherheit zu bestimmen im Stande bin; übrigens hat auch dieser Kalk in unserer Nähe dasselbe Aussehen, wie der Muschelkalk von Dransfeld bei Göttingen, oder von Gotha und Erfurt. Wenn ich aber die Kalkschichten der Pfalz der Zechsteinformation beizähle; so dürften vielleicht auch die Salzquellen von Kreuznach eher mit salzhaltigen Schichten dieser Formation, als mit dem rothen Porphyre in Verbindung stehen, zwischen welchen sie hervorbrechen, Oder haben sie vielleicht ihren Ursprung in der tertiären Meeres-Sandformation in ihrer Nähe? Da die Saline zu Dürkheim, nur 10 Stunden S. von Kreuznach, im Flötzgebirge liegt; so glaube ich nicht, dass man behaupten könne, dass die Soolquellen von Kreuznach ihren ersten Ursprung im Porphyr nehmen müssen.

## III. Der Grünstein, Mandelstein und dichte, schwarze Trapp.

Die verschiedenen Gebirgsarten, welche man gewöhnlich unter der Benennung der Flötztrapp-Formation zusammenfasst, bilden innerhalb der Grenzen des Kohlengebirges, bald mehr oder minder hohe Gebirgskuppen; bald lange, schmale Bergrücken, und dehnen sich zwischen St. Wendel, Birkenfeld, Kirn und Grumbach so sehr aus, dass daselbst auf einer Fläche von mehrern Quadrat-Meilen keine andere Gebirgsart vorkömmt. Zum grössern Theile sind die Höhen der Trappgebirge mit Waldungen bedeckt, und wo sie sich in grosse Flächen ausdehnen, haben sie immer ein rauhes Aussehen. Der Schaumberg bei Tholey hat nach H. Lintz, 1760; Tholey selbst 1167 p. F. über dem Meere. Der Horster Kopf bei Limbach hat, nach H. C. v. Oeynhausen, 1155; die Bachsohle in Limbach 765 p. F. Höhe. Der Weiselberg bei Oberkirchen, der schönste Bergkegel der Gegend, hat, nach H. Lintz, 1778, der Bosenberg bei St. Wendel 1501, St. Wendel an der Blies, nach eigner Beobachtung, 889 p. F. Höhe. Die Höhe des Trapp-Gebirges, zwischen Körborn und Baumholder, erreicht, nach H. F. v. Oeynhausen, 1570, und zwischen Baumholder und Oberstein 1711 p. F. (Geogn. Umrisse der Rheinl. I. p. 100, 106.). Baumholder selbst, im zweiten Stocke bei dem Gastwirthe H. Heinz, liegt 1410,5 p. F. hoch über dem Meere; wogegen Rathsweiler am Glan, nur 608,9 p. F. hoch liegt. Die Höhe zwischen Fraisen und Börschweiler, hat an der Strasse 1607 p. F. über dem Meere; die Höhe zwischen Fraisen und Reitscheid . . . . . 1495 par. Fuss,
Fraisen . . . . . . . . . . . . . . 1212 — —
Reitscheid . . . . . . . . . . . . . 1256 — —
Börschweiler . . . . . . . . . . . . 1037 — —
(nach eigner Beobachtung.); so dass also das Trappgebirge im Allgemeinen zwischen 1500 und 1800 Schuh Höhe über dem Meere erreicht, und die Thäler am Glan und an der Nahe ungefähr 1000 Schuh tief in das Trapp-Gebirge bei Baumholder einschneiden. Das Nahethal, welches zwischen Nohfelden und Kirn eng und tief, theils in den Porphyr und das Konglomerat, theils in das Trapp-Gebirge einschneidet, ist das wildeste Thal der ganzen Gegend, und verdient, wenigstens von Bingen bis Oberstein, von jedem besucht zu werden, welcher der Naturschönheiten wegen die Rhein-Gegenden bereis't. Zwischen Oberstein und Nohen rücken die Felsen so enge zusammen, dass man bei hohem Wasserstande in der Nahe, das Thal nicht mehr verfolgen kann; aber man muss es sehen, wenn man die Mächtig-

keit der Trappformation hier zu kennen beabsichtigt. Ebenso interessant sind die engen und tiefen Thalschluchten der Todtenalpe und der Steinalpe bei Erzweiler, wo die Trappfelsen nicht minder eine sehr bedeutende Höhe erreichen.

Wenn auch die Entstehung einzelner Trappkuppen in sehr verschiedene Zeiten fallen und selbst mit der Bildung des Kohlengebirgs gleichzeitig sein mag; so scheint doch das Trappgebirge, da wo es zwischen St. Wendel und Kirn die grösste Ausdehnung erreicht, nach dem rothen Porphyrkonglomerate entstanden zu sein, auf welches es sich bei den Namborner Mühlen, nördlich von St. Wendel (vergl. das Profil Fig. VIII.) auf dem Berge bei Pinzweiler, östlich von Namborn, und auf der Anhöhe vor Wolfersweiler, gegen St. Wendel hin, auflagert. Zudem ist zu bemerken, dass sich einzelne Trappkuppen zwischen Selbach und Mettenich, und bei Castel am Petersberge, in dem rothen Porphyr-Konglomerate erheben, und dass letzteres nur sehr selten, und im Allgemeinen keine Trappgebirgsarten als Geschiebe einschliesst; dagegen in den Thälern, östlich von Baumholder, besonders in der Gegend von Wieselbach, in der Steinalpe, und bei Ober-Jeckenbach, ein eigenthümliches Konglomerat, aus grossen, abgerundeten Trümmern von verschiedenen, in der Nähe anstehenden Trappfelsarten, eine häufig vorkommende Erscheinung ist. Das Trappgebirge ist also im Allgemeinen nicht nur jünger, als das Porphyr-Konglomerat, sondern es wurde auch unter Wasser gebildet; und da es zu Weinheim bei Alzei, noch von tertiärem Meeres-Sande und Kalke bedeckt wird; so muss man annehmen, dass es auf dem Boden des Meeres entstanden ist. Auf diese Weise ist es auch erklärlich, woher es komme, dass die meisten isolirten Trapp-Gebirgs-Kuppen nicht von tuffartigen Konglomeraten begleitet werden, während solche Konglomerate bei den neuern erloschenen Vulkanen nie, und selbst bei den ältern Basalt- und Trachyt-Gebirgen selten ganz fehlen. Durch die Strömungen im Meere wurden diese leicht zerstörbaren Massen von den isolirt liegenden Bergen abgeschwemmt, während in der Mitte eines ganz aus Trapp-Gebirgen bestehenden Bezirkes, wie zu Wieselbach und Jeckenbach dieses der Fall nicht sein konnte. Wenn demnach die Hauptmassen des Trapp-Gebirges wohl jünger sind, als das rothe Porphyr-Konglomerat; so kann doch nicht geläugnet werden, dass auch mehrere Stellen angegeben werden können, wo die Trapp-Gesteine wenigstens scheinbar untergeordnete Lager im Kohlengebirge bilden (vergl. das Profil vom Gutesberge bei St. Wendel Fig. X.); so dass man in diesen Fällen geneigt sein muss anzunehmen, das Trapp-Gebirge sei gleichzeitig mit dem Kohlengebirge entstanden, und daher älter als das Porphyr-Konglomerat. Da man aber auch an andern Stellen sieht, wie die Trapp-Gesteine gangartig die Schichten des Kohlengebirges durchbrechen; wie z. B. bei Meissenheim, wo ein ungefähr 10 Schuh mächtiger Trappgang das Kohlengebirge senkrecht durchschneidet, und auf eine nicht unbedeutende Strecke von N. nach S. fortstreicht *); und da sich in solchen Fällen die Trappmassen zuweilen nach Oben über das Kohlengebirge in mächtiger Ueberdeckung ausbreiten, (vergl. das Profil von Ruthsweiler Fig. I.); so finden diese Einlagerungen ihre Erklärung theils in der Annahme, dass die scheinbaren Lager nur lagerartige Gänge (filons-couches) sind, welche bei dem Hervorbrechen der Trapp-Gesteine in der Richtung der Streichlinie der Schichten des Kohlengebirges durch Verschiebung dieser letztern entstanden sind; theils dürften wirklich manche derselben, deren Zusammenhang mit den isolirten Trappkuppen sich nachweisen lässt, als Lavaströme zu betrachten sein, die mit dem Kohlengebirge gleichzeitig gebildet und von Schichten desselben überdeckt wurden, wie man das namentlich bei den Trapplagern des Gutesberges und an dem Bosenberge, bei St. Wendel, annehmen könnte. Im Allgemeinen bilden die isolirt vorkommenden Trapp-Gebigsmassen kegelartige Kuppen, oder schmale, steile Bergrücken, welche oft ½ bis 1 Meile lang sind, und wie Dämme sich in dem Kohlengebirge erheben. Die Richtung dieser schmalen Rücken, selbst die durch die Kuppen gebildeten Bergreihen, sind nun wohl gewöhnlich mit der Richtung der Grenze des Schiefergebirges von Mettlach bis Bingen, und deswegen auch mit der Streichlinie der Schichten des Kohlengebirges parallel; dagegen schneiden sie diese Richtung, in den südlichen Districten des Kohlengebirges, und in der Nähe des Donnersberges unter jedem Winkel. Auf der Grenze des Schiefergebirges scheint das Trappgebirge, bei seinem Hervorbrechen, schon Spalten in der Erde vorgefunden zu haben, die parallel mit den Spalten waren, über welchen sich die Rücken des Schiefergebirges erhoben hatten, und welche durch die Hebung der Schichten im Schiefergebirge gebildet wurden; oder wenn sich auch die Spalten erst durch das Hervorbrechen des Trapp-Gebirges bildeten; so hat sich wahrscheinlich der Boden nach der Richtung der Streichlinie der Schichten leichter, als in jeder

*) Auf diesem Gange ist bei Meissenheim ein Steinbruch angelegt, um den festen, grünsteinartigen Trapp zum Chausséebau zu benutzen. H. Fr. v. Oeynhausen gibt an, dass er in der Kohlen-Grube Hallkreuz bei Roth, unter einem Winkel von 60° bis 70° nach NW falle. (Rheinl. Westph. I. p. 240, tab. V. fig. 2.). Aehnliche Trappgänge sollen sich bei Altenkirchen, Frohnhofen und Breitenbach, in der Gegend von St. Wendel, befinden, welche ich aber nicht selbst gesehen habe.

13

andern Richtung, getheilt. In den südlichen Districten des Schiefergebirges, findet diese Abhängigkeit der Richtung der Spalten, von der Richtung der Schichten des Schiefergebirges, nicht mehr statt, und besonders am Donnersberge scheint sich das Trapp-Gebirge um den Porphyr des Donnersberges, als ein mächtiger Wall, herum zu lagern, als wären alle Spalten, durch welche es emporgehoben wurde, durch die ältere Porphyr-Eruption bestimmt gewesen.

Bei der Hebung der Trapp-Gebirge wurden Theile des Kohlen-Gebirges mit dem Trapp-Gebirge in die Höhe gehoben; wie der Sandstein, auf welchem am Spiemonte bei St. Wendel, unterhalb Oberlinxweiler, bis vor wenigen Jahren ein bedeutender Steinbruch angelegt war (vergl. das Profil Fig. XI.); — jetzt ist aller auf dem Trapp-Gesteine aufgelagerte Sandstein weggebrochen; — oder wie die schwachen Reste von Schieferthonflötzen, welche noch am Schaumberge bei Tholey, auf dem Trapp-Gesteine hangen, da wo die Strasse von Tholey nach Theley führt. Ueberhaupt findet auf dieser Strasse ein häufiger Wechsel von doleritischem Trappe mit Sandstein und Schieferthon statt (vergl. das Profil Fig. XII.); da aber der eigentliche Schaumberg selbst ganz aus Trapp zu bestehen scheint, so möchten wohl die Reste von Sandstein- und Schieferthon-Flötzen, welche sich zwischen dem Dolerite befinden, als losgerissene und gehobene Massen zu betrachten sein, welche nicht tiefer in den Berg hinein fortsetzen. An andern Orten hat das Trapp-Gebirge die Schichten des Kohlengebirges nicht ganz durchbrochen, wie bei Konken, an der Strasse nach Cusel, wo Schichten von Schieferthon und Sandsteinschiefer die Trapp-Gesteine ganz bedecken (vergl. das Profil Fig. VII.). Häufig ist das Kohlengebirge in der Nähe der Trapp-Kuppen gehoben, und die Schichten desselben fallen von den Trapp-Koppen nach jeder Seite hin ab; oft hat aber auch das Trapp-Gebirge keine sichtbare Aenderung in den Lagerungs-Verhältnissen des Kohlengebirges hervorgebracht. Endlich brechen, wie schon oben bemerkt, auch manche Trapp-Kuppen noch selbst durch das Porphyr-Konglomerat in die Höhe, und bestättigen auch ihrer Seits dadurch den neuern Ursprung des Trapp-Gebirges überhaupt; welches demnach die jüngste feste Gesteinbildung innerhalb der Grenzen des Kohlengebirges ist.

Eine Trapp-Kuppe, westlich von Hasborn, bei Tholey, hat nahe an dem Gipfel eine fast kraterförmige Vertiefung, welche sich nach Osten öffnet; und Fraisen, nordöstlich von St. Wendel, liegt, obgleich sehr hoch (es hat 1212 p. F. über dem Meere), doch in einer grossen, kesselförmigen Vertiefung, welche von allen Seiten durch einen ungefähr 400 p. F. hohen Kranz von Trapp-Gebirgen umschlossen ist; nur nach der Seite von Oberkirchen kömmt Kohlensandstein in dem hohen Kesselrande vor. Der Fraisbach, welcher nahe bei dem Dorfe seinen Ursprung nimmt, schneidet in den Gebirgskranz ein, und hat seinen Abfluss nach Wolfersweiler; und auf dem Boden des Kessels, in den Wiesen vor Fraisen, sind Schichten von weissem Quarzsande, und grauem Thone (Letten) abgesetzt, welche das Aussehen tertiärer Niederschläge haben. Die Aehnlichkeit mit der Form der Maare in der Eifel, war mir auffallend, als ich vor einigen Jahren, nach langer Zeit zum erstenmale wieder, nach Fraisen kam. Man denke sich, dass der Einschnitt in den Gebirgskranz, durch welchen der Fraisbach abfliesst, nicht vorhanden sei, und der Kessel müsste sich in ein hochliegendes Maar verwandeln, auf dessen Boden sich Sand und Thon absetzen konnten, welche sich durch die Abwaschung des nach Oberkirchen hin anstehenden Kohlengebirges bilden mussten.

Endlich ist zu bemerken, dass man auf den Rücken, welche die Wasserscheide zwischen der Saar und dem Rheine bilden, und welche von Otzenhausen, bei Nonnweiler, nach der Quelle der Blies und der Nahe, bei Neunkirchen, am Petersberge, und über Oberkirchen und Konken, zwischen St. Wendel und Cusel, gegen Homburg hinziehen, nur die obersten Hervorragungen des Trappgebirges beobachten kann, während man überall, wo die Thäler schon tiefer sind, und besonders in dem engen und tiefen Thale der Nahe, bei Nohen, Oberstein und Kirn, und in der Steinalpe, bei Erzweiler, die innere Zusammensetzung der Trappgebirge zu beobachten im Stande ist. Wären die Thäler zu Konken, oder zu Heisterberg, nördlich von Namborn, bei St. Wendel, sieben hundert bis tausend Fuss tief, so würde man daselbst wahrscheinlich in der Tiefe ebenfalls die dichten Trappgesteine beobachten können, welche die Felsenwände der Steinalpe, oder des Nahethales bei Kirn bilden; während uns die Oberfläche des Bodens nur Hügel von blasigen Mandelsteinen, oder in Verwitterung begriffenen Grünsteinen und Aphaniten zeigt.

Die Trappfelsarten, deren geognostisches Verhalten hier kurz angegeben ist, zeigen in ihrer Zusammensetzung eine ziemlich grosse Verschiedenheit; indessen glaube ich doch dieselben unter folgende Rubriken einreihen zu können.

1) Ein braunrothes, kristallinisch-körniges Feldspath-Gestein. Es ist

a) feinkörnig. Gemeiner Feldspath, mit sehr sparsam eingemengtem, blättrigem Eisenglanz, durch dessen Zersetzung Flecken von gelb-braunem Eisenoxyd-Hydrat entstehen. Spezif. Gewicht 2,6.

Eine Kuppe in den Feldern NO von Krügelborn, bei St. Wendel; Ulmet am Glan.

b) grobkörnig. Der gemeine Feldspath ist braunroth, stellenweise durch etwas Hornblende grün gefärbt. Häufig sind Blätter von Eisenglanz eingemengt, welche einige Linien breit und lang, und nur so dick sind, wie ein Papierblättchen. Der Eisenglanz wirkt schwach auf die Magnetnadel; stärker, wenn er vor dem Löthrohre auf Kohle etwas geglüht ist. Durch die Verwitterung desselben sind die Räume, welche die Blättchen einnahmen, mit Eisenoxyd-Hydrat ausgefüllt. Spezif. Gewicht 2,6.

Eine Kuppe am Harsberge, bei St. Wendel.

c) vielleicht von b) nur dadurch verschieden, dass die Gemengtheile meistens sehr klein sind, und dass Braunkalk, als ein neuer Gemengtheil hinzutritt, welcher ausserdem das Gestein in sehr dünnen, bis zu einigen Linien dicken Lagen, in jeder Richtung durchzieht, und zuweilen wahre Gänge darin bildet, auf welchen auch Amethyst, in Drusenräumen, vorgekommen ist.

Das Gestein bildet eine schmutzig braunrothe, der Verwitterung stark unterworfene Masse, und wird gewöhnlich als eine Trappwacke betrachtet, indem die braunrothe Grundmasse, in ihrem fast erdigen Zustande, nicht bestimmt für gemeinen Feldspath erkannt werden kann. Dagegen ist der blättrige Eisenglanz noch deutlich sichtbar, und die verwitterte Masse wird wahrscheinlich durch Eisenoxyd roth gefärbt.

Der Gutesberg, bei St. Wendel; Niederkirchen, bei Wolfstein.

2) Ein feinkörniges Gemenge von braunrothem, gemeinem Feldspathe, grüner Hornblende, und blättrigem Eisenglanz, mit fleischrothem Braunkalk.

Die kleinen Blättchen von Eisenglanz wirken stellenweise ziemlich stark auf die Magnetnadel; der Braunkalk lös't sich in erwärmter Salpetersäure mit Brausen auf; und die Hornblende, welche theils in kleinen, schwarzgrünen, theils in grasgrünen Punkten eingemengt ist, wird von Borax leicht aufgelös't ohne denselben merklich zu färben. Spezif. Gewicht 2,6.

Der Spiemont zu Oberlinxweiler, bei St. Wendel.

Das Gestein ist hart, und wird, so wie die übrigen harten Trapparten, zum Strassenbau benutzt. Am Spiemont wird dasselbe, auf den Kluftflächen, häufig von Braunkalk überzogen.

3) Ein kristallinisches Gemenge von blättrigem, weissem Feldspath, und blättrigem sowohl, als auch körnigem Magneteisen.

a) Das Gemenge ist grobkörnig, dem Dolerit des Meissners ähnlich. Der Augit fehlt; wenigstens in dem Exemplar, das ich vor mir habe. Statt seiner tritt das Magneteisen auf; während im Dolerite des Meissners, ausser vielem Magneteisen, auch Augit enthalten ist. Doch ist der Augit in dem Dolerite des Meissners nicht rein, sondern er enthält Magneteisen; denn er wirkt immer, mehr oder weniger stark, auf die Magnetnadel, welches bei reinem Augite der Fall nicht ist. — Der Schaumberg bei Tholei, wo jedoch das Gestein nicht häufig vorkömmt. —

b) Das Gemenge ist feinkörnig, grünlich schwarz, und scheint, unter der Luppe betrachtet, aus schwarzen Körnern und Blättchen zu bestehen, welche man, ohne genauere Untersuchung, wohl für Hornblende halten mag, und aus weissen, oder grünlichgelben Körnern von Feldspath, welchem Körner von kohlensauerm Kalke beigemengt sind. Das spezif. Gewicht ist 2,6. — Der Schaumberg, bei Tholei.

Ich habe etwas von dem schwarzen Sande genommen, den der Regen auf der Strasse zusammen gewaschen hatte; welche über dem Schaumberg nach Tholei führt. Unter der Luppe betrachtet, besteht er aus sehr kleinen, weissen Körnern, welche man eben sowohl für Quarz-, als für Feldspathkörner halten könnte, und aus Körnern von Magneteisen, welche einen starken Glanz besitzen, und an die Spitze der Magnetnadel anspringen, aber weder eine oktaëdrische, noch eine andere, kristallinische Form erkennen lassen. Ich zerrieb nun eine Probe von dem Gesteine des Schaumberges in einer achatenen Reibschale, und übergoss das Pulver mit Salzsäure, welche nach einiger Zeit das Magneteisen ausgezogen hatte, und ein hellweises Albitpulver zurück liess, welches mit Borax zusammengeschmolzen, worin Nickeloxyd aufgelöst war, eine braune Perle lieferte (Vergl. Berzelius, über die Anwendung des Löthrohrs &c. p. 169.). Nach meinen Versuchen enthält das Gestein ungefähr 17 bis 18 procent Magneteisen, welchem gegen 12 procent reines Eisen entsprechen. Weil aber das Magneteisen meistens nur in dünnen Blättchen die Albitkörner bedeckt, oder in seinen Körnern denselben beigemengt ist, mithin in den einzelnen Gesteinstückchen nur wenig Masse hat, so muss man sich einer sehr empfindlichen Magnetnadel bedienen, wenn man die magnetischen Eigenschaften sowohl dieser Felsart, als auch der übrigen, noch zu beschreibenden Trapparten, prüfen will.

Die Magneteisen-Körner haben mir mit Phosphorsalz die gewöhnliche Reaction des Titaneisens (Berzelius l. c.) geliefert; aber ich hatte mit der Zinnprobe nur eine gelblichrothe Perle, fast von der Farbe eines blassen, rothen Weines, erhalten, und nicht die für das reine Titanoxyd characteristische, bläulichrothe Amethystfarbe. Am gewöhnlichsten erhielt ich, mit Phosphorsalz, im Reductionsfeuer, eine auf der Oberfläche zu Eisen reduzirte

Perle, die nur einmal, an einer Stelle, eine Kupferfarbe zeigte, welche von Titan herzurühren schien.

Die gelbliche Färbung, welche die Albitkörner, im frischen Gesteine haben, rührt also wohl nur von einem feinen Ueberzuge von Eisenoxyd her. Augit und Hornblende fehlen dem Gemenge gänzlich; wenigstens sind sie, als erkennbare Mineralien, nicht darin vorhanden, obgleich das Gestein, nach dem Anhauchen, den bitterlichen Thongeruch der Hornblende besitzt. Wasser, welches man einige Zeit auf dem Gesteinpulver stehen lässt, stellt die blaue Farbe des gerötheten Lackmuspapiers wieder her; es zieht also einen alkalischen Stoff — ein freies Alkali, oder ein basisches, alkalisches Salz — aus dem Pulver. Bildet sich vielleicht Ammoniak in den Poren besonders feldspathhaltiger Gesteine, durch die Einwirkung des Alkalis im Feldspathe auf die feuchte, atmosphärische Luft? Oder rührt die alkalische Reaction des Wassers, in dem angeführten Versuche, von etwas Natron her, welches durch das Wasser aus dem Albit ausgezogen wird? In keinem Falle glaube ich, dass man mit Braconnot annehmen dürfe, dass organische (thierische) Stoffe, mit den Bestandtheilen der Trappfelsarten innig verbunden, das Ammoniak liefern, welches die alkalische Reaction, wovon hier die Rede ist, hervorbringt. (Vergl. über Braconnot's Versuche: Neues Jahrbuch der Mineralogie &c. von v. Leonhard &c. 1839. p. 106.). Der Umstand allein, dass man nicht nöthig hat, das Gestein-Pulver zu destilliren, um die Reaction zu erhalten, ist ein hinlänglicher Beweis von der Unhaltbarkeit dieser Ansicht, indem man nicht behaupten kann, dass das Ammoniak erst durch die Destillation gebildet werde. Unterwirft man aber das Gesteinpulver der trockenen Destillation in einem kleinen Glaskolben, so wird dasselbe braun, und man erhält einige Tropfen hygroskopisches Wasser, welche die alkalische Reaction schneller und stärker zeigen, als das Wasser, welches man blos auf das Pulver gegossen hat, vermuthlich weil in dem letzten Falle die Ammoniak-Solution, zu stark verdünnt wird, indem dieselbe nur zuweilen einen schwachen Rauch liefert, wenn man einen Glaspfropfen darüber hält, welcher mit Salzsäure befeuchtet ist. Uebrigens scheint die Ammoniakbildung, in den hier erwähnten Fällen, derselben Art zu sein, wie diejenige, welche Faraday bei der Einwirkung der Hydrate der fixen Alkalien auf andere Stoffe beobachtet hat. (Jahresbericht von Berzelius, VI. Jahrgang p. 79.). Sollte sich aber auch ein organischer Stoff in den Poren granitischer Gesteine und mancher Trappfelsarten nachweisen lassen; so würde es am natürlichsten sein, denselben als eine Infiltration aus der Dammerde zu betrachten, welche die Felsmassen deckt.

Das Gestein des Schaumberges verwittert durch höhere Oxydation des Eisens, und Aufnahme von Wasser, zu einer braunen, erdigen Masse. Im Grossen ist es theils unregelmäsig zerklüftet, theils erleidet es kugelförmige Absonderungen, von welchen sich, bei der Verwitterung, leberbraune, concentrische Schalen ablösen.

4) Ein schwarzes Trapp-Gestein (trapp von Brongniart; im Dictionnaire des sciences naturelles, art. roches), von dichtem Gefüge, grossmuschligem Bruche, und 1) matter, erdiger, oder 2) feinsplittriger, kristallinische Blättchen zeigender Bruchfläche. Ein Exemplar von der ersten Varietät, von Hoppstädten, bei Birkenfeld, hatte 2,7 spezif. Gewicht. Bei einem Exemplare der zweiten Varietät, von Martinstein, bei Kirn, war das spezif. Gewicht 2,9. Man muss diesen dichten, schwarzen Trapp, als ein mikroskopisches Gemenge aus Magneteisen und Albit betrachten, welches von dem unter № 3 beschriebenen Gesteine des Schaumberges nicht wesentlich verschieden ist. Er wirkt stark auf die Magnetnadel. Pulvert man diese Gesteine nur gröblich, und betrachtet sie, in einer Flüssigkeit, vermittelst einer Luppe, so erscheinen sie als ein sehr feines Gemenge von schwarzen Körnchen, welche ohne Zweifel Magneteisen sind, mit einer grünlich weissen, durchsichtigen Masse, welche wohl aus Albit besteht. Pulvert man sie sehr fein, und zieht das Magneteisen mittelst einer Säure aus, so bleibt ein weisses Pulver zurück, welches aus kleinen Albitkörnern besteht, und auf welchem sich ein wenig flockiger, weisser Schlamm ansammelt, welcher wohl von beigemengter Hornblende, oder von Augit herrühren dürfte. Es hält schwer, das Magneteisen ganz auszuziehen; denn es bleiben immer noch einige schwarze Körnchen in dem weissen Pulver zurück, weil man das Pulver nicht fein genug machen kann, um die Säure mit allen Eisenkörnchen in Berührung zu bringen.

So wie man früher das Gestein des Schaumberges, bei Tholei, als ein körniges Hornblendegestein betrachtet hat, so auch den schwarzen Trapp von Martinstein. Neuere Schriftsteller haben denselben, schwarzen Porphyr, oder auch Pyroxen-Porphyr, genannt; aber ausser dem Magneteisen und Albit, lässt sich kein anderer Mineralkörper in dem Gemenge nachweisen.

5) Ein grosser Theil der sogenannten Flötzgrünsteine unterscheidet sich, durch seine Zusammensetzung nicht wesentlich, von den unter № 3 und № 4 beschriebenen Trappfelsarten. Ihr Gefüge ist stärker kristallinisch, als die Gesteine № 4, und minder körnig, als das Gestein № 3, b). Alle zeichnen sich durch eine schwarze Farbe, und ziemlich starkes, spezifisches Gewicht aus, wenn das Magneteisen einen wesentlichen Bestandtheil

derselben bildet. Ich habe mit gleichem Erfolge den Grünstein und das sogenannte Hornblendegestein des Schaumberges, und den Grünstein von Frohnhofen, zwischen St. Wendel und Cusel, mit Säure behandelt; wobei letztere immer, aus dem feingepulverten Gesteine, das Magneteisen auszog, und ein weisses Pulver von glasigen Feldspath- (Albit-) Körnern zurückliess. Der grauliche Theil des Pulvers, welcher sich in der Flüssigkeit lange Zeit schwebend erhält, und wohl von einem fremden Mineralkörper, vielleicht von Hornblende, herrühren könnte, ist verhältnissmässig nur in geringer Menge vorhanden. In dem Exemplare von Frohnhofen sah ich ein sechsseitiges Feldspath-Täfelchen. Hierher gehören die schwarzen Trappgesteine von Abdrücken, an der Lauter, und aus der Berg-Gruppe zwischen Konken und Hof, auf dem Wege von Cusel nach St. Wendel.

6) Zu Aussen, bei Bettingen, in der Gegend von Lebach, kömmt ein grünlich schwarzer Grünstein vor, welcher ebenfalls, durch Verwitterung, Kugeln mit brauner Schale bildet. Er hat 2,62 spezif. Gewicht, und wirkt, auch in frischen Stücken, fast gar nicht auf die Magnetnadel. Mit der Luppe betrachtet, scheint er blos eine kristallinisch körnige Masse von schillernder Hornblende (Schillerspath, Diallagon) zu sein. Gepülvert und geschlämmt, liefert das Gestein verhältnissmäsig viele schlammige Masse; Salzsäure zieht Eisenoxydul aus, und es bleibt ziemlich viel körniges, weisses Feldspath- (Albit-) Pulver zurück. Man muss also das Gestein als ein Gemenge von Diallagon mit weissem Feldspath betrachten, welchem etwas Eisenoxydul, vermuthlich als Magneteisen, beigemengt ist. Der Diallagon ist im Gemenge vorherrschend von grünlichgrauer, oder schwarzgrauer Farbe. Mit der Luppe betrachtet sind die schillernden Flächen grünlichgelb. Vor dem Löthrohre lös't sich der Diallagon in Borax sehr leicht auf, und kaum ist der Borax geschmolzen, so wird er schon grün gefärbt. Nach H. Berzelius (Die Anwendung des Löthrohrs etc. 1837 p. 215.) würde sich der Diallage in Borax wohl schwer auflösen; dagegen sich der Hypersthen leicht darin auflös't. Die Proben, welche ich untersuchte, gaben mir indessen, in ihrem Verhalten vor dem Löthrohre, keinen bestimmten Unterschied.

Ein ähnliches Gestein kömmt auch an den Trappkuppen bei Birkenfeld vor; aber es scheint ihm nur wenig Diallage, dagegen mehr Hornblende beigemengt zu sein.

Wohl dürften alle grünlichschwarzen Trappgesteine mit kristallinischem Gefüge, welche wenig, oder gar nicht auf die Magnetnadel wirken, hierher zu zählen sein und aus Schillerspath, Hornblende und Albit bestehen, welchen blättriger Eisenglanz, statt Magneteisen, beigemengt ist. Glüht man diese Gesteine, so tritt die Wirkung auf die Magnetnadel oft in hohem Grade ein. Diess ist mit dem schwarzen Flötzgrünsteine von Winnweiler, am Donnersberge, der Fall, welchem auch ein wenig rubinrothes zum Eisenglimmer gehöriges, Eisenoxyd beigemengt ist; und ein gleiches Verhalten zeigen die Grünsteine des Kesselberges, bei St. Wendel, welche bei der Verwitterung zu einer braunen, durch Eisenoxydhydrat gefärbten Masse zerfallen.

Die meisten Grünsteine der Gegend von Rockenhausen, am Donnersberge, und von Niederkirchen, und Heimkirchen, bei Wolfstein, möchten wohl auch hierher gehören.

7) Dichter, schwarzer Trapp, als Grundmasse, enthält 1) Albit, mit etwas Magneteisen, porphyrartig, aber sparsam eingemengt; oder er enthält 2), nebst dem Albit, auch Olivinkörner, theils einzeln, theils in kleinen Nestern, und Granat, nebst hell-, und auch dunkelgrüner Hornblende, und Körner von Magneteisen. Die Hornblende ist weich, blätterig, und lös't sich in Borax leicht zu einem bouteillengrünen Glase auf. Es ist diess der Trappite von H. Brongniart (article: roches, im Dictionnaire des sciences naturelles, tome 46. p. 105.). Der dichte, schwarze Trapp ist von dem unter Nro. 4 beschriebenen verschieden. Er nimmt hier einen grossmuschlichen Bruch, und auf der frischen Bruchfläche, einen harzartigen Glanz an; so dass er fast dem Pechsteine von Meissen ähnlich ist, und auf den ersten Blick für Pechstein-Porphyr gehalten werden könnte. Er ist für die Electricität ein Nichtleiter. Entweder hat er gar keine fremdartigen Einmengungen, oder er enthält nur sparsam, kleine, kristallinische Albitkörner, mit Magneteisen. Ich fand sein spezifisches Gewicht in einem Exemplare 2,6; in einem andern 3,0. Für sich allein brachte ich ihn vor dem Löthrohre nicht zum Schmelzen; er wurde nur etwas braunroth. Er ist also gewiss kein Pechstein-Porphyr; da dieser durch Kohle schwarz gefärbt zu sein scheint, indem der schwarze Pechstein von Meissen vor dem Löthrohre weiss wird; dagegen unser Gestein durch Eisenoxydul schwarz gefärbt ist, und ziemlich stark auf die Magnetnadel wirkt.

Ein Exemplar vom Weiselberge, bei Oberkirchen, wo dieser dichte Trapp ganz ausgezeichnet vorkömmt, verhielt sich, zu feinem Pulver zerrieben, beim Schlämmen nicht auf dieselbe Weise, wie das Gestein des Schaumberges, und der dichte Trapp von Martinstein. Es waren weniger wasserhelle, von beigemengtem Albit herrührende, Körner sichtbar; der bei weitem grössere Theil der Körner bestand aus dunkelgrünen Stückchen des Gesteines, die in kalter Säure unverändert blieben. Erhitzte Salz-, oder

14

Salpeter-Säure ziehen schwer und langsam Eisenoxyd und etwas Kieselerde aus. Wenn man die salpetersauere Auflösung abdampft, lässt sie immer eine weisse, pulverige Masse zurück, welche zum grossen Theil aus Kieselerde zu bestehen scheint; dagegen wird die salzsaure Auflösung, beim Abdampfen, roth. Das Gestein enthält also, mit etwas Albit und Magneteisen, wahrscheinlich auch ein zersetzbares Silicat. Die kleinsten Körnchen, welche tagelang in kalter Säure lagen, blieben grünlich schwarz, und wurden noch von der Magnetnadel angezogen; so dass also das Magneteisen den kleinsten Theilchen des Gesteins innig beigemengt ist.

Das Gestein kömmt theils unregelmäsig zerklüftet vor, — in den Bergen bei Reichweiler, in der Nähe von Oberkirchen; — theils ist es in grosse Säulen zerspalten; — auf der Südseite des Weiselberges. (Siehe das Profil Fig. XIV.). Die Südost-Seite des Weiselberges ist von dem Gipfel bis weit in das Thal, mit solchen Säulen bedeckt, welche dem Berge das Ansehen geben, als sei er der neueste aller Trappberge der Rheinpfalz. Aber diese Ueberschüttung dürfte sich wohl dadurch erklären lassen, dass man annehmen könnte, sie sei durch eine von Westen herkommende Meeresströmung hervorgebracht worden. Die Säulen zeigen eine Neigung, durch Verwitterung in grosskörnige, unregelmäsige Stücke zu zerfallen, wobei sie zuerst graue, oder braunrothe Flecken bekommen, wie dieses, die rothe Färbung abgerechnet, auch bei dem Basalte oft vorkömmt.

Die unter 2) angegebene Einmengung von Olivinkörnern fand ich an einer Kuppe, westlich von den Mambächler Höfen, auf der Strasse von Baumholder nach Grumbach. Der körnige Olivin bildet kleine Nester in dem schwarzen Trappgesteine, und kömmt in jeder Hinsicht mit dem Olivine der Basalte, in der Eifel, überein. Dieses Vorkommen ist aber um so interessanter, da man früher die Abwesenheit des Olivins als ein Kennzeichen des Trapps angegeben hat. „Olivin, sagt Faujas-de-St. Fond, ist noch nie „in dem Trapp gefunden worden, kommt aber fast in allen Laven verlösch„ter sowohl, als noch brennender Vulkane beider Hemisphären vor". (In von Leonhards mineralog. Taschenbuche 1816 p. 446.).

Ausser dem Olivine ist aber, an der nämlichen Stelle, auch ganz deutlicher Granat, in Körnern, und grüne Hornblende, nebst Magneteisen, eingemengt. Später fand ich den Olivin auch in dem dichten, schwarzen Trapp, an den nackten Bergen, zwischen Furschweiler und Gehweiler, NO. von St. Wendel. Ein braunrothes Exemplar vom Weiselberge, enthält vielen Albit, und wird von dichtem Magneteisen, in einer ungefähr 2''' dicken Schichte durchzogen.

Durch die Verwitterung wird das säulenförmige, schwarze Trappgestein des Weiselberges zu einer gelblichbraunen, thonigen Masse verändert, worin der Albit theils noch in hellen, weissen Körnern erhalten, theils zu einer weissen, erdigen Masse umgewandelt ist. Ich fand das spezif. Gewicht eines verwitterten, körnigen Stückes, aus den Achatgruben, auf dem Gipfel des Berges, gleich 2,3; eines dichten, braunrothen Stückes desgleichen 2,48. Letzteres war einem Thonporphyre (argilophyre) ähnlich, mit dem es auch durch sein spezif. Gewicht übereinstimmt. Der dichte, schwarze Trapp des Weiselberges könnte also wohl, seiner Zusammensetzung nach, als ein Thonporphyr betrachtet werden, welcher durch Magneteisen schwarz gefärbt ist.

8) Ein Grünstein, welcher aus Albit und grüner Hornblende, nebst Magneteisen, ziemlich feinkörnig gemengt ist. In dem Gemenge liegen porphyrartig, oft noch grössere Blätter von Albit, und das Ganze ist zuweilen von kohlensauerm Kalke durchdrungen; so dass das Pulver in Säure, einige Zeit, stark aufbraust, und die Auflösung nachher durch Oxalsäure gefällt wird. Wenn man das Gestein pulvert und schlämmt, so setzt sich der wasserhelle Albit, mit etwas Magneteisen, in kleinen Körnern, schnell zu Boden, und der grauweisse, flockige Schlamm, welcher von der Hornblende herrührt, bleibt längere Zeit schwebend und ist verhältnissmässig in grosser Menge vorhanden. Der Albit ist meistens in Blättchen, oder kleinen Tafeln eingemengt, rissig, und von glasigem Bruche, so dass man ihn mit dem glasigen Feldspathe, im Trachyte des Siebengebirges, bei Bonn, vergleichen kann; nur sind die Täfelchen höchstens eine Linie lang. Mit Borax zusammen geschmolzen, in welchem Nickeloxyd aufgelös't ist, ändert er die braune Farbe der Perle nicht, wodurch man wohl berechtigt ist, ihn für Albit zu halten. (Berzelius, über die Anwendung des Löthrohrs, in dem Artikel: Albit.).

Die Farbe des Gesteins ist graugrün. Ich fand das spezif. Gewicht eines sehr feinkörnigen, dichten Exemplars vom Bosenberge, bei St. Wendel, gleich 2,85; bei einem Exemplare aus der Gegend von Jeckenbach, östlich von Baumholder, in welchem grössere Albitblättchen, und messinggelber Glimmer, nebst Hornblende, der Grundmasse porphyrartig eingemengt waren, fand ich dasselbe 2,9. Zuweilen ist verhältnissmässig etwas mehr Magneteisen eingemengt, aber immer kann man das Gestein als einen wahren Diorit, und die porphyrartige Abänderung desselben, als einen Diorit-Porphyr betrachten, so wie diese Felsarten von H. Brongniart (l. c.), und H. Rose (Berzelius, Jahresbericht über die Fortschritte der physikalischen

Wissenschaften; 16. Jahrg. p. 397.) bestimmt werden. Zu Krügelborn und Hoffeld, NO. von St. Wendel; zu Jeckenbach u. s. w.

9) Ein Grünstein, welcher aus grünlichweissem Feldspath (Albit), und aus braunschwarzer Hornblende gemengt ist, ohne Magneteisen zu enthalten; also ein Diorit ohne ausserwesentliche Gemengtheile. Ich fand sein spezif. Gewicht 3,09. Zu Hoffeld, NO. von St. Wendel.

Die Gesteine № 8 und 9 verwittern zu einer hellgrünen Masse, und bilden auf diese Weise die Grünsteine zu Urweiler und Rossberg, bei St. Wendel, welche oft dunkelrothe Körner eingemengt enthalten, die vielleicht von rothem Eisenoxyd herrühren. In Borax lös't sich sowohl die grüne, als auch die braunrothe, färbende Substanz des Gesteins leicht auf, und bildet ein klares, grünliches Boraxglas, in welchem ein Korn von weissem Feldspath unaufgelös't zurückbleibt, welcher zuweilen schwarze Punkte enthält, die stark auf die Magnetnadel wirken, und mithin Magneteisen zu sein scheinen.

Oft werden diese Grünsteine von Braunkalk, in schmalen Gangtrümmern, und selbst in Gängen, von einiger Mächtigkeit, durchzogen, so dass dieselben zuweilen ausgebrochen werden, und der Kalk zum Brennen benutzt wird.

10) Ein dichtes, bläulichschwarzes, oder schwarzblaues Trappgestein, welches im Aussehen dem Basalte ziemlich ähnlich ist. Ein Exemplar von Braunshausen, bei Nonnweiler, hatte 2,8; ein anderes Exemplar vom Staffelhofe bei Birkenfeld 2,7 spezif. Gewicht. Nach der ältern Nomenclatur würde man dieses Gestein une roche cornéenne nennen, und so glaube ich, hat mir H. de Montlosier dasselbe bezeichnet; gewöhnlicher wird dasselbe zu dem Trapp gezählt, und selbst nach H. Brongniart dürfte es eher zum Trapp, als zum Aphanite, (der roche cornéenne von Dolomieu) zu rechnen sein, weil es das Glas, wiewohl schwach, ritzt. Das geschlämmte und mit Säure behandelte Pulver enthält ziemlich vielen Albit, besteht aber zum grössern Theil aus einer schlammigen, thonigen Masse. Da das unveränderte Gestein theils fast gar nicht, theils ziemlich stark auf die Magnetnadel wirkt, so muss also auch der Gehalt an Magneteisen sehr variiren.

Das Exemplar von Braunshausen, dessen spezif. Gewicht oben angegeben ist, wirkt fast gar nicht auf die Magnetnadel; braust aber, besonders wenn es gepulvert ist, sehr stark mit Salzsäure, und enthält vielen kohlensauern Kalk, mit etwas kohlensauerm Eisenoxydul (Braunkalk) innig beigemengt. Die neutrale Auflösung wird durch Oxalsäure weiss gefällt, und das Eisenoxydul wird vermittelst Ammoniak in grünlichen Flocken ausgeschieden, welche an der Luft, nach einiger Zeit braun werden. Das angeführte Exemplar vom Staffelhofe verhält sich gegen Säure auf dieselbe Weise, wirkt stark auf die Magnetnadel, indem sichtbar blättriges Magneteisen eingemengt ist. Auch enthält es etwas braunen Glimmer, und aus dem mit Säure behandelten Pulver sondern sich viele Albitkörner aus.

Man muss also auch diesen Trapp als ein höchst feinkörniges und inniges Gemenge von Albit, Magneteisen und Hornblende betrachten, welchem meistens kohlensaueres Eisenoxydul mit kohlensauerem Kalke (Braunkalk) innig beigemengt ist; und obgleich das Gestein dicht und homogen zu sein scheint, so kann man dasselbe doch nur als einen Diorit betrachten, dessen Gemengtheile verschwindend klein sind, und nur durch Schlämmen und die Einwirkung der Säure getrennt werden können. Durch Verwitterung bekömmt das Gestein eine braune Rinde, welche alsdann durch Eisenoxydhydrat gefärbt ist; und auf den Kluftflächen zeigt sich oft ein Ueberzug von kohlensauerm Kalke. In der Pfalz wird das Gestein oft Basalt genannt. Es bildet den Bosenberg bei St. Wendel; füllt den Trappgang bei Meissenheim &c.

11) Eine erdige, zuweilen dichte Grundmasse, welche am gewöhnlichsten eine braunrothe, graue, oder röthlichgraue, selten eine hellere, rothe Farbe hat, bildet eine eigenthümliche Felsart (Aphanite, Brongn.-Roche cornéenne grise ou brune, Häuy.), welche theils dicht und schiefrig ist, theils blasig wird, oder Mandelstein-Structur besitzt. Ich fand ihr spezif. Gewicht 2,67 an einem ganz dichten Exemplare von Namborn, bei St. Wendel. Es wirkte stark auf eine empfindliche Magnetnadel, während die aphanitische Grundmasse mancher Mandelsteine wenig, oder gar nicht darauf wirkt. Durch Pulvern, Schlämmen und Einwirkung der Säure konnte ich nur wenig Albit darin auffinden. Der Grundmasse ist zuweilen

12) grünlichweisser, dichter Feldspath, in Blättchen und kristallinischen Körnern eingemengt; so dass das Gestein einen wahren Porphyr bildet. Der Bauwald bei Ober-Moschel, zwischen Ober-Moschel und Duchroth; Frohnhofen, zwischen St. Wendel und Cusel. Oder es sind, ausser dem erdigen, weissen Feldspathe, schwarze Körner von Augit, oder Hornblende im Gemenge vorhanden; zwischen Konken und Cusel.

13) Eine erdige, braunrothe oder braune Grundmasse (Aphanite) enthält Albit, und messinggelben, oder tombackrothen Glimmer porphyrartig eingemengt. Spezif. Gewicht 3,0 Die braune, oder rothe, erdige Grundmasse wird theils als eine Wacke, theils als Aphanite beschrieben, und als eine einfache Felsart betrachtet. Da man aber die angegebenen Einmengungen sehr deutlich erkennen kann, und sieht, wie dieselben im Gemenge häufig

so klein werden, dass sie endlich verschwinden, do dürfte vielleicht die Grundmasse selbst nur ein inniges, bis zum Verschwinden der Gemengtheile feinkörniges Gemenge der angegebenen Substanzen sein.

Zwischen Steinberg und Gütesweiler, bei St. Wendel; zu Fraisen und bei Ober-Jeckenbach; und zwischen Konken und Altenkirchen, bei Cusel.

14) Eine braunrothe, erdige, manchmal dichte Grundmasse (Aphanite) enthält Granat, glasigen Feldspath (Albit?), und Eisenglanz, welcher stark auf die Magnetnadel wirkt, porphyrartig eingemengt. Das Gemenge bildet theils für sich porphyrartige Gesteine, theils ist es die Basis der Mandelsteine (Spilite) von Oberstein, indem es sphäroidale Massen von Kalkspath, Kalzedon, Kascholong und Achat enthält, wobei die Wände der Blasenräume, in welchen sich diese Massen befinden, oft mit Grünerde überzogen sind. Bei St. Wendel kommen Mandelsteine mit der nämlichen Grundmasse vor, deren Blasenräume mit Wad (braunem, erdigem Manganhydroxyd) ausgefüllt sind; andere enthalten viele hellgrüne Hornblende.

15) Die meisten Mandelsteine (spilite), zwischen Namborn und Wolfersweiler, zu Fraisen, Börschweiler und Baumholder, an den Ufern der Nahe, von Nohen bis Oberstein, und bei Kirn, haben den unter № 11 beschriebenen Aphanite zur Grundmasse. Die Blasenräume derselben sind oft leer, der Länge nach, in paralleler Richtung gezogen, und die Seitenwände mit Grünerde, oder Gelberde, zuweilen mit braunem Manganhydroxyd bekleidet.

16) Ein grünlichgraues, erdiges Gestein, zum Aphanite gehörig, enthält kleine, schwarze, oder grünlichschwarze Körner, welche mir Augit zu sein scheinen, und braunen Glimmer beigemengt. Das spezif. Gewicht ist 2,5. Das Gestein selbst, besonders die schwarzen Körner, wirken auf eine sehr empfindliche Magnetnadel. Das Steinpulver braust einige Zeit in Säure, von beigemengtem kohlensauerm Eisenoxydul und kohlensauerm Kalke, und es bleiben theils eine schlammige Masse, theils Körner von Feldspath zurück, nebst grünen Körnern, welche wahrscheinlich aus Augit bestehen. Zu Granich, N. von St. Wendel.

Der unter № 11 beschriebene Aphanit, und die aphanitischen Mandelsteine bilden bei weitem die grösste Masse der Trappgebirge von Namborn und Steinberg an, im Norden von St. Wendel, über Wolfersweiler und Fraisen, nach Baumholder und Erzweiler, am Glane, und über Nohen und Frauenberg, nach Oberstein und Kirn, an der Nahe; so wie zu Burg-Sponheim, nördlich von Kreuznach. Vauquelin hat eine Analyse des Trapps von Kirn geliefert, welche in dem Essai de Géologie par F. de St. Fond, und daraus entlehnt, im Journal de physique par Delamétherie, vol. 70 p. 432 mitgetheilt wird. Nach dieser Analyse besteht der Trapp von Kirn aus:

| | |
|---|---|
| Kieselerde | 54,00 |
| Thonerde | 11,60 |
| Kalkerde | 8,60 |
| Talkerde | 1,00 |
| Eisen (fer) | 17,00 |
| Natron | 3,00 |
| Verlust durch die Calcination | 3,00 |
| | 98,20 |

Der Verlust mochte wohl meistens von Wasser und etwas Kohlensäure herrühren.

Wohl wird das analysirte Gestein nicht beschrieben, da aber in den Umgebungen von Kirn, nur Aphanite, und aphanitische Mandelsteine vorkommen, so erleidet es keinen Zweifel, dass diese Analyse sich nicht auf den Aphanit beziehen sollte. Daher erklärt sich denn auch die grosse Uebereinstimmung zwischen dieser Analyse, und der Analyse der Grundmasse des Mandelsteins von Oberstein, welche gleichfalls von Vauquelin, an dem angeführten Orte mitgetheilt wird. Nach ihr besteht die Grundmasse des Mandelsteins von Oberstein aus:

| | |
|---|---|
| Kieselerde | 49 |
| Thonerde | 18 |
| Kalkerde | 5 |
| Talkerde | 1 |
| Eisen (fer) | 14 |
| Soude | 5 |
| Verlust durch die Calcination | 3 |
| | 95 |

Betrachte ich den Aphanit von Kirn als ein Gemenge von Albit, Hornblende und Eisenoxyd, welches zum Theil Magneteisen ist; und berechne ich die Bestandtheile des Albits und der Hornblende, von den 3 p. c. Natron ausgehend, so haben:

| | | |
|---|---|---|
| der Albit | Kieselerde | 19,09 |
| | Thonerde | 5,18 |
| | Natron | 3,00 |
| und die Hornblende | Thonerde | 6,42 |
| | Kalkerde | 1,21 |
| | Eisenoxydul | 4,48 |

zu ihrer Zusammensetzung erfordert, wenn man die Formeln in dem Traité élémentaire de Minéralogie von Beudant, für die Zusammensetzung dieser Mineralien zu Grunde legt. Nach Abzug dieser Bestandtheile, bleiben in der obigen Analyse des Trapps von Kirn noch:

| | |
|---|---|
| Kieselerde | 34,91 |
| Kalkerde | 7,39 |
| Talkerde | 1,00 |
| Eisen | 12,52 |

zurück, welche eine Beimengung von Magneteisen und nicht verbundenem Eisenoxyd, von Bitterkalk, und reinem, kohlensauerm Kalke, und von Amethyst, oder Kalzedon, anzeigen. Das Gestein bestünde demnach aus ungefähr 2 Theilen Albit, 1 Theil Hornblende, 1 Theil Magneteisen und freiem Eisenoxyd, nebst 1 Theil magnesiahaltigem Kalke. Die Beimengung des Kalkes und der Kieselerde stimmen mit dem häufigen Vorkommen der Achate und des kohlensauern Kalkes, in den Blasenräumen der Mandelsteine an der Nahe, zusammen.

Betrachtet man gleichfalls die Grundmasse des Mandelsteins von Oberstein, als ein Gemenge von Albit, Hornblende und Eisenoxyd, so erfordert

| | | |
|---|---|---|
| der Albit | Soude | 5 |
| | Thonerde | 8,6 |
| | Kieselerde | 31,8 |
| | | 45,4 |
| die Hornblende | Thonerde | 9,4 |
| | Kalkerde | 1,7 |
| | Eisenoxydul | 6,29 |
| | | 17,39 |

und es bleiben noch, nach der obigen Analyse:

| | |
|---|---|
| Kalkerde | 3,3 |
| Talkerde | 1,0 |
| Kieselerde | 17,0 |
| Eisen | 7,7 |

Zieht man das Eisen, dessen näheres Verhalten unbestimmt bleibt, ab, so ist noch Kieselerde, nebst etwas Kalk- und Talkerde übrig; und das Gestein würde demnach aus 5 Theilen Albit, 2 Theilen Hornblende, 2 Theilen Quarz, 1 Theil (Magnet-?) Eisen, und ½ Theil magnesiahaltigem Kalke bestehen. Der sehr geringe Gehalt an Talkerde, durch welchen sich beide Analysen auszeichnen, lässt die Annahme nicht wohl zu, dass diese Gesteine auch Augit enthalten sollten; so dass sie also, unter keiner Beziehung, dem Augitporphyr gezählt werden können.

Nach dem bis jetzt Gesagten lassen sich die beschriebenen Trappgesteine unter folgende Abtheilungen bringen:

I.) Gemenge von gemeinem Feldspath mit Hornblende, Eisenglanz, und zuweilen mit Braunkalk. № 1, 2.

II.) Gemenge von Albit und Magneteisen; oder doleritische Trappgesteine. № 3, 4, 5.

III.) Gemenge von Schillerspath, oder Hornblende mit Albit und Eisenglanz. № 6.

IV.) Halbverglaster, schwarzer Trapp. № 7.

V.) Dioritische Gesteine. № 8, 9, 10.

VI.) Aphanitische Gesteine. № 11, 12, 13, 14, 15, 16.

Die Mandelstein-Gebirge sind noch dadurch merkwürdig; dass sie die Achate liefern, welche in der Gegend von Oberstein geschliffen und verarbeitet werden. Gegenwärtig bestehen daselbst ein und vierzig Schleifmühlen, von welchen zu Oberstein selbst nur eine, an der Nahe gelegen ist. Zu Erzweiler, Nieder-Wörresbach und Ellweiler sind an jedem dieser Orte, gleichfalls nur eine; zu Nieder-Brombach sind zwei; die übrigen fünf und dreissig sind alle im Idarthale gelegen. Jede Schleifmühle enthält vier, wenige fünf grosse Schleifsteine; und ein Schleifstein (nicht selten die Haupt-Erwerbquelle von mehr als einer Familie) wird mit 600, 800, 1000 und selbst mit 1200 Fl. bezahlt. An jedem Schleifsteine der mit vier Steinen besetzten Schleifmühlen, können zwei Professionisten unausgesetzt arbeiten. Das Schleifen selbst geschieht an und gegen die vertikalen Schleifsteine von rothem Sandstein, welche man von Martin-See (Martins-Höhe bei Homburg?) und aus der Gegend von Kaiserslautern bezieht. Ein solcher Stein frei geliefert kostet einige vierzig Fl. Die Schleifsteine werden durch unterschlächtige Wasserräder bewegt; und ausser dem Schleifen sind das Bohren, Poliren und Fassen der Steine, die zur Fertigung der Waare nöthigen Arbeiten. Der Betrieb der Schleifereien ist seit der Mitte des fünfzehnten Jahrhunderts (1454) nachweislich, und der Handel wird schon lange, selbst auf aussereuropäische Städte ausgedehnt. (Siehe: Versuch einer kurzen, statistisch-topographischen Beschreibung des Fürstenthums Birkenfeld, vom Amtmann Barnstedt in Oberstein. Birkenfeld 1833 t. 2. p. 149.).

Die Dörfer Mackenroth, Algenroth, Ronneberg, Mambächel, Fraisen und Oberkirchen liefern die meisten Achate. Gewönlich werden dieselben in den lockern Bodenschichten gegraben, von welchen die Mandelstein-Gebirge

15

bedeckt sind. Zu Oberkirchen allein kommen sie nicht im eigentlichen Mandelstein-Gebirge, sondern in dem schon angeführten Weiselberge vor; aber sie liegen auch da meistens in den lockern Bodenschichten, über dem festen Trapp-Gesteine. Es scheint, dass die Achatkugeln, ursprünglich in Höhlungen des Mandelsteins gebildet, auf den Bergabhängen zusammengeschwemmt wurden, und von zerstörten Theilen des Mandelstein-Gebirges herrühren. Auf diese Ansicht führte mich das häufige Vorkommen der Achatkugeln auf dem östlichen Abhange des hohen Berges zwischen Fraisen und Böschweiler. So häufig möchten sich doch wohl die Achatkugeln im Mandelsteine nicht finden, wie sie nun hier beisammen liegen, wo man viele Wagen voll bis jetzt ausgegraben hat. Sind sie aber zusammengeschwemmt; so wird es auch erklärlich, wie auf dem westlichen Abhange des Weiselberges die Achatkugeln aufgehäuft sein können, obwohl jetzt kein Mandelstein anders, als auf dem Nordabhange des Berges vorkömmt. So deutet also auch das Vorkommen der Achatkugeln, besonders auf den Ostabhängen der genannten Berge, darauf hin, dass eine Wasserströmung von Westen nach Osten zerstörend auf diese Berge wirkte; wie diess schon aus den Säulen des schwarzen Trapp-Gesteines gefolgert wurde, welche vom Gipfel bis weit ins Thal den Ostabhang des Weiselberges bedecken. Beim Graben des Achates macht man 8 bis 14, wohl auch 20 Schuh tiefe Gruben an einer Stelle, wo man denken kann, dass früher noch nicht gegraben wurde; und es ist ein blosser Zufall, wenn man dabei eine werthvolle Achatkugel findet.

Werden die Achatkugeln angeschliffen, so sieht man, dass sie aus verschiedenfarbigen Schalen, von Calzedon, und zuweilen auch aus Carneol und Cacholong bestehen, welche sich nach der Form der Kugeln biegen, und einander rindenartig umschliessen. Selten lassen sich diese Schalen von einander ablösen; gewöhnlich sind sie nur durch ihre verschiedenartige Färbung von einander zu unterscheiden. Sehr oft sind die Kugeln hohl, und ihre innern Wände mit Quarz- oder Amethystkristallen überkleidet. Im letzten Falle findet man im Innern der Drusenräume öfter noch fremdartige Fossilien, welche den Amethystkristallen aufgesetzt sind, besonders Kalkspath, Chabasie, Harmotome und Nadeleisenerz. Chabasie und Harmotome finden sich auch häufig auf den Kluftflächen des Mandelsteins, bei der Mühle oberhalb Oberstein; und das Nadeleisenerz, welches vorzüglich zu Fraisen vorkömmt, bildet zuweilen ziemlich grosse kugelige Massen, welche die Drusen ausfüllen, und deren bis 6″ lange Strahlen aus einem Centrum auslaufen. Zuweilen bildet es Nadeln, welche in den Quarz- und Amethystkristallen eingeschlossen sind. Ich hatte dieses Eisenerz, früher strahligen

Brauneisenstein genannt, eine Benennung, welche nun auch von H. Glocker, in seinem Grundrisse der Mineralogie, Nürnberg 1839, angenommen wird; Nach H. Rose ist seine Zusammensetzungsformel: $\ddot{F}\,\dot{H}$, während die des braunen Glaskopfs $\ddot{F}^2\,\dot{H}^3$ ist. (G. Rose, Reise nach dem Ural etc. I. p. 215.); oder während der braune Glaskopf zu 100 Theilen aus 80 Theilen Eisenoxyd und 20 Theilen Wasser besteht, enthält das Nadeleisenerz zu 100 Theilen (89,6 Theile Eisenoxyd und 10,4 Theile Wasser, oder) 90 Theile Eisenoxyd und 10 Theile Wasser. Nur einmal erhielt ich, aus dem Grünsteine bei St. Wendel, späthigen Eisenglanz in einer Quarzdruse, welcher stark auf die Magnetnadel wirkte. Ausserdem findet man, im Mandelsteine eingeschlossen, Halbopal, zu Ober-Jeckenbach, dem Halbopale von Steinheim bei Hanau ähnlich, und Prehnit, zu Reichenbach bei Baumholder, wo er oft Körner von gediegenem Kupfer einschliesst. Letztern findet man auch auf Klüften des Grünsteins zu Niederkirchen, bei Wolfstein.

Ich verdanke der Gefälligkeit des Herrn Günther, Verwalters der Quecksilberwerke auf dem Potsberge bei Cusel, ein Exemplar des Prehnits von Niederkirchen, an welchem Kristalle sichtbar sind, welche zu der variété octogonale von Haüy (f. 185) gehören, wobei aber bald die Flächen P, bald die Flächen r verschwinden. Er kömmt mit Stilbit vor. Der letztere unterscheidet sich durch seine gelblich- und röthlich-weisse Farbe von dem grünlichen Prehnit sehr leicht. Er ritzt das Glas nicht, aber den Kalkspath, während der Prehnit das Glas ziemlich stark ritzt; auf Kohlen vor dem Löthrohre geglüht, wird er zum Theile milchweiss, und lässt sich nachher sehr leicht zu Pulver zerreiben, was Haüy, in der Ausgabe seiner Mineralogie von 1801, t. 3. p. 162, 168 als Character des Stilbits bezeichnet, welches aber von beigemengtem Kalke herzurühren scheint. Er lös't sich in diesem Falle, in der Kälte sowohl, als in der Wärme mit heftigem Brausen in Salzsäure auf, ohne zu gelatiniren. Von Schwefelsäure wird er in der Kälte wenig angegriffen, in der Wärme mit Brausen gelös't. Die salzsauere Auflösung wird durch Schwefelsäure reichlich gefällt. Ammoniak bildet nur einen geringen, flockigen, weissen Niederschlag, welcher nachher braun wird. Der reine Stilbit wird vor dem Löthrohr zuerst milchweiss, und schmilzt nachher zu einem klaren Glase, ohne sich aufzublähen. In Salzsäure bildet er, nach einiger Zeit, eine wasserhelle gelée; in Schwefelsäure ein weisses magma; aber mit keiner dieser Säuren braust er. Da das magma, welches er mit der Schwefelsäure bildet, nur daher kommen kann, dass sich schwefelsaurer Kalk bildet, welcher im Wasser unauflöslich ist, und sich als ein feines, weisses Pulver zu Boden setzt, wenn man das magma mit Wasser verdünnt,

15*

so enthält er also ein Kalk-Silikat, und kann mithin weder Analzim, noch Mesotyp sein; und für Laumontit kann man ihn nicht halten, weil er, der Luft ausgesetzt, sich Jahre lang erhält.

Ausserdem kömmt zu Niederkirchen sehr heller Kalkspath vor, so dass H. Dr. Hirscher in Wolfstein Rhomboëder ausschneiden konnte, welche die doppelte Strahlenbrechung in einem hohen Grade deutlich zeigten. Zu Fraisen und Niederalben hat man zuweilen auch bedeutende Graphitmassen nesterweise, im Mandelsteine, gefunden.

Man hat zuweilen geglaubt, dass die Moosachate wirklich Reste von Laubmoosen, Flechten und Algen, oder auch Infusionsthierchen einschliessen könnten. Ich habe ausgezeichnete Moosachate unter einer starken Vergrösserung betrachtet, aber nie mit Bestimmtheit eine organische Form, weder aus dem Thier-, noch aus dem Pflanzenreiche erkannt; dagegen überall feine Röhrchen gesehen, welche theils leer, theils mit Grünerde und Eisenoxyd ausgefüllt waren, sich in jeder Richtung, und unregelmäsig vereinigten, und oft mit grössern, spaltenartigen Räumen in Verbindung standen, so dass ich sie zum Theil für die Wirkung entwickelter Gasbläschen in einer noch weichen, kieseligen Masse, theils für nichts anders als für feine, stalactitische und dendritische Formen halten musste, welche sich bildeten, ehe noch die Drusenräume, worin sie vorkommen, mit Chalcedon-Substanz ausgefüllt wurden. Da der allmählig erfolgte Absatz der Substanz der Achate in den Höhlungen der Mandelsteine, nach dem Gesagten, nicht in Zweifel gezogen werden kann; so darf man wohl erwarten, dass nach der Grösse und Menge der Infiltrationspunkte, durch welche die kieselerdehaltige Flüssigkeit in die Höhlungen der Mandelsteine und in die bereits gebildete Rinde der Achatkugeln eindrang, eine Menge stalactitischer Formen in den Achatdrusen entstehen konnten, welche nachher ganz in die Substanz der Achate eingeschlossen werden mussten, wenn sich die Drusenräume ausfüllten. Ich habe eine solche Achatkugel von Oberstein erhalten, welche sich später nicht ganz ausfüllte, und nun eine unzählige Menge stalactitischer Quarzfäden enthält, die nach jeder Richtung gebogen, auf ihrer Oberfläche mit kleinen Quarzkristallen besetzt sind. Ich glaube, dass dieses Exemplar die Bildung der Röhren- und Moosachate am besten erläutert, und zugleich zeigt, dass man sich keineswegs vorstellen müsse, als sei die Achatinfiltration in den Höhlungen der Mandelsteine stets von einem Punkte ausgegangen.

Zugleich muss bemerkt werden, dass die Bildung des Achats nicht blos bei den Mandelsteinen statt fand; sondern die kieselerdehaltige Flüssigkeit hat auch zuweilen die Geschiebe des Porphyr-Konglomerats verkittet, oder eckige

Trümmer des Porphyrs selbst wieder verbunden, und den Porphyr durchdrungen, so dass man unterhalb Oberstein Gruben im Porphyr-Konglomerate anlegt, um Carneol zu suchen; und dass man am Donnersberge grünen Jaspis, und zu Innweiler, nördlich von St. Wendel, Achatjaspis findet, welche ebenso, wie die Achate von Oberkirchen und Fraisen geschliffen werden, aber nur sehr kieselige, oder von Achatsubstanz durchdrungene, rothe Porphyre sind. Sie finden sich zu Innweiler, auf einer secundären Lagerstätte, nämlich als Gesteintrümmer in der Nähe des rothen Porphyrs; aber in den losen Bodenschichten, welche das Steinkohlengebirge decken. Ob dieser Jaspis und Achatjaspis mit dem Porphyre von gleichzeitiger Entstehung, oder später mit den Achaten der Mandelsteinformation gebildet worden sei, das lässt sich nicht wohl ausmitteln; doch dürfte Letzteres wahrscheinlicher sein, indem alle diese Achate und achatartigen Gesteine, so wie die Holzsteine, von einer gemeinsamen Ursache abzuhangen scheinen. — Die Achate werden häufig in concentrirter Schwefelsäure gekocht, und alsdann gebrannt, wobei die einzelnen Schichten oft erhöhtere und stärker kontrastirende Farben annehmen, einige milchweiss, andere schwarz werden, oder ihre Farbe behalten. Die milchweisse Farbe hängt dann vom Wasserverluste des Calcedons, und vom Verbrennen, oder Verflüchtigen; die schwarze Färbung dagegen von der vermittelst der Schwefelsäure bewirkten Verkohlung, einer organ. Substanz ab, von welcher die Farbe des Achats zuweilen herrührt. Oft werden, wie man mir zu Oberstein bemerkte, bei diesem Verfahren, die Achate auch ganz unbrauchbar, weil die Farben verderben und schmutzig werden. Nach Liebigs Handwörterbuch der Chemie, Art. Achat, sollen die Achate zuerst in Oel, und alsdann in concentrirter Schwefelsäure gekocht werden, so dass die schwarze Farbe durch die Verkohlung des in die Poren des Achates eingedrungenen Oeles hervorgebracht würde. Aber wie könnten dann einige Schichten milchweiss werden? Ich glaube gehört zu haben, dass man die Achate zuweilen vor dem Schleifen in Oel kocht, um ihnen bei der Politur mehr Glanz zu geben.

Bei einigen Versuchen mit dem Löthrohre fand ich, dass die gelbe Farbe eines Achatjaspis roth, und die rothe eines Karneols erhöht wurde, so dass also die Färbung in diesen Fällen von Eisenoxyd herrührte, und die genannten Gesteine eigentlich zum Eisenkiesel gehörten; dagegen wurden ächte, sowohl ostindische, als auch obersteiner Karneole, im Feuer röthlichweiss, oder blass gelblichroth, ohne je alle Farbe gänzlich zu verlieren; violblauer Amethyst wurde fast augenblicklich wasserhell, und braunschwarze Onyxstückchen brannten sich schnell milchweiss; blaue, oder bläulichschwarze

Calcedonstückchen theils milchweiss, theils stellenweise milchweiss oder dunkelschwarz, so dass also die Farbe dichter Gesteine von einer flüchtigen, oder verbrennlichen, und die verschiedenen Abänderungen von Schwarz wahrscheinlich von einer kohligen Substanz in den Poren des Achates abhängig waren. Die Calcedone brannten sich auch in einem kleinen Glaskolben undurchsichtig und milchweiss und gaben dabei Wasser ab, dagegen der Carneol kein Wasser lieferte, und seine Farbe kaum änderte, vermuthlich weil der Farbestoff der Einwirkung des Sauerstoffs der athmosphärischen Luft nicht hinlänglich ausgesetzt war, um verbrennen zu können.

---

## IV. Veränderungen, welche verschiedene Gesteine in der Nähe der Trappgebirgskuppen erleiden. Quecksilbererze.

Wenn die Trapp-Gebirge submarinen, vulkanischen Eruptionen ihr Entstehen verdanken, so ist zu erwarten, dass die Erschütterungen, welche diese Eruptionen begleiteten, in den ältern Gebirgsschichten auf manchfaltige Weise Spalten gebildet, und dieselben vielfältig zertrümmert haben müssen, auch abgesehen von denjenigen Spalten, durch welche die Trapp-Gebirgsmassen selbst in die Höhe stiegen. Wirklich sieht man, wie die Sandsteinschichten, in der Nähe der Trapp-Gebirgskuppen oft so sehr zertrümmert sind, dass es an manchen Stellen kaum möglich ist, gewöhnliche Mauersteine zu erhalten, während an andern Orten achtzehn bis zwanzig Schuh dicke Sandsteinschichten die schönsten Hausteine liefern, und auf bedeutende Strecken kaum eine Spalte haben. Sehr auffallend ist diese Erscheinung, unter andern, an mehrern Punkten der Gegend von St. Wendel und zu Burg-Sponheim.

Nicht zunächst eine Folge der Zertrümmerung, aber wahrscheinlich doch von vulkanischen Kräften abhängig, ist das Vorkommen eines gelblich-braunen, oder braungrauen, kristallinischen Kalkes zu Scheuern, westlich vom Schaumberge bei Tholei. Die schwache Kalkgrube wird seit mehr als 12 Jahren betrieben, und die Beschaffenheit des dolomitischen Gesteins hat sich in dieser Zeit auf der Grube nicht geändert. Dasselbe scheint in sehr zertrümmertem Zustande vorzukommen. Man hat denselben Kalk auch am Petersberge bei Neunkirchen, an der Quelle der Nahe, gefunden, aber nicht für bauwürdig gehalten. Sind das vielleicht Reste der Kalkflötze, welche bei Ottweiler und Urexweiler gebaut werden, und durch die Bildung des Trapp-Gebirges zertrümmert und in Dolomit verändert wurden? Auffallender sind die Veränderungen, welche der Schieferthon zuweilen in der Nähe der Trapp-Kuppen erleidet. Bald wird er zu einem Thonsteine, so dass er der Basis des rothen Thonporphyrs täuschend ähnlich ist; bald wird er zu einem Porzellanjaspis; einigermasen ähnlich dem am brennenden Berge zu Duttweiler, oder ähnlich dem jaspisartigen Kieselschiefer. Der erste Fall kömmt am ausgezeichnetsten an der Trapp-Kuppe des Harsberges bei Winterbach, nördlich von St. Wendel vor. Der Thonstein oder geglühte Schieferthon, hat seine Schichtung und seine ursprünglichen Lagerungsverhältnisse beibehalten; aber das Gestein ist im Bruche gebrannten Ziegeln zu vergleichen, mit feinkörniger, rauher Bruchfläche; die Farben sind dunkelroth, röthlichblau und blaugrau, und wechseln oft in Streifen und flammigen Zeichnungen. Es wird zum Chaussée-Bau gebrochen, und kömmt auch westlich von Ellmern, bei Bliesen, und an einigen andern Orten bei St. Wendel, und in der Nähe von Birkenfeld, gegen Ellweiler hin, aber meistens in geringerer Ausdehnung vor. Zu Ellmern wird es zum Bauen gebrochen, ist sandig, und hat eine gelbliche Farbe. Ich fand daselbst einen Farrenkraut-Abdruck darin, so dass sein Ursprung aus Schieferthon auch hier nicht wohl bezweifelt werden kann. Die Aehnlichkeit mit der Grundmasse mancher rothen Thonporphyre konnte eine Verwechselung mit denselben veranlassen, wobei dann die Farrenkraut-Abdrücke die Ansicht erzeugen mochten, die rothen Thonporphyre seien neptunische Bildungen.

Hierher gehört auch der grauweisse Thonstein, welchen ich auf den Halden einer neu angelegten Grube bei den Mühlen, nördlich von Weinsheim, in der Nähe von Kreuznach, sah. Man beabsichtigt daselbst die Aufsuchung von Queckailbererzen; der Stollen steht im sandigen Schieferthone und dem Sandsteinschiefer des Kohlengebirges, und es ist mir nicht bekannt, auf welche Weise der Thonstein in der Grube vorkömmt. Ausserhalb der Grube sah ich ihn nirgends anstehen, und an einem Sonntage konnte ich, in Abwesenheit der Arbeiter, keine nähere Auskunft über das Vorkommen des Thonsteins erhalten.

Die Umänderung des Schieferthons in ein Gestein, das dem Porzellanjaspis, oder auch dem jaspisartigen Kieselschiefer zu vergleichen ist, beobachtet man am Schaumberge, auf der Strasse von Tholei nach Thelei, nahe bei dem letztern Dorfe. Die schwarzen und grauen Farben herrschen vor; das Gestein ist zum Theil sehr hart, und wird zum Strassenbau benutzt; stellenweise ist es aber auch so weich, dass man in ihm den Schieferthon nicht verkennen kann. Schwerlich dürfte der schwarze, jaspisartige Kieselschiefer (der lydische Stein, Aphanite lydien von Brongniart), hierher gehören, welcher am Weiselberge und zu Schwarzerden, östlich vom Weiselberge, vorkömmt. Dieser möchte wahrscheinlich ein wirklicher, dichter und sehr feinkörniger, schwarzer Trapp, mit kleinmuscheligem Bruche sein, indem er zu Schwarzerden einen Gang im Kohlen-Sandsteine bildet, und auf dem Weiselberge, einem ausgezeichneten Trappkegel, doch nur ein Trapp-Gestein sein kann. Das spezif. Gewicht eines Exemplars vom Weiselberge ist 2,62. Derjenige des Weiselberges, so wie der von Schwarzerden, und selbst die schwarzen Streifen desjenigen vom Schaumberge bei Tholey, wirken ziemlich stark auf die Magnetnadel; dagegen sind die grauen Streifen des letztern ohne Wirkung, und es lässt sich schon hieraus schliessen, dass die schwarze Farbe nicht von Kohlen, sondern von magnetischem Eisenoxyd herrührt, welches dem Gesteine beigemengt ist. Ohne Zweifel wurde beim Glühen des Schieferthons das demselben beigemengte Eisenoxyd durch eingemengte Steinkohlensubstanz zum Theile desoxydirt, und auf diese Weise magnetisches Eisenoxyd gebildet.

Für beide, jetzt betrachtete Umänderungen des Schieferthons haben wir 1) in dem sogenannten Basaltjaspis von Liersch, unterhalb Adenau an der Ahr, in der Eifel, und 2) in den Producten des brennenden Berges bei Duttweiler einen Vergleichpunkt, und einen Maasstab zur Beurtheilung der Erscheinung. Das Gestein vom Schaumberge bei Tholey ist dem Basaltjaspis von Liersch ganz ähnlich, und da letzterer doch wohl nur durch die Hitze gebildet werden konnte, welche die Basalteruptionen begleitete; so lässt es sich nicht verkennen, dass auch das Gestein vom Schaumberge auf ähnliche Weise entstanden ist. Von dem brennenden Berge bei Duttweiler ist es aber bekannt, dass, angeblich in dem Herbste des Jahres 1700, ein Kohlenflötz daselbst durch einen Hirten in Brand gerathen ist, welcher im Eingange einer verlassenen Kohlengrube Feuer machte, um sich zu wärmen, und dass dasselbe bis jetzt noch fortbrennt. In einem tiefen und breiten Graben, durch welchen einer der Grafen von Saarbrücken das brennende Flötz wollte abgraben lassen, bricht auf ungefähr 130 Schritte Rauch aus dem Boden, und die Hitze, welche man in einigen Spalten verspürt, ist so stark, dass man nicht im Stande ist, die Hand darin zu halten. In dem benannten Graben findet man schlackig zusammengesinterte Schieferthon-Massen (Erdschlacke), halbverglasten Schieferthon (Porzellanjaspis), und Schieferthon, der blos stark durchglüht ist, nebst s t ä n g l i c h  a b g e s o n d e r t e m, durchglühtem T h o n e i s e n s t e i n e und einigen Salzefflorescenzen, unter welchen auch **Salmiak** vorkömmt. Ein Schüler hat mir eine salzige Masse gegeben, welche er am brennenden Berge gesammelt hatte, um mir dieselbe mitzubringen. Ich fand bei der Untersuchung derselben, dass sie reiner Salmiak war, und in der Hitze vollkommen verflüchtigte. Die Hitze, welche auf den Schieferthon am Schaumberge, oder am Harsberge bei Winterbach wirkte, musste also wenigstens der gleich sein, welche am brennenden Berge auf den Schieferthon wirkt. Aehnliche Glühungsphänomene zeigen sich aber auch auf dem Stahlberge, in der Pfalz. Auf dem ersten ist der Sandstein (arkose miliaire, Brongn.), auf welchem die Burgruinen stehen, und eine Meereshöhe von 997 par. Fuss erreichen, nicht geschichtet, sondern massig zerklüftet, feinkörnig, rauh und sehr porös, von braunrother Farbe, und einem stark durchglühten Sandsteine vollkommen ähnlich. Er bildet einen schmalen Strich, der von Süden nach Norden über den Berg zieht, und in welchem die Quecksilbergruben liegen. Wenn man diesen Strich auf der Charte verlängert, geht er im Süden über den Stahlberg, und im Norden über den Lemberg. In dem Lemberge, welcher aus rothem Thonporphyre besteht, wurde in frühern Zeiten auch auf Quecksilber gebaut; und auf dem Stahlberge sind noch gegenwärtig Quecksilbergruben im Betrieb. Das auf dem Stahlberge anstehende Gestein, in welchem die Gruben aufsitzen, gehört zum grössten Theile zu keiner der normalen Felsarten des Kohlengebirges, sondern es scheint ebenfalls ein veränderter Schieferthon zu sein, indem es ein meistens durch Kohlen schwarz gefärbtes, thonsteinartiges, dichtes Gestein ist, welches von den Bergleuten Hornstein genannt wird, und zuweilen bei hellern, röthlichen und grauen Farben und dichtem, grossmuscheligem Bruche einem wahren, quarzigen Hornsteine sehr ähnlich wird; theils ist es aber auch Kohlensandstein.

Es scheint mir interessant zu sein, dass diese veränderten Gesteine gerade in einem Striche von Süden nach Norden liegen, und dass die Quecksilbererze des Stahlberges und Moschellandsberges in ihnen vorkommen. Befinden sie sich vielleicht über einer grossen Spalte, welche sich im Norden bis an den Lemberg ausdehnt, und durch welche die Hitze verändernd auf die Gesteine des Kohlengebirges gewirkt hat, als sich die Trapp-Gänge am Landsberge, und die Trapp-Rücken bildeten, welche sich auf der Ostseite des Stahlberges befinden? Quecksilber- und Schwefeldämpfe mögen sich in diesen Spalten zu Zinnober vereinigt und das veränderte Gestein durchdrungen haben, so dass sie sich besonders in den höhern Stellen des Gebirges durch Abkühlung ansetzten, während die länger andauernde Hitze in der Tiefe solchen Ansatz verhinderte, und daher der Erzreichthum nur

16

in den obern Grubenteufen stattzufinden scheint. Diese Ansicht wurde schon von dem Baron von Beroldingen, im Jahre 1788 vorgetragen, und scheint mir die einzige zu sein, welche die Erscheinungen genügend erklärt. (Siehe: Bemerkungen auf einer Reise durch die pfälzischen und zweibrückischen Quecksilberbergwerke. Berlin 1788; im Auszuge mitgetheilt im Journal des mines № XVII.).

Die neuesten Nachrichten über die Quecksilbergruben der Pfalz sind von H. Schulze (in v. Leonhards mineralog. Taschenbuche für 1822 p. 129.). Ich entnehme aus ihnen zum grössten Theile Folgendes: „Auf dem Moschel-„landsberge sind zwei Gänge, auf welchen der gegenwärtige Grubenbau un-„terhalten wird; und der Hasler-Stollen ist jetzt der einzige Ausförderungs-„punkt, der in die verbundenen Baue der Karoline und des Vertrauens „zu Gott führt. Er geht mit SO. 4 anfänglich durch Schieferthon, gegen „O. 6 fallend, dann durch lichtgrauen Sandstein mit einzelnen gröbern Ge-„schieben, und überfährt bei 87 Lachtern den schwarzen Gang, welcher „seinen Namen von dem darauf brechenden schwarzen Letten hat. Er streicht „Stunde 10, fällt im Stollen 65° gegen SW., soll aber weiter im Felde 80° „fallen; welches auch mit dem Lagerungsverhältnisse aller übrigen Gänge „und Klüfte hierselbst übereinstimmt. Seine Mächtigkeit beträgt im Stollen „1 Zoll Letten; sie hat sich aber gegen SO. und im Gesenk bis zu 2½ Fuss „aufgethan und Erze gegeben.

„Ehe man noch im Stollen an den schwarzen Gang kommt, setzt eine „Gangkluft von ½ bis zu 1 Zoll über, die man weiter nicht geachtet, und „wie es scheint auch weiter nicht untersucht hat. Hinter dem schwarzen „Gang, 70 Lachter (im Osten) setzt der Speierer Gang über, parallel mit „dem ersten, 2 bis 6 Zoll mächtig. Das Gebirge zwischen beiden besteht „anscheinend ganz aus Hornsandstein. (So nennt H. Schulze den oben be-„zeichneten Sandstein des Moschellandsberges). Wo Schieferthon sichtbar „ist, wird er durch Rücken, die den Gang, als den Hauptrücken, begleiten „und schaaren vorgeschoben.

„Den Werth der Gänge setzt man dem des Nebengesteins nach, denn „dieses, besonders im Liegenden des Speierer Ganges liefert bei weitem die „grösste Menge der Erze. Die Schichtung desselben geht, ausser geringen „Abweichungen, mit etwa 20 Graden gegen № 3.

„Dass der Gang die Veredlung des anliegenden Hornsandsteines, und „der daraus durch Auflösung umgewandelten Steinarten bewirkt habe, ist „wohl ausser Zweifel. Vielleicht dass die Nebentrümmer, von denen der „Hauptgang beständig begleitet ist, und die gar keine Mächtigkeit besitzen,

„das meiste dazu beitrugen, denn die sind auf allen edlen Punkten beson-„ders bemerkbar. Der Erzgehalt hat sich nicht den ursprünglichen Gestein-„spalten nachgezogen, sondern ganze Flötzenmassen sind damit bis 6 Lach-„ter ins Liegende des Ganges durchdrungen und eingesprengt, auf reichen „Punkten zu kleinen Trümmern reinen Zinnobers konzentrirt, und mit Ge-„diegen-Queckeilber auf den Flötzklüften." (Das Quecksilberhornerz des Moschellandsberges findet man fast nur noch in Sammlungen). „Der Zinnober „ist fast allein die Erzart, woraus man das Quecksilber zieht. Der übrigen „angeführten sind zu wenig, um berücksichtigt zu werden, Vom Zinnober „bricht hauptsächlich der feste oder dunkelrothe, trümmerweise in grössern „Parthieen, kristallisirt auf Kluftflächen, dem Gesteine fein eingesprengt, „oder als staubartige Theile damit gemengt."

Der höchste Punkt des Stahlberges ist mit dem Namen Königsstuhl bekannt, und erreicht eine Meereshöhe von 1337 par. Fuss. „Der Abhang „des Königstuhls, woran das Dörfchen Stahlberg liegt, heisst in Bezug auf „den Bergbau der vordere Stahlberg, und enthält von NW. nach SO. die „Gruben Caroline, Erzengel, St. Philipp, und Bergmannsherz. Hierauf „folgt ein taubes Feld von ungefär 200 bis 300 Lachtern, worauf die Gruben „des hintern Stahlberges folgen, welche in derselben Richtung Prinz Frie-„drich, St. Peter, frischer Muth, und Gabe Gottes genannt werden.

„Alle Gruben beider Abtheilungen liegen auf einem Hauptstreichen der „Erzlagerstätte in Stunde 10. Am vordern Stahlberge hat die Grube Erz-„engel einen tiefen Stollen, die andern blos Oberstollen. Einfahrt und För-„derung geschah zur Zeit durch den Oberstollen des St. Philipps. Dieser „durchschneidet von seinem Mundloch an gegen S. Sandstein und Hornsand-„stein, bis an ein Trum, welches Stunde 10 übersetzt, und mit 70° gegen „NO. fällt. Es war bebaut worden. Bald darauf folgt der braune Gang, „parallel mit erstem gehend. Er keilte sich in oberer Teufe aus, that sich aber tiefer, sogar mit 2 Lachtern auf, und war mit braunem, schiefrigen „Thone, der Hauptmasse des Berges ähnlich, gefüllt, in welchem Erze zer-„streut einbrachen. Das den Gang auf dieser edlen Stelle umgebende Ge-„stein ist Hornsandstein mit schwächern Lagern von Schieferthon, die von „den Gängen und Trümmern zwischen engen Grenzen verschoben, oft mit „verkehrtem Fallen erscheinen. Die Verflächung geht nicht über 30°.

„Auch hier brechen die reichsten Erze im Nebengestein des Ganges. „An diesen reihen sich eine Menge einzelner, grösserer und kleinerer Edel-„punkte, die nach dem Liegenden etwa 15 Lachter weit von ihm abschweifen, „im Hangenden aber nur höchstens 4 Lachter hinausreichen. Dergleichen

16*

„Stellen sind nach söhligem Durchschnitt von geringem Umfange, dagegen „ziehen sie sich 4—5 Lachter in die Höhe, und haben im Abbau stockähn-„liche Räume veranlasst. An andern und zwar den meisten Orten durch-„fährt man eine Reihe kleiner, 1 bis 2 Lachter hoher und ebenso weiter „Höhlen, welche dasselbe Bild von der Erzvertheilung und dem Ausbaue „geben, wie es am Landsberge vorkömmt.

„Das hier bei weitem häufigere Vorkommen ist hellrother oder zerreib-„licher Zinnober. In derber Gestalt, jetzt sehr selten, ist er ziemlich rein, „auch wo er dendritisch in weissem Thone, (der oft als eine sehr zarte „Masse von meist röthlichweisser oder milchweisser Farbe die Klüfte des „blauschwarzen Thonsteins ausfüllt) erscheint. Als schwacher Ueberzug „der Klüfte, oder in feinen Trümchen, schimmert er dagegen nur in der „Grube, oder so lange er nass ist, mit der schönen brennenden Farbe; so-„bald er trocken ist, wird er matt und ziegelroth. Weil viele zarte Klüfte „statt mit Zinnober, nur mit rothem Eisenoxyd überzogen sind; so ist zu „vermuthen, dass dieser matte Zinnober davon in seine Mischung bekommen, „und dadurch auch ärmer geworden ist. Dunkelrother Zinnober kömmt nur „höchst selten vor. Am hintern Stahlberge steht der frische Muth in Be-„trieb, welcher die andern dahin gehörigen Gruben, grössten Theils mit um-„fasst. Er ist die weitläufigste Quecksilbergrube in der Pfalz, und war die „ergiebigste. Der Oberstollen geht zuerst durch den braunen Schiefer, der „vom vordern Stahlberge her, als die Ursache des langen, tauben Mittels „angesehen werden muss. Näher der Grube wechselt derselbe mit schief-„rigem Sandstein. Der frische Muth liegt im Streichen des vordern Stahl-„berger Baues, und baut ohne Zweifel auf demselben Hauptgange, dem „braunen Gange; der nur so lange taub und verdrückt war, als er blos durch „Schieferthon setzte, und keine Sandsteinlager traf.

„Eine Menge schmaler Lettengänge durchsetzen, neben dem Hauptgange, „das Feld innerhalb des erzführenden Striches, und machen das ganze Ge-„birge lösbar in milde, verhärtete Talk- (?Thon-) arten, die indessen doch „auch manches, weniger veränderte Hornsandsteinlager einschliessen. Neben „ihnen liegen einzelne Parthieen des Nebengesteins, auf den Klüften zerreib-„lichen Zinnober führend. Sie bestehen aus weissem Thon, kalkartigem „Hornsandstein und aus halbdurchsichtigem Baryt in kurzen Trümmern.

„Unter den, der Zahl nach unbekannten Gangklüften, zeichnet sich eine „durch Mächtigkeit und Edelheit als Hauptgang aus. Er streicht, wie alle „Klüfte, Stunde 10¼ mit 75° NO Fallen.

„An ihn schliesst sich besonders, und mehr zusammenhängend, das erz-
„führende Nebengestein an, und wahrscheinlich gehören ihm manche der-
„jenigen Erzpunkte, welche die Nebentrümmer begleiten, mehr an, als diesem.
„Man gab die Erstreckung des Erzgehaltes gegen SW, oder im Liegenden
„zu 15 Lachtern, gegen NO etwa zum Viertel dieser Weite an.

„Hier brachen die schönsten Zinnoberarten, von lichter und dunkler
„Farbe. Amalgam als Ueberzug war keine so seltene Erscheinung wie jetzt,
„wo man nur auf Nebentrümmern die armen Erze zusammensucht.

„Der dritte Punkt, auf welchem gegenwärtig noch mit Erfolg der Queck-
„silberbergbau betrieben wird, ist der Potsberg bei Kusel. Er besteht aus
„Kohlensandstein und Sandstein-Konglomerat, und enthält das Quecksilber
„durch den ganzen obern Theil seines Rückens, mit oft schneller, oft lang-
„samer Abnahme in der Teufe. Der Gang, an welchen sich der Hauptbau
„kettet, streicht Stunde 10 und fällt 60 bis 90 Grad gegen NO. Er besteht
„meist nur in einer schmalen Lettenkluft von ½ bis 1 Zoll. Wird er bis 6
„und 9 Zoll mächtig, so legt sich, als seine eigenthümliche Gangart, am
„Liegenden ein schwarzer, zäher Letten mit fein eingesprengtem Zinnober
„an. Selten erscheint der letzte in schmalen ¼ Zoll starken Trümchen.
„Dieser schwarze Letten wird von einem weissgrauen, völlig erzleeren be-
„deckt, welcher meist mächtiger, als jener ist. Der Gang veredelt sich,
„wenn er sich mehr aufrichtet, oder ganz seiger ist, wogegen er bei 60°
„bis 70° Neigung gemeiniglich verdrückt und taub ist. Beschränkte sich der
„Zinnobergehalt nur auf den Gang, so wäre auch der Dreiköuigszug nicht
„mehr im Betriebe. Der Gang ist eigentlich nur die leitende Grundlage vom
„Erzgehalte eines ganzen Gebirgstheiles, welcher letztere in weit grösserm
„Maasse die Erzförderung unterhält, als der Gang selbst. Der im ganzen
„Berge zerstreute Zinnober drängt sich an den Gangklüften näher zusammen,
„und macht ihr liegendes Nebengestein auf mehrere Lachter breit bauwürdig.
„In das Hangende des Ganges geht die Erzbildung fast gar nicht hinüber.“
(Siehe: Die Quecksilbergruben der Pfalz von Schulze, aus Karstens Ar-
chiv für Bergbau und Hüttenwesen B. III. S. 36 ff. in v. Leonhards mine-
ralogischem Taschenbuche für 1822 p. 139. ff.).

Auf jedem der drei beschriebenen Berge, wo Quecksilberbergbau stattfindet, ist ein Laboratorium mit einem Galeerenofen um das Quecksilber zu
scheiden. Man mengt die sortirten, klein geklopften erzhaltigen Gesteine mit
gelöschtem Kalke, füllt sie in gusseiserne Retorten, welche in doppelter
Reihe über einander und zu beiden Seiten in den Ofen eingesetzt werden,
und in deren mit Wasser gefüllten Vorlagen das Quecksilber verdichtet wird.

während sich der Schwefel des Zinnobers mit dem Kalke in der Retorte verbindet; wobei es nach den Erfahrungen des Herrn Hüttenverwalters Günther, auf dem Potsberge sehr wichtig ist, dass der Guss der Retorten dicht genug sei, um keine Dämpfe durch seine Poren entweichen zu lassen; weil sonst nicht nur ein bedeutender Quecksilberverlust statt findet, sondern auch die Gesundheit der Arbeiter in dem Laboratorium leidet. Die Feuerung geschieht mit Steinkohlen.

Man hat in dem letzten Jahre auch die verlassenen Quecksilbergruben am Königsberge zu Wolfstein wieder in Bau genommen, und beabsichtigt überhaupt die alten Quecksilbergruben der Pfalz wieder aufzunehmen, und die neuen Baue in grössere Tiefen zu führen, weil die Gänge meistens nur in den obersten Strecken abgebaut sind. Ob aber die englische Gesellschaft, welche zu diesem Geschäfte zusammentrat, dabei einen Gewinn machen werde, das muss jetzt noch ganz dahin gestellt bleiben. Die Quecksilbergänge zu Wolfstein sitzen im rothen Thonporphyr auf, und führen als Gangart zum Theil schwefelsauern Baryt, welchen man sehr häufig auf dem Königsberge herum liegen sieht. Ausser dem Königsberge waren die hauptsächlichsten alten Gruben noch am Lemberge bei Kreuznach, zu Mörsfeld und Münsterappel, zu Kirchheimbollanden am Donnersberge, und zu Erzweiler und Baumholder bei Kusel. Man findet vorzüglich in № VI und VII des Journal des mines Nachricht darüber, und sie verdienen hier auch noch in so weit berücksichtigt zu werden, als sie zum Theil im Mandelstein-Gebirge, der jüngsten, festen Gesteinbildung innerhalb der Grenzen des Kohlen-Gebirges, liegen. Diess ist wenigstens mit Erzweiler und Baumholder der Fall. Zu Baumholder scheint das Quecksilber in einem durch die hellere rothe Farbe seiner aphanitischen Grundmasse dem rothen Thonporphyre ähnlichen Mandelsteine in der Nähe des Ortes vorgekommen zu sein. Auch kömmt nördlich von Baumholder, nahe bei dem Orte, wo die Quecksilbergrube war, ein Gang von schwefelsauerm Baryte vor, ohne dass ich bei dem bedeckten Boden genau hätte ausmitteln können, ob im Mandelsteine oder in einer andern Trappart. Auch die Bemerkung, welche im Journal des mines № XVII aus Beroldingen's Reise ausgezogen ist, bezeichnet die Natur der Felsart, worin das Quecksilber vorkam, hinlänglich. Es heisst nämlich daselbst p. 64: „Aux environs d'Essweiler (Erzweiler) de Kusel et de Baumholder, on trouve immédiatement au-dessous de la terre végétale une roche semblable au porphyre, formant une couche fort mince, pénétrée entièrement de cinabre; mais au-dessous de cette couche on n'a plus trouvé de minéral, quelque nombre de fouilles, qu'on ait faites sur cette indication et bientôt on a atteint l'amygdaloïde et le basalte.

L'auteur assure même avoir trouvé du cinabre dans de vraies roches basaltiques.

Da rund um Baumholder nur die Mandelstein-Formation und andere dichte Trapp-Arten herrschen, so dürfte wohl die dünne Porphyr-Schichte, wovon Beroldingen spricht, nur eine besondere Modification des Mandelsteins und mit dem oben bezeichneten, dem rothen Thonporphyr ähnlichen Mandelsteine identisch sein. Die Quecksilbergänge möchten demnach wohl mit noch grösserm Rechte auf die Entstehung der Trapp-Gebirge als ihre Ursache bezogen werden können, als auf die der rothen Thonporphyre, indem alle Gebirgsbildungen, bis auf die jüngsten, von ihnen durchsetzt werden.

## V. Thalbildung.

Ich komme nun zu der letzten geologischen Thatsache, welche innerhalb des Gebirgsdistrictes, von dem bis jetzt besonders die Rede war, die Aufmerksamkeit des Naturforschers auf sich zu ziehen verdient, — zur Thalbildung. — Dass die Entstehung der Porphyr- und Trappgebirge, und die erste Gestalt, welche dieselben annahmen, auf die Lage und Form der Thäler auf der Südseite des Hundsrückens nicht ohne Einfluss bleiben konnten, ist jedem augenfällig, welcher die Gegend, von der die Rede ist, kennt, und ihre Oberflächen-Verhältnisse nur mit einiger Aufmerksamkeit betrachtet hat. Die zugerundeten Porphyrkuppen, die hohen Kegel und lang gestreckten Rücken der Trapp-Gebirge, die Hebungen und Senkungen des Bodens zwischen ihnen, haben dem Wasserlaufe die Richtung angewiesen, und die manchfaltige Krümmung bestimmt, wodurch sich die Thäler der Nahe und Prims, der Blies und des Glans, der Lauter und Alsenz auszeichnen. Aber an vielen Stellen musste das Wasser dennoch starke Dämme durchbrechen, um einen Abfluss aus grossen Kesseln zu finden, in welchen es ohne Zweifel lange Zeit einen hohen Stand behalten hatte, auch nachdem unser Continent schon trocken gelegt war. So durchbricht die Blies den Rücken des Spiemonts, unterhalb St. Wendel; so hat die Nahe die Mandelsteine von Oberstein, den Trapp von Kirn, und den rothen Porphyr bei Kreuznach durchbrochen, und der Imsbach schneidet senkrecht in die Porphyrbreccien, welche sich auf die Westseite des Donnersberges anlegen. Wenn aber die festesten

Gesteine auf diese Weise durchbrochen und zerstört wurden, so lässt sich wohl denken, dass auch manche Theile des Kohlensandstein-Gebirges mit fortgeführt werden mussten. Nicht nur sehen wir daher in den frei stehenden Sandsteinfelsen, welche südlich von Bärweiler, in der Gegend von Meisenheim, als eine Naturmerkwürdigkeit betrachtet werden, Zeugen dieser alten Zerstörungen, sondern jede Sandsteinkuppe, und jedes Thal, welches um so tiefer in die Schichten des Kohlengebirges einschneidet, je mehr es sich im Osten dem Rheine, im Westen der Saar nähert, beweisen die Grösse der Veränderungen, welche durch das Wasser in der Gestalt der Oberfläche des Bodens hervorgebracht wurden.

Aber wenn auch die Thalbildung die letzte geologische Thatsache ist, welche wir hier zu betrachten haben, wenn sie sich der Bildung der Trapp-Gebirge unmittelbar anschliesst, so müssen doch ausserordentlich grosse Zeiträume, zwischen der Bildung der ersten Mandelsteine, und dem Beginnen des Abflusses der Gewässer von dem Boden unserer Gegend verflossen sein; zwei anscheinend unmittelbar verbundene Thatsachen müssen durch Zeiträume getrennt gewesen sein, welche die kühnste Phantasie nicht zu erfassen vermag; denn die Mandelstein- und Trappgebirge, die neuesten, festen Gesteinbildungen, innerhalb der Grenze des Kohlengebirges, sind, wenigstens in ihrem Beginne, älter, als der Vogesensandstein, und als alle Flötzgebirgsbildungen, welche bis zu den tertiären Schichten von Alzey und Mainz, auf denselben folgen; und dadurch wird ein scheinbar so nahes Factum, wie die Entstehung des Weiselberges, in die unendliche Ferne gerückt; indem die eigentliche Thalbildung, die Auswaschung der Canäle, in welchen jetzt die Wasser von der Oberfläche des Bodens abfliessen, erst nach dem Abflusse des Meeres von dem Gebirgsboden beginnen konnte. „Bei Winnweiler, sagt Herr F. v. Oeynhausen, erreicht das bunte Sandsteingebirge „seine nordwestliche Grenze, und es hebt sich hier unter demselben ein grünsteinartiger Trapp hervor, den man gleich hinter Winnweiler antrifft, wenn man im Thale der Alsenz hinab geht. Die Zusammenlagerung des „Trapps und bunten Sandsteines ist hier in einem schönen, durch den Fluss „entblössten Berg-Profile sehr deutlich zu sehen. Der Trapp ist da, wo sich der bunte Sandstein auf ihn auflagert, deutlich konform mit dem Sand„steine geschichtet, und seine Schichten streichen, so wie die des Sandsteins, „Stunde 3 bis 4 und fallen in SO. mit etwa 15 bis 20 Grad. Die Schicht„ung des Trapps hält indessen nicht lange an, denn wenn man nur ein we„nig von der Zusammenlagerung mit dem bunten Sandsteine abwärts in das

„Trapp-Gebirge hineingeht, so wird die Schichtung desselben undeutlich und „verschwindet bald gänzlich.“

Durch die Auflagerung des bunten, oder Vogesen-Sandsteines auf dem grünsteinartigen Trapp ist hier das höhere Alter dieses letztern unzweifelhaft nachgewiesen; und um nichts zu übergehen, was das relative Alter der verschiedenen Gebirgsbildungen unserer Gegend in ein klares Licht setzen kann, führe ich eben diese Stelle an; obgleich ich in dem geschichteten Trapp nichts, als ein durch Wasser gebildetes Trappkonglomerat erkennen konnte, welches von rothen, thonigen Gesteinschichten gedeckt wird, die zum rothen Konglomerate gehören, welches die untersten Schichten des Vogesen-Sandsteines bildet, wie dieses an mehrern andern Stellen der Fall ist, wo sich der bunte, oder Vogesen-Sandstein auf das ältere Gebirge auflagert. So findet man zu Albersweiler bei Annweiler, auf dem Granite und unter dem Vogesen-Sandsteine ein Konglomerat, in welchem Trümmer von Mandelsteinen vorkommen; und ein ähnliches Verhältniss wird zu Dreisbach, bei Mottlach an der Saar, beobachtet, wo auf dem Uebergangs-Schiefergebirge, und unter dem Vogesen-Sandsteine ein thoniges, rothes Konglomerat Reste des Mandelsteingebirges einschliesst. Bei der Entstehung des Vogesen-Sandsteines muss die Bildung der Trapp-Gebirge also wenigstens schon zum Theile vollendet gewesen sein, wenn man auch aus dem Umstande, dass noch Trapp-Kuppen zu Düppenweiler im Vogesen-Sandsteine vorkommen, schliessen wollte, dass die Trapp-Gebirgsbildungen noch fortdauerten, als der Vogesen-Sandstein schon gebildet war. In der Gleichzeitigkeit der Bildung eines Theils des Trapp-Gebirges und des Vogesen-Sandsteines dürfte alsdann zum Theil die Ursache liegen, warum sich der Vogesen-Sandstein nur sparsam und in kleinen Strecken, westlich von St. Wendel und in der Gegend von Saarbrücken, auf das Steinkohlen-Gebirge abgesetzt hat. Denn während der Trapp-Eruptionen musste das Meer in der Nähe der Eruptionspunkte so sehr bewegt sein, dass der Absatz des Vogesen-Sandsteines daselbst unmöglich wurde, indem solche feinkörnige Absätze nur in einem nicht zu stark bewegten Meere stattfinden können, wo die Kraft des Wassers zu gering ist, um das Material derselben weiter zu schaffen.

Aber auch ohne die Annahme so später Trapp-Eruptionen bleibt es noch immer sehr wahrscheinlich, dass die Brandung zwischen den vielen Trappkuppen sehr gross war, und dass dadurch der Absatz des Vogesen-Sandsteins auf denselben, oder um dieselben herum, im Allgemeinen verhindert wurde mit Ausnahme einiger Grenzpunkte, wozu dann die Kuppen bei Duppenweiler, gezählt werden mögen.

Lassen wir nun alle Flötzgebirgsbildungen unberücksichtigt, welche der Grenze des Kohlengebirges nicht zunächst liegen, alle diejenigen Formationen, welche als eine Folge des langen Aufenthaltes des Meeres über den Theilen der Erdoberfläche, welche unser jetziges Festland bilden, und nach der Bildung des Vogesen-Sandsteines entstanden sind, — um uns zunächst nur noch mit den Felsbildungen zu beschäftigen, welche nach der Trockenlegung des grössern Theils unseres Continentes, in kleinern Meeresbassins abgesetzt wurden, und welche unter dem Namen der Tertiärbildungen bekannt sind; — so finden wir auf der östlichen Grenze unseres Gebirgsdistrictes, Kalk- und Sand-Ablagerungen, welche in diese Klasse von Bildungen gehören, und wegen der vielen Thierreste, welche sie besonders in der Gegend von Alzey einschliessen, einen höchst wichtigen Gegenstand geognostischer Forschung ausmachen, mit welchem sich in der neuesten Zeit die Herren v. Klippstein, Kaup, H. v. Meyer und Bronn zum Theil mit vorzüglichem Glücke beschäftiget haben. (Siehe das Jahrbuch der Mineralogie von v. Leonhard 1837. 2. Heft.). Es sind Kalk- und Sand-Bildungen, welche Landschnecken und Meermuscheln, Fischzähne und Säugethierreste enthalten, und in einem grossen, alten Wasserbecken abgelagert wurden, welches sich aus der Gegend des Oberrheins bis Mainz erstreckte, und auf den Seiten durch die Vogesen, den Schwarzwald und Odenwald, und im Norden durch die Schiefergebirge des Hundsrückens und den Taunus begrenzt wurde. Die Kalkablagerungen herrschen längs des Hardtgebirges, von Landau bis Kirchheimbolanden, und von da bis Ingelheim und Mainz, bei weitem vor, und sind durch eine grosse Menge zweier Paludinen ausgezeichnet, welche an vielen Stellen, z. B. zu Weissenau bei Mainz, zu Ingelheim, zwischen Wiesbaden und den Casseler Mühlen, oft den grössern Theil der Felsmasse zusammensetzen, und welche ich früher P. acuta und P. anatina nannte, weil man sie zuerst unter dem Namen Cyclostoma acutum und C. anatinum beschrieben hatte; — H. Bronn nennt die P. anatina nun P. inflata. — Doch enthalten die nämlichen Kalkschichten auch ausgezeichnete Meermuscheln, besonders Mytilus Brardii und Mytilus Faujasii, zu Mainz, und Cerithium cinctum, nebst Cerithium margaritaceum, zu Flonheim. Auch sind Landschnecken, besonders Helix hortensis und Helix nemoralis, oft mit ihren Farbenstreifen erhalten; und eine neue grosse Helix-Art, welche ich Helix mattiaca genannt habe, kömmt zu Wiesbaden und zu Ilgesheim bei Landau vor. In den Steinbrüchen bei den Casseler Mühlen, zwischen Wiesbaden und Cassel, sah ich auf ungefähr 20 Schuh Tiefe unter der Oberfläche des Bodens, 4 bituminöse Schichten, jede ungefähr einige Schuh von der andern entfernt, in einer wellenförmigen, fast horizontalen Lage, dem erdigen Mergel eingelagert, welcher auf den tiefer liegenden, festen Kalksteinschichten liegt. Der erdige Mergel enthält viele Paludinen, noch mit Perlmutterglanz, und einige mit blassrosenrother Farbe. Die bituminösen Schichten bestehen zum grössern Theile, auch aus solchem Mergel, der nur schwarzbraun, oder schwarzgrau gefärbt ist, und Paludinen enthält. Sie sind einige Zoll dick, und die Mitte einer jeden Schichte besteht meistens aus einer zolldicken Lage erdiger Braunkohle. Die fast horizontalen, wellenförmigen Schichten sind durch Klüfte verworfen, und an einigen Stellen kann man nur drei, an andern vier Schichten übereinander erkennen. Die festen Gesteinbänke von Paludinenkalk liegen unter den Schichten von erdigem Mergel. Eine bestimmte Lage für die mytilus-führenden Schichten (Mytilus Brardii und Faujasii; Brongniart, Mémoire sur le Vicentin) konnte ich nicht erkennen. Sie scheinen zwischen den festen Bänken zu liegen, aber die Mytilus nur örtlich auf ihnen zusammengedrängt zu sein, und Paludinen die übrigen Theile derselben Schichten zu bilden.

In den Steinbrüchen von Weissenau bei Mainz, wechseln ebenfalls feste Kalkbänke mit lockern, und mit erdigem Kalkmergel; aber alle Schichten sind mit einer unendlichen Menge von Paludinen angefüllt, und bestehen zum Theil aus diesen kleinen Schneckengehäusen, die zuweilen eine blassrosenrothe Farbe besitzen. Die Mytilus, Cerithium, Helices, und Cytherea (?) nebst Cyrena (?) liegen sparsam in denselben Schichten. Die Cythereen (?) fand ich in einer der festern Schichten sehr häufig, aber immer mit den Paludinen; die Helices fanden sich unter und über dieser Schichte. Ueberhaupt findet keine strenge Scheidung der Schichten, keine verschiedene Beschaffenheit derselben, ausser ihrer verschiedenen Festigkeit, und keine Verschiedenheit in der Lagerung statt, so dass es nur eine Kalkformation ist, deren Character durch die vorherrschenden Paludinen bestimmt wird. Zwei Formationen, eine Meeres- und eine Süsswasser-Formation, konnte ich unmöglich unterscheiden. Zu Zahlbach bei Mainz, finden sich die Helices häufiger, aber die Steinbrüche sind nicht so tief und so belehrend, wie die von Weissenau, oder Wiesbaden. Zu Bergheim, bei Frankfurt, fand ich dagegen die Paludinen in grösster Menge frei in erdigem Kalkmergel, zwischen den festen Kalksteinschichten liegen, so dass man sie in beliebiger Menge nehmen und nachher aus dem erdigen Mergel auswaschen konnte.

Die versteinerungsreichen Meeres-Sandschichten, mit knolligem Sandsteine, findet man bei Weinheim, in der Nähe von Alzey, am Kuhberge bei Kreuznach, bei Neubamburg und bei einigen andern Orten, in der Gegend von Kreuznach, nur auf kurze Strecken abgesetzt. Zu Wiesbaden, im Garten hinter der Post, erreicht der Sandstein eine grössere Mächtigkeit, enthält aber keine Versteinerungen; und in den Weinbergen oberhalb Wiesbaden, links vom Wege nach dem Geissberge, wird er molassenartig, thonig, so dass ich ihn anfänglich für Thonstein hielt. Seine Lagerungs-Beziehungen zum dasigen Kalke sind aber nicht zu ermitteln, weil der Kalk erst im Thale gegen Cassel vorkömmt. Zu Findheim, bei Ingelheim, liegt der tertiäre Sand und Sandstein, scheinbar dem, gegen die Tiefe der Schlucht hin nahe anstehenden, tertiären Kalke aufgelagert. An keinem andern Orte kann man dieses Verhältniss so deutlich beobachten. Die grösste Ausdehnung und Mächtigkeit erhält diese Sand- und Sandstein-Formation zwischen Weinheim, Flohnheim und Erbesbüdesheim, NW von Alzey. Feinkörniger, röthlichbrauner Sand wechselt in Lagen, die einige Schuh dick sind, mit knolligen Gesteinschichten, welche keine grössere Mächtigkeit haben, als er. Das Gestein ist in den äussern Theilen durch Eisenoxydhydrat braun gefärbt; im Innern ist es ziemlich dunkelblau, theils kalkig, theils thonig, und im Ganzen sehr fest und zähe. Es enthält Quarzkörner, nebst kleinen Stücken von Trappgesteinen, und könnte in manchen Fällen für einen aphanitischen Trapp angesehen werden. II. Brongniart beschreibt dasselbe in seinem mémoire sur les terrains calcaréo-trappéens du Vicentin pag. 34. Das ganze Schichtensystem bildet Hügel, welche einige hundert Schuh hoch sind, und an welchen man zuweilen NO von Weinheim grünsteinartigen Trapp unter dem Sande hervorstehen sieht. Der Sand enthält viele Meeresmuscheln, besonders Natica crassatina, Pectunculus pulvinatus und Ostrea callifera, Lamarck's (Ostrea ponderosa, Schloth.), nebst Fischzähnen, und grossen Stosszähnen von Säugethieren, welche an das Wallross, oder den Dugong, erinnern, und welche, wegen ihrer Grösse, von den Bauern für Rippen gehalten werden. Wohl sind diese Zähne von Eisenoxyd durchdrungen und braun gefärbt; aber das feine Korn und dichte Gefüge, welche die Masse derselben auf dem Querbruche zeigt, erinnern eher an das Elfenbein, als an eine zellige, oder splitterigfaserige Knochenmasse. Die festen Gesteinschichten enthalten gleichfalls eine ausserordentlich grosse Menge von Meeresmuscheln, worunter jedoch der Pectunculus pulvinatus am häufigsten vorkömmt. Es traf sich, dass bei meiner letzten Anwesenheit in Weinheim eine grosse Masse von diesem sandsteinartigen Gesteine zum Baue einer neuen Chaussée angefahren war, und ich wurde dadurch in den Stand gesetzt, den grossen Reichthum an fossilen Muscheln, wodurch diese ausgezeichnete Meeresformation höchst merkwürdig ist, beurtheilen zu können. Das Gestein ist aber so fest, dass es schwer hält, die Muscheln aus demselben herauszuschlagen, ohne dieselben zu zerbrechen. Zu Steinbockenheim sah ich grosse Steinblöcke, in dem Meeressande, auf der Oberfläche der Erde liegen, welche fast nur aus zusammengekitteten Schalen der Ostrea callifera Lamarck's bestanden. — Wenn man von Weinheim den Berg hinauf nach Erbesbüdesheim geht, so stehen rechts vom Wege bedeutende Sandsteinfelsen, auf welchen auch ein Steinbruch angelegt ist. Der Sandstein ist grobkörnig, sehr weiss, und besteht fast nur aus hellen Quarzkörnern. Ich fand ein Stück einer Muschelschale in demselben, so dass er also auch tertiär sein muss; wesswegen ich denn auch nun geneigt bin, den Sandstein von Flohnheim für tertiär zu halten. Von dem eben beschriebenen, sandsteinartigen Gesteine bei Weinheim, worin die vielen Muscheln liegen, ist er aber ganz verschieden.

Dass der Sand, worin zu Eppelsheim, der Schädel des Dinotherium giganteum gefunden wurde, nicht zu dieser Meeresformation gehöre, kann kaum zweifelhaft sein, indem er weder Meeresmuscheln enthält, noch mit Schichten der knolligen, sandsteinartigen Gesteine wechselt, welche so nahe bei Eppelsheim, zu Weinheim, für diese Meeresformation characteristisch sind. Der Sand zu Eppelsheim gleicht einem feinen, ausgewaschenen Flusssande, enthält durchaus keine Conchilien-Reste, und füllt eine Vertiefung im tertiären Kalke aus, welche ungefähr 18 Schuh tief, und vielleicht zwanzig und einige Schuh breit, von West nach Ost, gleich einem alten Flussbette hinzieht. Die Seitenwände dieser Vertiefung werden von tertiärem Kalke gebildet; der Boden besteht aus einer lehmartigen Schichte, auf welcher unmittelbar in einer thonigern Sandschichte die Thierknochen liegen; die ganze darüberliegende Masse, welche die Vertiefung ausfullt, ist, wie oben bemerkt wurde, feiner Sand. Der einzige Umstand, dass auch in dem Meeressande bei Weinheim, Stosszähne grosser Meeressäugethiere vorkommen, deutet einen Zusammenhang zwischen beiden Sandbildungen an, wodurch man auch den Sand von Eppelsheim für tertiär zu halten geneigt seyn mag, sonst würde man ihn gewiss für Diluvialsand ansehen müssen. Sollte er nicht wirklich Diluvialsand sein, so dass sich die Knochen auf secundärer Lagerstätte in ihm befinden, und ursprünglich dem Meeressande von Weinheim angehören konnten? Das Diluvium, worin zu Mosbach bei Bieberich, Mainz gegenüber, die vorweltlichen Thierreste gefunden wurden, welche in der Sammlung zu Wiesbaden aufbewahrt werden, würde alsdann als eine gleichzeitige Formation betrachtet werden können, an welche sich die Bildung des Löss, im Rheinthale, anschliesst.

In der Nähe des Donnersberges ist die Grenze zwischen dem secundären und tertiären Gebirge im Allgemeinen wohl dadurch bezeichnet, dass man die Orte angeben kann, welche bereits im Gebiete des Meeressandes, oder des tertiären Kalkes liegen, oder welche sich noch auf dem Kohlen- und Trapp-Gebirge befinden; aber die unmittelbare Scheidung zwischen der tertiären Kalkformation und den ältern Gebirgsarten ist häufig durch einen tiefen Lehm- und Sandboden verdeckt; nur bei Wöllstein, Neubamburg und Fraulaubersheim, bilden Porphyrzüge, welche gegen tausend Schuh Meereshöhe erreichen, die Ufer des alten See's; an andern Stellen ist es oft schwer dieselben genau anzugeben, besonders da einerseits der tertiäre Kalk in der Nähe von Marnheim, Rübenbüdesheim und Grünstadt, 900 Fuss Höhe über dem Meere erreicht, während Kaiserslautern nur 759 Fuss hoch liegt, und die ganze thalförmige Ebene zwischen Kaiserslautern und Homburg keine 800 Fuss Höhe über dem Meere hat, ohne dass tertiäre Bildungen auf derselben bekannt wären (Geognost. Umrisse der Rheinländer p. 97 f.); und da auf der andern Seite zwischen Alzey und Kreuznach, an manchen Stellen nur niedriges Hügelland liegt, in welchem sich die tertiären Bildungen, die Porphyre und das Steinkohlengebirge begrenzen. Kreuznach selbst hat nur 315 F. Höhe, und der tertiäre Sand am Kuhberge bei Kreuznach, 586 Fuss über dem Meere. Nach der jetzigen Lage der Gegend ist also die West-Grenze des tertiären Bassins von Mainz, zwischen dem Hardtgebirge und Kreuznach nicht mehr überall genau zu bestimmen, man kann dieselbe nur in den Ablagerungen des tertiären Sandes und Kalkes angeben, die durch dieses Hügelland vertheilt sind. Die Gegend mag also wohl noch nach der Bildung der tertiären Schichten, durch Hebung und Senkung ihres Bodens, bedeutende Gestaltveränderungen erlitten haben, durch welche die alten Ufer des tertiären See's, von Grünstadt bis Kreuznach, zum Theil unkenntlich geworden sind; und es dürfte wohl erlaubt sein zu vermuthen, dass die Trockenlegung des See's eine Folge dieser Veränderungen war, welche sich vielleicht selbst noch auf das Schiefergebirge bei Bingen ausdehnten. Auch würde sich vermuthen lassen, dass, wie ich schon früher bemerkte, die Ebene von Homburg und Kaiserslautern in der Tertiärzeit, als ein grosses Flussbett, das Wasser sammelte, welches jetzt durch die Blies von Norden nach Süden der Saar, und durch den Glan, die Lauter und Alsenz von Süden nach Norden, der Nahe und dem Rheine zufliesst, und dass dieser Fluss sein Wasser in das tertiäre Becken von Mainz ergossen habe, bis die Niveau Veränderungen, welche die verschiedenen Theile der Gegend zu Ende der Tertiärzeit erlitten haben, dem Wasserlaufe eine andere Richtung gaben, wenn es nicht wahrscheinlicher wäre, dass dieses Thal selbst mit Meerwasser gefüllt gewesen. In jedem Falle musste der Abfluss des Wassers, aus dem tertiären Bassin von Mainz, in enger Beziehung zu der allmähligen Bildung des Rheinthals, zwischen Bingen und Köln, stehen; und die Sand- und Kalk-Ablagerungen bei Alzey und Mainz, müssen älter sein, als dieses Thal, mithin auch älter, als das Saar- und Moselthal, und alle Thäler innerhalb der Grenze des Kohlengebirges; da diese, als Nebenthäler des Rheinthals, nicht anders, als mit ihm, entstehen konnten.

Das Rhein- und Moselthal sind hauptsächlich Erosionsthäler, und erforderten daher zu ihrer Bildung sehr lange Zeit. Hebungsthäler sind Längethäler, wie wir in den trocken liegenden Thälern sehen, welche die Juraketten von einander trennen; aber das Rhein- und Moselthal sind, innerhalb der Grenzen des Schiefergebirges, Querthäler; und wenn man sie auch als Zerreissungsthäler, oder als Spalten denken könnte, welche durch Erdbeben entstanden sind, so muss man doch die Correspondenz der Schichten auf beiden Ufern, und ihren Zusammenhang mitten in dem Flusse, wodurch die häufigen Felsriffe, besonders in dem Moselbette entstehen, als einen hinlänglichen Beweis betrachten, dass das Wasser bei ihrer Bildung einen grössern Antheil hatte, als vulkanische Erschütterungen. Besonders sieht man an der Marienburg, bei Zell an der Mosel, die langsame Wirkung des Wassers, welches anfänglich eine Insel gebildet hatte, aber allmählig sich auf die östliche Seite der Insel zusammenzog, und von dieser Seite allein das Moselbett tiefer aushöhlte, so dass es jetzt daselbst eine ungefähr zwei Stunden lange Krümmung macht, deren Anfang und Ende sehr nahe bei einander liegen. Aehnliche Krümmungen macht die Mosel zwischen Bernkastel, Trarbach und Enkirch. Unterdessen scheinen doch Erschütterungen, welche sich als Begleiter vulkanischer Eruptionen einstellten, die Wirkung des Wassers unterstützt zu haben; denn man findet zu Stromberg, desgleichen unterhalb Boppard, und zu Urbar, unterhalb Ehrenbreitstein, ebenso unterhalb Mettlach, Ham gegenüber, und unterhalb Saarburg, so wie an der Ueberfahrt bei Ham, unterhalb Saarburg an der Saar, und zu Pellingen, Irsch und Kürenz bei Trier, so wie endlich auf dem Clausener Berge bei Neumagen, an der Mosel, Grünsteinkuppen, die als das Ausgehende grosser Grünsteinlager, vielleicht aber richtiger, als Reste alter vulkanischer Eruptionen betrachtet werden dürfen, welche innerhalb der Grenzen des Schiefergebirges stattfanden, die erstern, dem Rheinthale entlang, und die andern längs und in dem Saar- und Moselthale. Im Saarthale findet sich auch, Dreisbach gegenüber, in der Nähe von Mettlach, eine Mandelsteinkuppe, ungefähr in der Mitte des Bergabhanges. Die Mandelsteine, welche gangartig das Schiefergebirge durchsetzen, sind denen innerhalb der Grenzen des Kohlengebirges vollkommen ähnlich. Auch lässt sich der Grünstein von Kürenz, bei Trier, nicht wohl von dem bei Boppard, am Rheine, unterscheiden. Sie sind ein Gemenge von rothem, oder durch Hornblende grün gefärbtem Feldspathe, mit dunkelgrüner, seltener mit schwarzer Hornblende, und grauem oder grünweissem Glimmer, welcher beim Glühen eine tombackrothe Farbe annimmt, und bei Boppard in kleinen, sechsseitigen Tafeln vorgekommen ist. Seltener ist dem Gesteine gemeiner Quarz eingemengt, wie bei Ham, oberhalb Saarburg. Häufig ist es von Kalkspathtrümmern und zuweilen, in dünnen Schnüren, von gemeinem Asbest durchzogen.

Im Grünsteine von Stromberg fand ich keinen Glimmer, und das Gemenge ist ziemlich feinkörnig, und dicht; doch dürfte er sich noch immer mit dem von Trier und Boppard zusammenstellen lassen, so dass es wahrscheinlich ist, dass alle Grünsteine des Rhein-, Mosel- und Saarthales, welche eine grosse Uebereinstimmung in ihrer Beschaffenheit zeigen, auch gleichzeitig entstanden sein mögen. Bei isolirten Kuppen solcher Gesteine, denen man berechtigt ist einen vulkanischen Ursprung zuzuschreiben, ist es schwer, das relative Alter mit Gewissheit anzugeben; aber so wie die Mandelsteinkuppe bei Dreisbach ohne Zweifel mit den Mandelsteinen bei Wadern und Baumholder gleichzeitig ist, so muss der Grünstein in dem Saar-, Rhein-, und Moselthale wenigstens ein eben so hohes, wenn nicht ein höheres Alter haben, als der des Trappgebirges, von dem er sich in seiner Zusammensetzung so sehr unterscheidet. Der erste Beginn der Bildung dieser Thäler möchte also wohl mit der Bildung dieser Grünsteinkuppen zusammen, also noch vor die Zeit der tertiären Ablagerungen bei Mainz und Alzey fallen. Während der Tertiärzeit dauerten die vulkanischen Eruptionen am Rheine fort; die frankfurter Dolerite, nebst den Trachyten und Basalten des Siebengebirges und seiner Umgebungen sind zum grössern Theile in diesem Zeitraume entstanden; und die Thalbildung hat allmählig diejenigen Fortschritte gemacht, welche die endliche Trockenlegung der tertiären Bassins zur Folge haben musste. Dagegen gehört die Thätigkeit der neuern Vulkane in der Eifel und in den Umgebungen des Lacher-See's zum grossen Theile schon dem gegenwärtigen Zustande der Erde an; denn ihre Lavaströme und die Auswürfe von Bimsstein und vulkanischer Asche, liegen überall in den Thälern und selbst in den engsten Thalschluchten, zu Bertrich, zu Wernerseck an der Nette, im Brohl- und Rheinthale unterhalb Andernach, und man findet die Bimsstein-Bedeckungen noch eben so gut in der Thalschlucht Bad-Ems gegenüber, als bei dem Forsthause, auf der Höhe zwischen Ems und Coblenz.

Der Bimsstein liegt am Bache zwischen Benndorf und Sayn, und am Kirchberge bei Andernach, auf sandig-lehmigen Anschwemmungen, welche unter dem Namen Britz, oder Löss, bekannt sind, und in welchen die Gehäuse von Land- und Sumpfschnecken vorkommen, welche solchen Arten angehören, die noch jetzt in der Gegend leben. Ich habe selbst folgende, nach Draparnaud bestimmte Species, an den genannten Orten aufgefunden, und mit dem Messer aus dem Britze herausgegraben: Helix hortensis, nemoralis, striata, hispida, arbustorum, pulchella, cristallina, carthusianella, pomatia, variabilis; Pupa muscorum; Vitrina pellucida, Succinea oblonga; Lymnaea palustris, pereger; Bulimus lubricus.

Zu Miesenheim, bei Andernach, hat man vor einiger Zeit unter dem Bimssteine die Braunkohlen-Formation aufgefunden, und, nach einer schriftlichen Mittheilung meines Schülers, des Hrn. Zilligen aus Miesenheim, von der Oberfläche des Bodens abwärts, folgende Schichten kennen gelernt:

1) Die oberste Bodenschichte besteht aus gewöhnlichem Waldgrunde, 3—4 Fuss hoch;

2) darunter liegt eine Bimssteinschichte, welche an verschiedenen Punkten 6 bis 14 Schuh hoch ist.

3) Die dritte Schichte ist im Allgemeinen 6—10 Schuh dick und besteht aus Pfeifen- oder Wascherde. In den obersten Theilen der Schichte ist diese Erde weiss; sie wird aber mit der Tiefe dunkler, und nimmt verschiedene Farben an.

4) Unter dieser Thonschichte liegt eine Schichte, welche kein eigentlicher Feld- oder Waldgrund, aber auch noch keine Braunkohle ist, und in der Mitte zwischen beiden zu stehen scheint. Unter ihr folgt die eigentliche Braunkohle, welche erdig und zerreiblich ist. Baumstämme kann man nur an einigen Stellen erkennen, wo die Braunkohle wieder auf Pfeifenerde in Wasser liegt. Die Braunkohlen-Schichte hat eine Höhe von 6—14, selten von 18—20 Schuh.

Nach allen diesen Angaben dürfte man also wohl die Behauptung aufstellen können, dass sich, nach dem Rückzuge des Meeres von unsern Continenten, die tertiären Bildungen in kleinen Bassins abgesetzt haben, welche lange Zeit hindurch noch mit salzigem Wasser gefüllt bleiben mochten, wie jetzt die Ostsee, das kaspische Meer, der persische und arabische Meerbusen, und andere Binnen-Meere. Unter vulkanischen Erschütterungen, welche die Entstehung der ältern Basalte und Trachyte begleiteten, entleerten sich diese Bassins, vielleicht selbst in Folge von Hebungen und Senkungen, welche eben so, wie der Rückzug des Meeres, von allgemeinern Ursachen abhängig

18

und mit der Abkühlung der Erde in Verbindung sein mochten. Die Niveau-Verhältnisse des Bodens wurden dadurch bedeutend geändert; die Thalbildung, welche dem ersten Beginne nach schon in ältere Zeiten fällt, wurde vollendet; und am Schlusse dieser ganzen Reihe von Veränderungen entstanden die neuern, nun erloschenen Vulkane, deren Thätigkeit schon zum grossen Theile dem gegenwärtigen Zustande der Erde angehört, so dass die noch brennenden Feuerberge sich in ihrer Wirksamkeit denselben unmittelbar anschliessen.

Wie sich aber in allen diesen Phänomenen die Unveränderlichkeit der mechanisch-physischen und chemischen Gesetze zeigt, von welchen die materielle Ordnung der Welt abhängt, so gewährt endlich auch das Studium der fossilen Reste organischer Körper die Ueberzeugung, dass die Gesetze des Lebens, so weit die sichere Forschung in die fernsten Zeiten der Vorwelt reicht, auf der Oberfläche der Erde immer dieselben waren, wie jetzt. Wir sind in den meisten Fällen im Stande, die Reste der Thiere und Pflanzen, welche in den Gebirgs-Schichten eingeschlossen sind, in unsere naturhistorischen Systeme mit derselben Sicherheit einreihen zu können, wie die lebenden Wesen, welche noch jetzt die Oberfläche der Erde bewohnen; und die seltsamsten Thierformen der Vorwelt liefern keine grössern Abweichungen von dem allgemeinen Plane, wonach die Wirbelthiere gebaut sind, als der Ornithorhynchus paradoxus Neuhollands, in der gegenwärtigen Schöpfung darstellt.

Bei den ältern Gebirgs-Formationen untersuchen wir gewöhnlich Schichten-Systeme, welche auf dem Boden eines tiefen Meeres entstanden sind, und es liegt in der Natur der Sache, dass dieselben nur wenige Thier- und Pflanzen-Reste enthalten können, indem beinahe ein gänzlicher Lichtmangel in solchen Tiefen die Entwickelung der Pflanzen verhindert, und die Luft im Wasser sich zu langsam erneuert, um selbst zur Respiration der Kiementhiere zu genügen; abgesehen davon, dass auch unter dem Aequator das Meer in grossen Tiefen, jetzt eine so niedrige Temperatur hat, dass nur wenige lebende Wesen in derselben fortkommen können.

Wenn wir indessen auch bei Gebirgs-Formationen, die als Küstenbildungen betrachtet werden müssen, und von welchen nachgewiesen werden kann, dass sie in niedrigem Wasser entstanden sind, wie bei den obern Abtheilungen des silurischen Schichten-Systems, oder bei der Steinkohlen-Formation, ganze Klassen von Pflanzen und Thieren vermissen, so sollte man daraus doch nicht schliessen wollen, dass diese Thiere und Pflanzen zur Zeit auf der Erde noch nicht vorhanden waren, als sich diese Schichten absetzten. Wer an das Ufer des Meeres geht, kann wohl erwarten, irgend eine Muschelschale, oder einen Krabben, am Strande zu finden, aber weder Reste eines Säugethieres, noch eines Vogels; und so geht der Gebirgsforscher doch auch meistens nur an den Rand von Meeresbildungen der Vorwelt; und wenn er in denselben nur Polypengehäuse und Muscheln findet, Reste von Thieren, die im Meere am meisten verbreitet sind, mit welchem Rechte wollte er daraus schliessen, dass zur Zeit, als diese Thiere lebten, die Continente und Inseln der damaligen Welt nicht mit Pflanzen bedeckt und von Thieren bewohnt gewesen seien? Und doch schliessen im Grunde alle diejenigen so, welche die systematischen Ideen von der successiven Entstehung der Wesen, und der stufenweisen Entwickelung der organischen Natur, gestützt auf so unvollständige Thatsachen, vertheidigen.

Die Steinkohlen liefern, nach H. Prechtl's Angaben, bei der Destillation im Grossen, 0,00105 ihres Gewichts Ammoniak, „welches zum grössern Theil mit Kohlensäure, und zum Theil mit Schwefelwasserstoff in Verbindung ist" (Anleitung zur Beleuchtung mit Steinkohlengas von I. I. Prechtl; Wien 1817. p. 87.). Thierstoffe hatten also wahrscheinlich bei der Steinkohlenbildung einen nicht unbedeutenden Antheil; und da die Steinkohlen meistens aus Land- und Sumpf-Pflanzen entstanden zu sein scheinen, so möchte es wohl nicht ungereimt sein anzunehmen, dass auch Landthiere ihr Contingent zur Steinkohlenbildung geliefert haben. Ferner ist es bekannt, dass eine Naphtaquelle östlich von Maniquarez, im Golfe von Cariaco, aus Glimmerschiefer hervorbricht (v. Humboldt's Reise I. p. 546. III. p. 45.), und dass der Domit des Puy de Sarcoui bei Clermont, der sich über Granit erhebt, nach Vauquelin's Analyse, Ammoniak enthält (L. v. Buch, geognostische Beobachtungen auf Reisen etc. II. p. 247.). Wer weiss also, welche Thier- und Pflanzen-Stoffe selbst noch von dem Granite und den kristallinischen Schiefern der Urzeit bedekt werden?

Die klimatischen Verhältnisse haben sich, im Laufe der Zeit, auf der Oberfläche der Erde geändert; und die südlichen Pflanzen- und Thier-Formen, welche in den ältern Gebirgsformationen vorherrschen, haben sich aus dem allmählig kälter werdenden Norden, in welchem sie nicht mehr bestehen konnten, entweder in südlichere Zonen zurückgezogen, oder sie sind bei der Trockenlegung der Continente zu Grunde gegangen, wenn ihre Existenz an besondere Lokalitäten geknüpft, und sie zu solchen Wanderungen weniger geeignet waren. Aber in dem Maasse, in welchem die eben angedeutete Veränderung in dem Klima und in der Temperatur und Tiefe des Meeres, in unsern Breiten erfolgte, kommen allmählig Thier- und Pflanzen-Species in den neuern Gebirgsformationen zum Vorschein, welche wir in den ältern nicht kennen, bis endlich die organischen Körper, in den

18*

neuesten Gebirgs-Schichten, zum grössern Theile mit denjenigen übereinstimmen, welche noch jetzt im lebenden Zustande bekannt sind. Da dieses allmähliche Erscheinen neuer Species einer Einwanderung derselben im höchsten Grade ähnlich ist, so scheint es nicht unmöglich zu sein, dass dieselben organischen Wesen, welche noch jetzt die Erde bevölkern, in frühern Zeiten in andern Meeren und unter andern Breiten wohnten, als diejenigen waren, aus welchen unsere gegenwärtigen Continente hervortraten, und dass sie, in dem Masse, in welchem unsere Breiten zu einem bequemen Aufenthaltsorte für dieselben umgeschaffen wurden, eben so allmählig Besitz von denselben nahmen, als die frühern Species zu Grunde gingen und uns die südlichern Formen verliessen. Wenigstens sind diese Wanderungen ganz der Natur der Sache gemäss; während die Annahme wiederholter, neuer Schöpfungen Allem so fremd ist, was wir vom Laufe der Natur kennen, dass wir nicht einmal im Stande sind, uns eine Vorstellung davon zu machen, und dass sie also durch nichts gerechtfertigt werden kann, sobald sie nicht absolut nothwendig ist.

Wenn sich jetzt das Klima unserer Gegenden ändern, wenn es z. B kälter werden sollte, so würden die Thiere und Pflanzen allmählig aussterben; die eine Species früher, die andere später; denn sie können die Kälte in einem verschiedenen Grade ertragen; und die Mittel, deren sich die Natur bedient, um die organischen Wesen über die Erde zu verbreiten, würden mehr als hinreichen, um die aussterbenden Species durch solche zu ersetzen, welche in die neuen klimatischen Verhältnisse passten. Und diess scheint mir der Gang der Natur zu allen Zeiten gewesen zu sein, so weit unsere geognostischen Kenntnisse reichen. Vom Ursprunge der organischen Wesen wissen wir nichts; und die ältesten bekannten Gebirgsschichten, welche Polypengehäuse und Muscheln einschliessen, mögen in der Geschichte der Erde und der organischen Natur selbst sehr neu sein. Was so nahe an der Oberfläche liegt, und einen so ausserordentlich kleinen Theil davon ausmacht, wie sollte das schon die ganze Geschichte der Veränderungen enthalten, welche die Erde betroffen haben? Wohl bleiben bei dieser Betrachtungsweise viele Fragen unbeantwortet, welche man an die Geologie zu machen geneigt ist; aber es wird noch lange nicht möglich sein, eine Geschichte der Erde zu liefern, in welcher Alles erklärt werden, Alles seine Stelle finden könnte. Wir müssen uns begnügen, Thatsachen zu sammeln, und mit derjenigen Behutsamkeit unter einander zu verbinden, welche Jedem, der die Geschichte der Erfahrungs-Wissenschaften kennt, als eine unerlässliche Bedingung erscheinen wird, die man beobachten muss, wenn man sich vor Irrthümern bewahren will.

## Anmerkung I.

Die vorherigen Blätter waren gedruckt, als ich auf einer Ferienreise, die Sammlungen fossiler Pflanzen aus den Saarbrücker Kohlengruben, am Bergamte, bei Herrn Dr. Jordan und bei Herrn Goldenberg in Saarbrücken, bei Herrn Poller auf der St. Ingberter Kohlengrube bei Sulzbach, und bei Herrn Schichtmeister Thill in Neunkirchen zu sehen Gelegenheit hatte, und dabei einige Beobachtungen machte, welche nicht ohne Interesse sein dürften.

1. Herr Jordan besitzt ein Exemplar einer fossilen Pflanze von Duttweiler, welches in Fig. 11 dargestellt ist. Man erkennt in demselben leicht drei über einander liegende, theils in Steinkohlen, theils in Schieferthon verwandelte, von einander ablösbare, und einander genau entsprechende Schichten, von welchen die oberste A aus Steinkohlen-Substanz, eine glatte Kohlenschichte, mit regelmässig gestellten, vertieften Blattnarben darstellt. Darunter liegt eine Schichte B, welche aus einem Fasernetze besteht, das dem Fasernetze des Cactus spinosissimus, wovon im Texte p. 42 die Rede ist, ähnlich, für sich allein als die Aspidiaria undulata Sternbergs betrachtet werden würde. Die unterste Schichte C liefert den vertieften Abdruck dieses Fasernetzes, und stellt eine Sagenaria aculeata Sternbergs vor. Die Blattnarben auf der Schichte A entsprechen durch ihre Stellung der Mitte der so genannten Blattstielnarben der Aspidiaria und Sagenaria, und sind nur zuweilen etwas verschoben.

In der Sammlung des Bergamts zu Saarbrücken befindet sich ein grosses, breit gedrücktes Exemplar einer fossilen Pflanze, welches auf beiden Seiten mit einer dünnen Kohlenschichte bedeckt ist, auf welcher gleichfalls der vertiefte Abdruck eines Fasernetzes sichtbar ist, so dass es wegen dieser regelmässigen Eindrücke zu der eben genannten Sagenaria aculeata gerechnet werden muss. Denkt man sich nun das Exemplar des Bergamtes durch das fehlende Fasernetz bedeckt, so müsste man, um die Pflanze vollständig zu construiren, dasselbe noch mit einer Kohlenhaut überzogen sich vorstellen, welche der Schichte A in dem Exemplare des H. Jordan entspräche. Man sieht hieraus, dass die Schichte A des eben genannten Exemplars, als die Rindenschichte der Pflanze betrachtet werden muss, welche das Fasernetz des Holzkörpers B umgiebt. Jede andere Ansicht scheint mir nicht nur mit dem Exemplare des Bergamtes unverträglich zu sein, sondern sich auch durch die Betrachtung des Exemplars des H. Jordan von selbst zu widerlegen, indem die Oberfläche der Schichte A ohne Zweifel die Epidermalfläche der Pflanze ist, und die Biegung des Randes beweist, dass das Innere der Pflanze unter der Schichte C zu suchen wäre.

Die Betrachtung des Faserskeletes des cactus spinosissimus, verbunden mit dem Exemplare des H. Jordan, scheint mir daher einen vollständigen Beweis zu liefern, dass man sich bis jetzt in Bezug auf die Sagenarien und Aspidiarien getäuscht, und dass man das Faserskelet des Holzkörpers für die Rindenschichte der Pflanze gehalten hat. In den meisten Fallen ist der zellige Centralkörper der Pflanze ausgefault, und die weite Markhöhle durch Schieferthon ausgefüllt worden; da aber die Pflanzen fast immer zusammengedrückt worden, so ist oft der Theil des Zellgewebes, welcher zunächst unter dem Fasernetze befindlich war, in die Maschen desselben eingepresst und verkohlt worden; so dass dadurch die schildförmigen Erhöhungen entstanden, welche man irrig für Blattstielpolster hielt. Viele Exemplare des Bergamtes zeigen aber auch nur noch mehr oder minder kenntliche Spuren des Fasernetzes auf der Oberfläche des Schieferthons. Bei den gerippten Sigillarien findet man in den meisten Fällen nur den Hohlabdruck der äussern Oberfläche der Pflanze; und in diesem Abdrucke hängt alsdann sehr oft noch ein Theil der verkohlten Rindenschichte. Aber ich habe schon p. 44. bemerkt, dass in diesem Falle die Oberfläche der Kohlendecke die untere Fläche der Pflanzenrinde darstellt.

Mit dem Exemplare des H. Jordan lässt sich die Abbildung des Lepidodendron Mieleckii bei H. Göppert, tab. XLIV. fig. 2 vergleichen, indem sie ausser der Oberfläche der Rinde noch das darunter liegende Fasernetz darstellt. Die verschiedenen Zeichnungen der Mittellinie auf den so genannten Blattpolstern der Sagenarien und Aspidiarien halte ich nicht für wichtig; indem ich glaube, dass sie durch kleine Fasern entstanden sind, welche sich von dem Hauptfaserbündel trennen, und auch in dem oft angeführten Faserskelete des cactus spinosissimus nicht ganz ausgefault sind.

Früher war ich geneigt, wegen der grossen Breite und geringen Höhe der mir bekannten Exemplare von Sagenarien und Aspidiarien, anzunehmen, dass ein grosser Theil derselben zu den melonenförmigen Cactus möchte gehört haben; indessen besitzt das Bergamt in Saarbrücken viele Bruchstücke hierher gehöriger, breit gedrückter, fossiler Pflanzen, von ungefähr einem Schuh Breite und drei bis vier Schuh Länge. Sie gehörten also zu Pflanzen, welche weit grössere Dimensionen hatten, als alle Cactus unserer Treibhäuser. Aber „wenn man gewohnt ist, Cactusarten blos in unsern „Treibhäusern zu sehen, so erstaunt man über die Dichtigkeit, zu der die „Holzfasern in alten Cactusstämmen erhärten. Die Indianer wissen, dass

„Cactusholz unverweslich und zu Rädern und Thürschwellen vortreff-„lich zu gebrauchen ist. Dem neuen Ankömmling macht kaum irgend eine „Pflanzenphysiognomie einen sonderbareren Eindruck, als eine dürre Ebene, „wie die bei Cumana, Neu-Barcellona, Coro und in der Provinz Jaen de „Bracamoros, welche mit säulenförmigen und candelaberartig-getheilten Cac-„tusstämmen dicht besetzt ist. Im alten Continente, besonders in Afrika „und den nahe gelegenen Inseln sind einige Euphorbien und Cacalien gleich-„sam Repräsentanten der amerikanischen Cactusform." (A. v. Humboldt; Ansichten der Natur etc. II. p. 111.).

In dem abgebildeten Exemplare des H. Jordan sind die Blattnarben auf der Rindenschichte etwas vertieft; dagegen besitzt H. Jordan noch ein Exemplar einer Pflanzen-Versteinerung, welche mit der fig. 7 einer cactusartigen Pflanze von Lebach übereinzukommen scheint. Die Pflanze hat eine glatte Rinde, auf welcher sich kleine, punktförmige Erhöhungen in regelmässige Reihen vertheilt finden, wie bei vielen Cactus, deren Stachelbüschel auf solchen Erhöhungen sitzen.

II. Das Bergamt in Saarbrücken besitzt ein Exemplar einer Stigmaria ficoides, welches ungefähr 4 Fuss lang und walzenförmig ist, und gegen 3 Zoll im Durchmesser hat. Am obern Ende ist es etwas breit gedrückt und scheint sich da gegabelt zu haben. Ich habe im Texte p. 58 angeführt, dass man die Stigmarien für Euphorbien halte. Aber H. Goldenberg besitzt ein Exemplar der Stigmaria ficoides von der Dicke des Exemplars am Bergamte, welches ein Wurzelende ist. Es zieht sich unten, wie die säulenförmigen Cactus, zusammen, und zeigt noch die Spur einer einfachen, cylinderförmigen Wurzel, so dick wie der Finger eines Kindes. Da mit diesem Verhalten die Wurzeln inländischer Euphorbien nicht übereinstimmen; auch H. Nees von Esenbeck, nach H. Sprengel, anführt, dass die Euphorbia Ipecacuanha, kaum eine Spanne hoch, ihre Wurzeln über 6 Fuss tief in die Erde schlägt (Handbuch der Botanik, von Nees von Esenbeck; I. p. 15.); so dürfte die Stigmaria ficoides wohl auch ein Cactus gewesen sein. Das Exemplar, welches ich im Texte p. 50 angeführt habe, hatte ungefähr einen Schuh im Durchmesser, und gehörte also zu einer verschiedenen Species, vielleicht zu Stigmaria melocactoides?

III. Man hatte, wie im Texte p. 58 bemerkt wurde, bis jetzt keine fossilen Nadelhölzer aus der Steinkohlenformation gekannt. Nun fand ich aber in der Sammlung des Herrn Jordan einige ganz unzweifelhafte Stücke fossiler Tannen, mit wohl erhaltener, in Steinkohle verwandelter Rinde, aus den Gruben von Duttweiler, welche mit solcher Deutlichkeit gezeichnet sind, dass sie auf den ersten Blick für Tannen erkannt werden. Da mir H. Jordan eins dieser Stücke für unsere Sammlung zu überlassen die Güte hatte, so theile ich in fig. 12 eine Zeichnung desselben in natürlicher Grösse mit. Das Exemplar ist breit gedrückt und die Rinde eben so, wie bei jüngern Tannenästen, mit den Narben der Nadeln bedeckt, welche in spiralförmigen Reihen um den Ast herumziehen. Eine jede dieser Narben befindet sich am Ende einer kleinen Längerippe, so dass der Ast dadurch eine Art regelmässiger Längestreifung erhält. Die Narben sind sehr klein und erfordern zu ihrer genauen Untersuchung den Gebrauch einer Loupe. Sie sind oval, und beweisen, dass die Nadeln einzeln standen; auch ist ihre wechselseitige Entfernung von einander dieselbe, wie auf zolldicken Aesten der pinus abies. Hierin zeigt sich aber auch der einzige Unterschied der fossilen Pflanze von den mir bekannten Species lebender Pinusarten; indem auf 3—4 Zoll dicken Aesten lebender Tannen die Narben der Nadeln schon viel weiter auseinander stehen und fast unkenntlich werden. Das fossile Exemplar hat auf der einen Seite eine in breitere Schuppen zerrissene Rinde, wie diess bei den ältern Tannenästen bemerkt wird, und muss also einem Aste angehört haben, auf welchem das Abfallen der Nadeln bereits begonnen hatte. Unter der Rinde stehen, auf dem Holzkörper, schmale und kurze, sehr kleine Erhöhungen, welche den Narben der Nadeln entsprechen, und als Spuren der Gefässbündel betrachtet werden müssen, die aus dem Holzkörper in die Nadeln zogen. Ich schlage vor, diese fossile Tanne Pinites abietinus zu nennen.

IV. Von Trigonocarpus sah ich bei H. Thill in Neunkirchen zwei Species, von welchen die eine ungefähr doppelt so lang ist, als die andere, ohne deswegen bedeutend dicker zu sein. Alle hatten nur eine einfache Fruchtstielnarbe, ohne daneben Löcher in den Klappen der Schale zu zeigen. H. Schmidtborn von Friedrichsthal sagte mir, es seien vor mehrern Jahren sehr viele dieser Früchte an einem Orte beisammen vorgekommen, und er habe wohl gegen vierhundert Stücke derselben besessen. Alle hatten, wie die eben angeführten, nur eine Stielnarbe. Man fand die grossen im Ried bei Neunkirchen; wogegen die kleinern vorzüglich im Kohlwalde vorkommen, und von den Erzgräbern Zwetschenkerne genannt werden, indem sie zusammengedrückt und ungefähr von der Grösse der Zwetschenkerne sind.

Ich fand die Erzgräber im Kohlwalde bei Neunkirchen an der Arbeit. Da der erzreiche District in Staatswaldungen liegt, welche durch die Eisenförderung nicht beschädigt werden dürfen, so graben die Erzgräber auf dem Erzstriche nur schmale, viereckige Löcher in den Boden, so gross, dass ein Mann darin arbeiten kann. Wenn sie die Dammerde 7 bis 10 Fuss tief durchgraben haben, stossen sie auf das am Bergabhange ausgehende Ende der Putzenflötze des Thoneisensteins, und suchen die auf dem Boden ihrer Löcher hervorstehenden Erzputzen auf, wobei sie auf eine Strecke von ungefähr 3 Schuh in horizontaler Richtung ihre Löcher rund um ausweiten, um sie nachher wieder zuzuwerfen, damit dem Walde kein Nachtheil entstehe. Da man auf diese Weise bis jetzt noch eine hinlängliche Menge von Eisenerz gewinnen kann, so hat man im Kohlwalde noch keinen Stollenbau nöthig gefunden; mit der Zeit aber werden die Hüttenherrn, als Concessionnaire der Erzdistrikte zu einem andern Bau, als gegenwärtig, gezwungen sein. Die Erze sind reich an Pflanzenabdrücken, von welchen ich bei Herrn Thill einen schönen Büschel paralleler Blätter sah, die den Blättern der Sigillaria lepidodendrifolia ähnlich, und ungefähr 3 Zoll lang waren; ich konnte aber nichts von dem Aste erkennen, an welchem sie dicht anlagen.

V. Bei H. Poller sah ich ein bis 3 Schuh langes und gegen ¼ Schuh breites Stück einer fossilen Pflanze, fast ohne Kohlenrinde. Auf jeder der breiten Flächen stand eine Reihe grosser, runder Astnarben, so dass die Aeste der Pflanze rami distichi et alternantes waren. Diese Pflanze mag wohl zu Lepidodendrum ornatissimum Brongn. II. tab. 18 gehört haben.

Ein anderes Exemplar bei H. Poller war ein fast rundes, nur etwas breitgedrücktes, schweres Stammstück, welches sich nach oben gabelte. Ich glaubte einige Blattnarben, wie bei Stigmaria ficoides, zu erkennen, sonst war aber die Rinde glatt. Auf dem Stamme in der Grube zu Welleswеiler, habe ich früher auch nur eine glatte Rinde gesehen; vielleicht war ich aber nicht aufmerksam genug, weil doch H. v. Sternberg denselben zu Syringodendrum pes capreoli zählt.

VI. Ausser einem grossen und sehr schönen Exemplare von Pecopteris arborescens, habe ich auf der Kohlengrube zwischen St. Wendel und Leitersweiler, einen ausgezeichnet schönen und grossen Abdruck der seltsamen Pflanze erhalten, von welcher v. Schlotheim in seiner Flora der Vorwelt, tab. I. fig. 1, 2, 4; tab. II. fig. 3 einzelne Aeste darstellt, und aus welcher v. Sternberg das Genus Bornia bildete. Die Pflanze scheint eine bedeutende Grösse erreicht zu haben. Der Stengel ist breit; die mehr als spannenlangen Aeste, sind entgegen stehend (rami oppositi) und mit zahlreichen, genäherten Blattquirlen bedeckt; selbst an den Stellen, wo die Aeste hervortreten, sind einige Quirle langer, schmaler Blätter (folia linearia) sichtbar.

VII. Herr Goldenberg zeigte mir ein dem Gymnasium in Saarbrücken gehöriges Stück bunten Sandsteins vom Eschberge, worauf ein zwei Spannen langer Abdruck einer frons von einer cycasartigen Pflanze war, ähnlich derjenigen, wovon ich im Texte p. 90 spreche. Da das Exemplar in Saarbrücken fast vollständig ist, und mit den Blättern der Cycas revoluta, oder C. circinnalis, desgleichen mit den Blättern der Sagopalme fast ganz übereinstimmt, so scheint mir die Existenz der Cycadeen, oder gefiederter Palm-Blätter im bunten Sandsteine unbezweifelt zu sein. An eine Anomopteris Mougeotii Brongn. tab. 79, oder eine andere Farrenart, ist, wie mir scheint, hier nicht wohl zu denken.

## Anmerkung II.

Nach dem, was im Texte, und in voriger Anmerkung, berichtet ist, scheint es mir nicht mehr zweifelhaft zu sein, dass sich unter den fossilen Pflanzen des Kohlengebirges baumartige Farren und Cactus, wahrscheinlich auch grosse Euphorbien, Pisang-Gewächse und Cycadeen (Lepidofloios, Sternb.), so wie baumartige Gräser, mit ihnen aber auch Nadelhölzer vorfinden; und es ist zu vermuthen, dass sich der Reichthum der Pflanzen in den Steinkohlen-Gruben in dem Masse vermehren wird, in welchem sich die Aufmerksamkeit der Naturforscher auf dieselben richtet; denn es ist unmöglich anzunehmen, dass die grosse Masse von Steinkohlen fast allein aus Farrenkräutern sollte entstanden sein. Im Gegentheil müssen wir, nach den Bemerkungen des H. R. Brown (p. 54, 55.), unterstellen, dass da, wo die 60 Species Farrenkräuter der Saarbrücker Gruben gewachsen sind, nach einem mittlern Verhältniss wenigstens auch 600 Species phanerogamer Pflanzen gleichzeitig vorhanden waren; indem wir durch nichts berechtigt sind anzunehmen, dass die Vegetationsgesetze in der Vorwelt nicht dieselben gewesen sein sollten, wie jetzt. Der südliche Character dieser Vegetation lässt sich aber auch nicht verkennen, und man kann mit einiger Sicherheit über das Klima sprechen, welches dieselbe hervorbrachte. Wenn man ferner als richtig annehmen darf, dass die später eingetretene Veränderung des Klimas von der Abkühlung der Erde herrührte, so lässt sich auch das Alter der Steinkohlenformation einiger Massen bestimmen.

Die Steinkohlen-Pflanzen müssen auf niedrigem Küstenlande gewachsen sein, dessen Mitteltemperatur 20°—25°C betragen mochte. Gegenwärtig hat aber unsere Gegend, im flachen Lande, nur 10°C Mitteltemperatur, so dass die Abkühlung derselben 10°—15°C ausmacht. Nach dem newtonischen Gesetze für die Abkuhlung der Körper ist $T = Am^{-t}$, wo t die Zeit der Abkühlung, A der anfängliche Ueberschuss der Temperatur des Körpers, welcher sich abkühlt, über die constante Temperatur des umgebenden Mittels, T der veränderliche Ueberschuss der Temperatur des Körpers über die Temperatur des umgebenden Mittels während der Abkühlung für die Zeiten t, und m eine constante Grösse bedeutet, welche bei den verschiedenen Körpern verschieden ist, und durch Erfahrung bestimmt werden muss (Vergl. Cours de physique, par Lamé I. p. 299, 411.).

Aus einer 720 Jahre vor unserer Zeitrechnung von den Chaldäern beobachteten Mondfinsterniss folgt, dass sich die Dauer des mittlern Tages seit dieser Zeit nicht um ein Zehnmillionstel vermindert, oder dass der mittlere Tag sich in mehr als 2500 Jahren nicht um diesen Bruch, der etwas kleiner als der hundertste Theil einer Sekunde ist, verkürzt hat (Poisson; Traité de mécanique, 1838 II. p. 200). Daraus folgt aber, dass der mittlere Erdradius durch Abkühlung, seit dieser Zeit, nicht um ein Zwanzigmillionstel seiner Länge kleiner wurde (ibid. p. 460). Gesetzt nun, der mittlere Erdradius hätte sich um die angegebene Grösse, in dieser Zeit, durch Abkühlung der Erde, verkürzt; und nehmen wir an, die Erde ziehe sich bei der Abkühlung eben so zusammen, wie der Granit, welcher nach Adie's Versuchen, bis zur Temperatur des siedenden Wassers, für jeden Centesimalgrad Wärme eine Längen-Ausdehnung von 0,000008968 erleidet (Neues Jahrbuch für Mineralogie etc. von v. Leonhard und Bronn, 1836; p. 502); so ergiebt sich, wenn man die Zusammenziehung der Temperatur-Abnahme proportional setzt, für die Abkühlung der Erde in 2500 Jahren $\frac{1^\circ}{179}$C. = 0,00558C.

Nehmen wir ferner an, dass die jährliche Erwärmung der Erde durch die Sonne immer dieselbe war, und dass also die jetzige, nach vollendeter Abkühlung bestehende Mitteltemperatur unserer Breiten im flachen Lande, oder dass 10°C, der Temperatur des Medium's gleich sei, worin die Abkühlung der Erdoberfläche in unserer Gegend stattfand; so erhalten wir, bei Anwendung des oben angeführten newtonischen Gesetzes:

1) Zur Bestimmung von m, die Gleichung:

$$10 = 10{,}00558\, m^{-2500}, \text{ und } \log. m = \frac{0{,}000002422}{25}$$

2) Nehmen wir an, dass die Mitteltemperatur unserer Gegend zur Zeit der Steinkohlen-Bildung 20°C betragen habe, so ist

$$10 = 20\, m^{-t}, \text{ und } t \log. m = \log. 2; \text{ also } t = \frac{\log. 2}{\log. m} = \frac{0{,}3010300 \times 25}{0{,}000002422}$$

mithin t = 3107246 Jahre.

19*

Obige Unterstellungen würden also ein Alter der Steinkohlen von Saarbrücken von mehr als 3 Millionen Jahren liefern. Für eine Mitteltemperatur zur Zeit der Steinkohlen-Bildung von 22°C erhält man auf gleiche Weise t=3584503 Jahre; und für eine Mitteltemperatur von 25°C, findet man t=4107555 Jahre.

Wollte man annehmen, dass der Ausdehnungs-Coëfficient der Erde grösser sei, als der des Granits, so würde daraus folgen, dass die Abkühlung der Erde in 2500 Jahren weniger als $\frac{1^\circ}{179}$ C betragen habe, und man würde ein höheres Alter für die Steinkohlen-Formation finden. Würde man z. B. nach Fourier annehmen, dass die Abkühlung der Erde in 2000 Jahren noch nicht $\frac{1^\circ}{300}$C betragen habe, so könnte man fragen, wie hoch das Alter der Steinkohlen wäre, wenn die Abkühlung wirklich $\frac{1^\circ}{300}$C betragen hätte, und man würde folgende Zahlen erhalten:

1°) für den Fall, dass die Mitteltemperatur zur Zeit der Steinkohlenbildung 20°C betragen hätte, ein Alter von 4612889 Jahren;

2°) für den Fall, dass dieselbe Temperatur 22°C betragen hätte, ein Alter von 5255912 Jahren;

3°) für den Fall, dass die nämliche Temperatur 25°C betragen hätte, ein Alter von 6108058 Jahren.

Wenn man unterstellt, dass die Abkühlung der Erde in den letzten 3000 Jahren $\frac{1^\circ}{300}$C betragen habe, so findet man, für die Annahme einer Mitteltemperatur, zur Zeit der Steinkohlenbildung:

1°) von 20°C, ein Alter der Steinkohlen von 6930851 Jahren;

2°) von 22°C, ein Alter von 7883868 Jahren;

3°) von 25°C, ein Alter von 9162087 Jahren.

Nun ist aber der mittlere Ausdehnungs-Coëfficient der Erde aller Wahrscheinlichkeit nach grösser, als der von Adie gefundene Ausdehnungs-Coëfficient des Granites, weil die Temperatur der Erde im Innern zunimmt, und der Ausdehnungs-Coëfficient fester Körper in grössern Hitzegraden, so viel wir wissen, steigt; es ist also höchst wahrscheinlich, dass das Alter der Steinkohlen viel mehr, als drei Millionen Jahre beträgt; und wenn wir auch dasselbe nicht genau bestimmen können, so lernen wir doch aus obiger Rechnung die Ordnung der Grössen kennen, um die es sich hier handelt.

Was aber die Anwendbarkeit des newtonischen Gesetzes in gegenwärtigem Falle betrifft, so würde dieselbe wohl keinem Zweifel unterworfen sein können, weil es sich bloss um eine Abkühlung von wenigen Graden handelt, wenn alle Theile der Erde innerhalb eines Jahres von der Sonne gleich stark erwärmt würden, und man diese Erwärmung zu 10°C rechnen könnte. Diess ist nun wohl der Fall nicht; aber wenn die Erdoberfläche in der mittlern Breite, worin wir uns befinden, von südlichern Gegenden, theils durch die feste Erdrinde, theils durch atmosphärische und Meeres-Strömungen, einen Zufluss von Wärme erhält, so verliert sie dagegen, auf gleiche Weise, auch Wärme, welche sie an die kältern, nördlichen Gegenden abgiebt; und man kann annehmen, dass sich Zufluss und Verlust nach beiden Seiten ungefähr compensiren, und keinen bedeutenden Einfluss auf die Wärmemenge haben, welche, in unserer Breite, durch Strahlung innerhalb eines grössern Zeitraums, aus der Oberfläche der Erde entweicht.

## Druckfehler und Verbesserungen.

Pag. 33 Zeile 32 von oben; nach Geislautern setze: und auf der Kohlengrube von St. Ingbert, bei Sulzbach,
— 41 — 28 — — — Rindenabdruck, setze: fig. 7.
— 48 — 29 — — statt: Vegleich, lies: Vergleich.
— „ — 37 — — — 3¼ Zoll — 2¼ Zoll.
— 49 — 36 — — — saepuis — saepius.
— 50 — 17 — — — fertiles — fertilis.
— „ — 26 — — nach: Saarbrücken, setze: Die Zeichnung stellt eine verkleinerte Ansicht des ganzen Exemplars, und ein Stück desselben in natürlicher Grösse dar.
— 82 — 13 — — statt: Steinalp, lies: Steinalb. Dieser Fehler kömmt öfter vor.
— 84 — 23 — — — Laxeuil — Luxeuil.
— 94 — 22 — — — Ransberg — Ransbach.
— 98 — 1 — — — Schiefergebirges, lies: Kohlengebirges.
— 101 — 28 — — — seinen Körnern, — feinen Körnern.
— 104 — 11 — — — Abdrücken, lies: Olsbrücken.
— 114 — 8 — — — Böschweiler, — Börschweiler.
— „ — 12 — — — westlichen — östlichen.
— 117 — 4, 7 — — — Innweiler — Imweiler.
— 118 — 2 — — — dichter — dieser.
— „ — 5 — — — Calcedone — Chalcedone.
— „ — 8 — — — athmosphärischen, lies: atmosphärischen.
— 121 — 1 — — nach: vorkömmt, setze: welcher nebst Schwefel, aus den Spalten des Gebirges sublimirt wird.
— „ — 8 — — — auf dem, setze: Moschellandsberge und
— 122 — 34 — — statt: № 3, setze: N. 3.

Der verehrte Leser wird gebeten, die übrigen, minder wichtigen Druckfehler, beim Lesen selbst gefälligst verbessern zu wollen.

*fig 1. Fucoides filiformis*

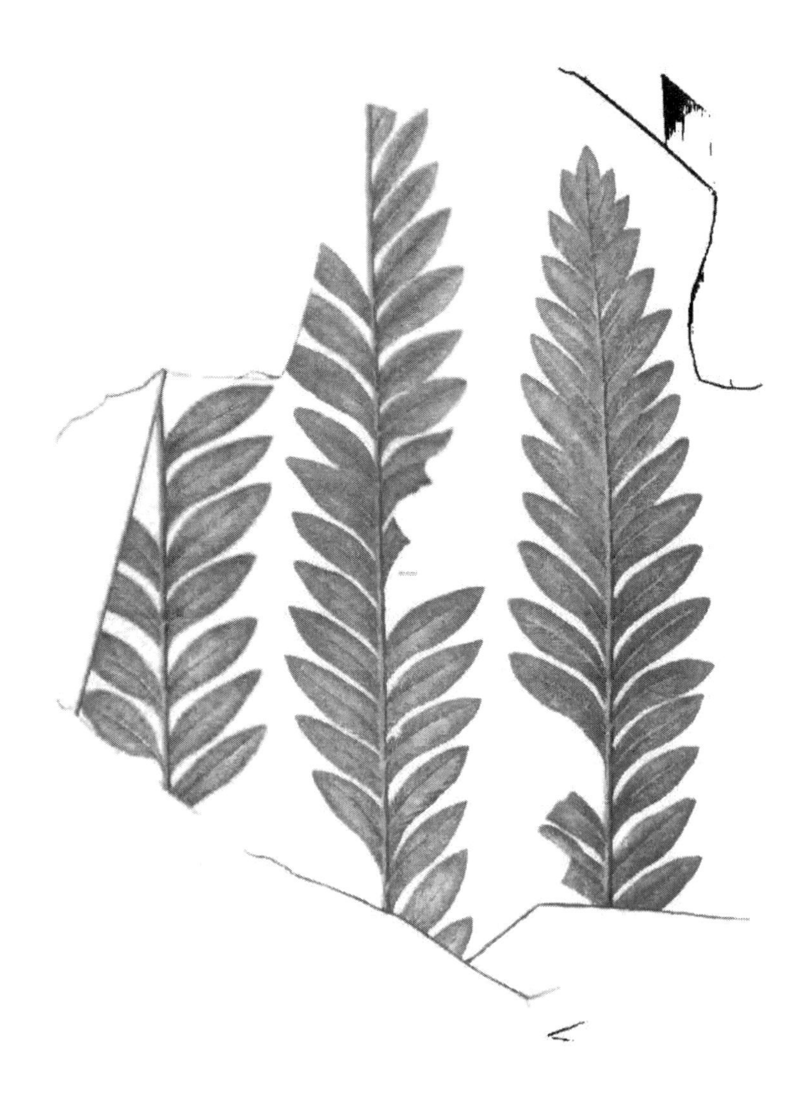

*fig 5 Odontopteris Sternbergii*

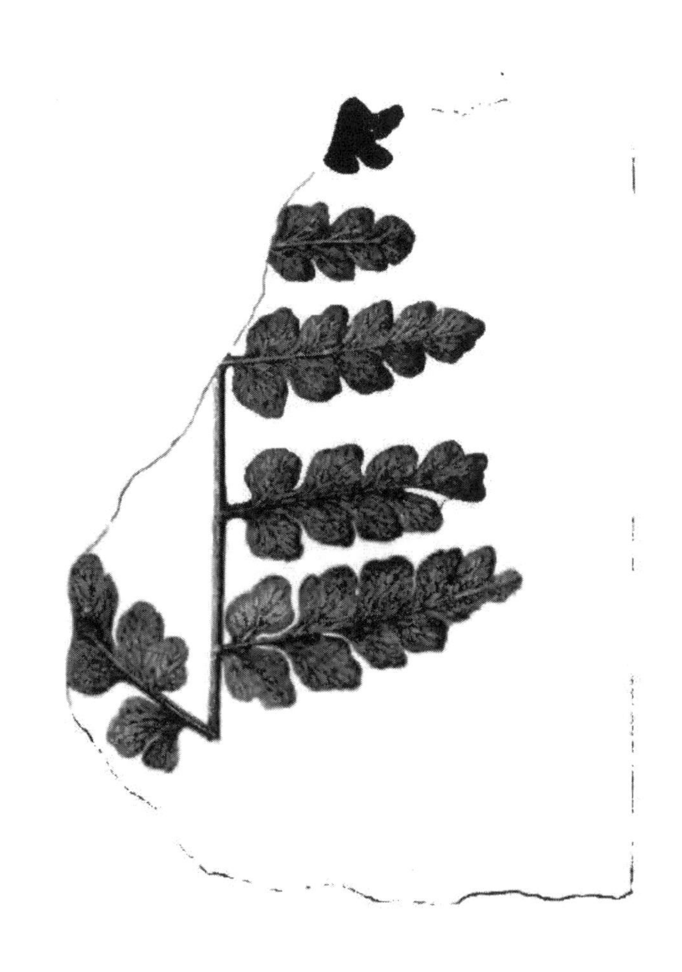

*fig 4 Neuropteris Pluckenetii*

fig. 1 Neuropteris Plackenetii a vergrössert

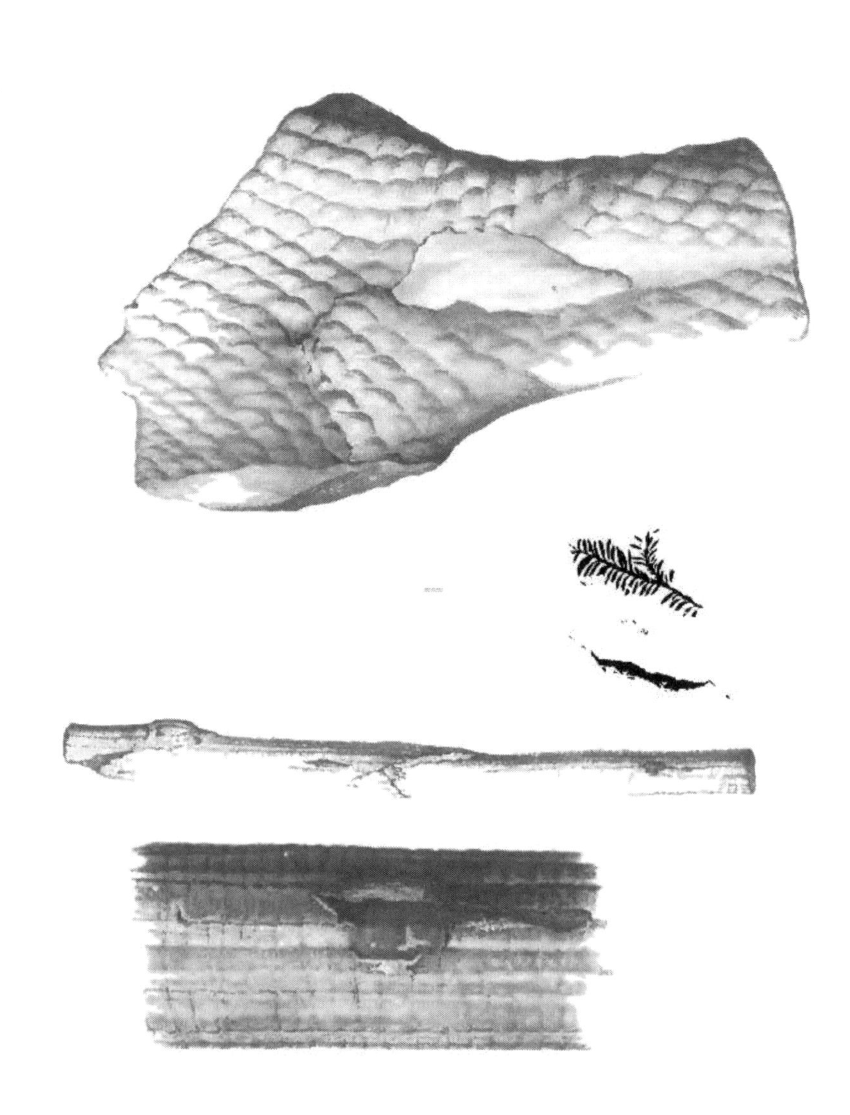

Google

fig 9 Querschnitt eines Holzachats.

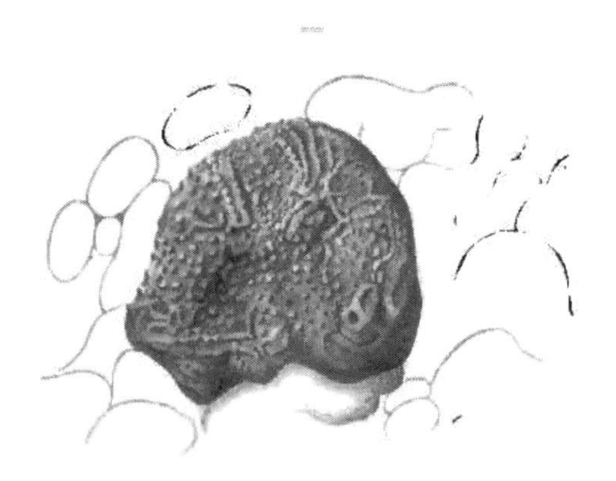

fig. x Spongites rugosus

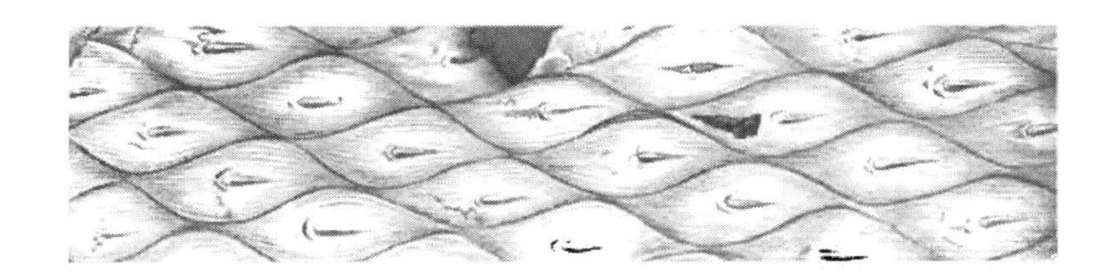

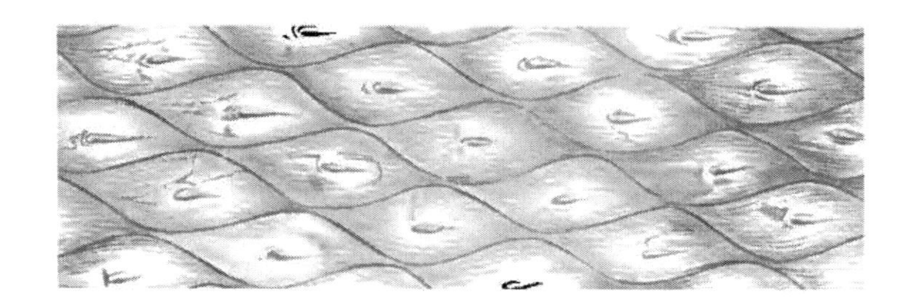

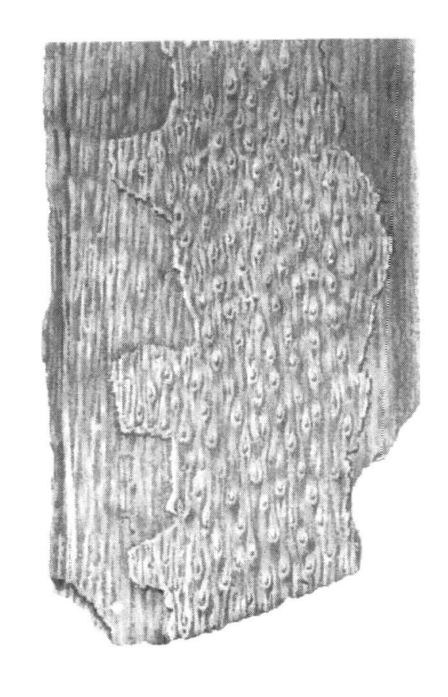

fig 12. Pinites alutenus.

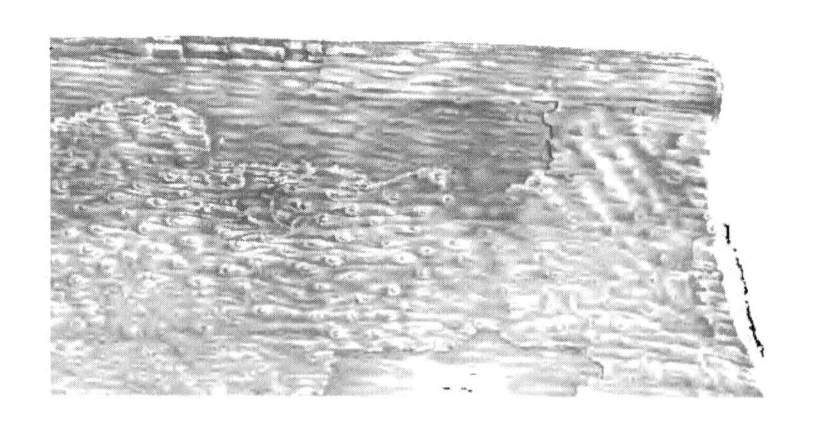

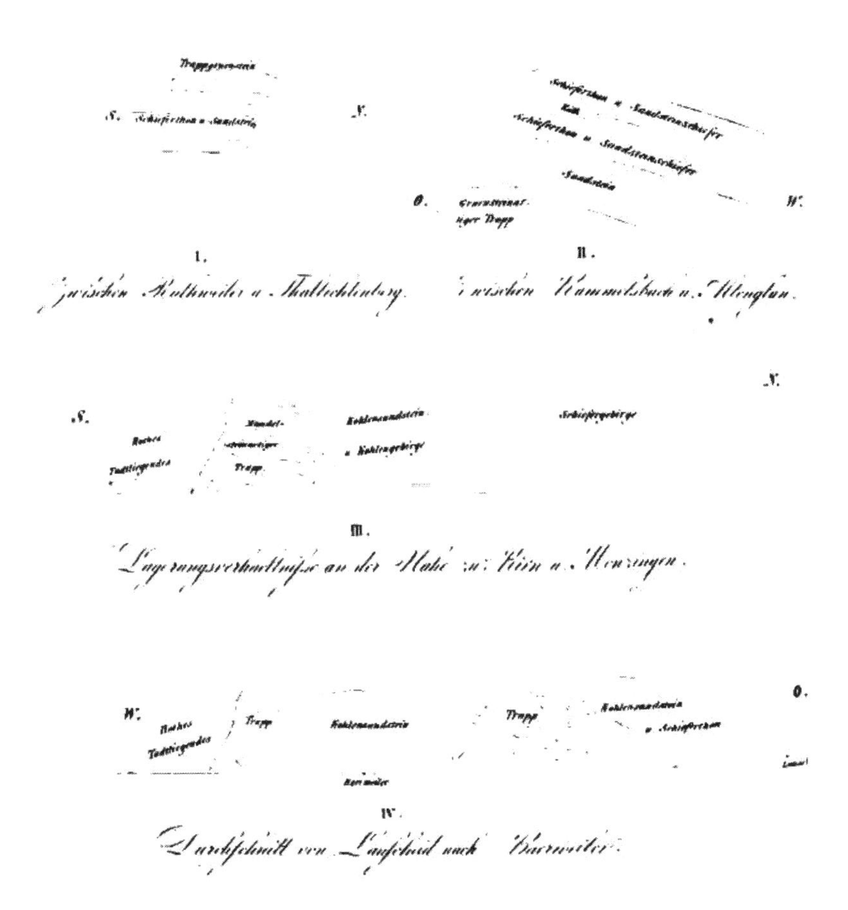


Zwischen Kollweiler u. Thallichtenberg. Zwischen Rammelsbach u. Altenglan.

Lagerungsverhältnisse an der Nahe zu Kirn u. Monzingen.

Durchschnitt von Lauschied nach Bärweiler.

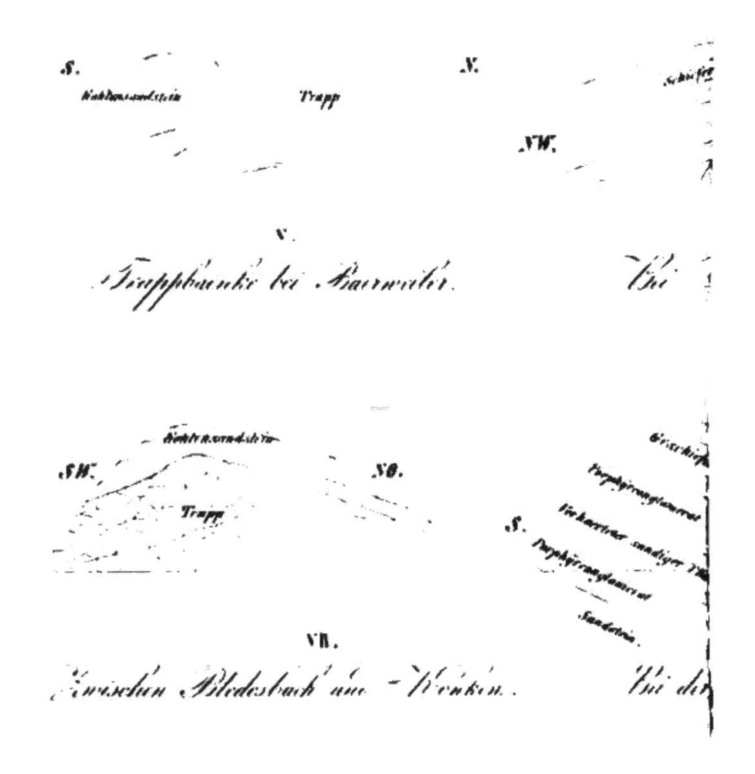
S.
Trapp
N.
NW.
V.
SW.
Trapp
SO.
Porphyrconglomerat
S.
Porphyrconglomerat
Sandstein.
VII.

Prof. Taf. III.

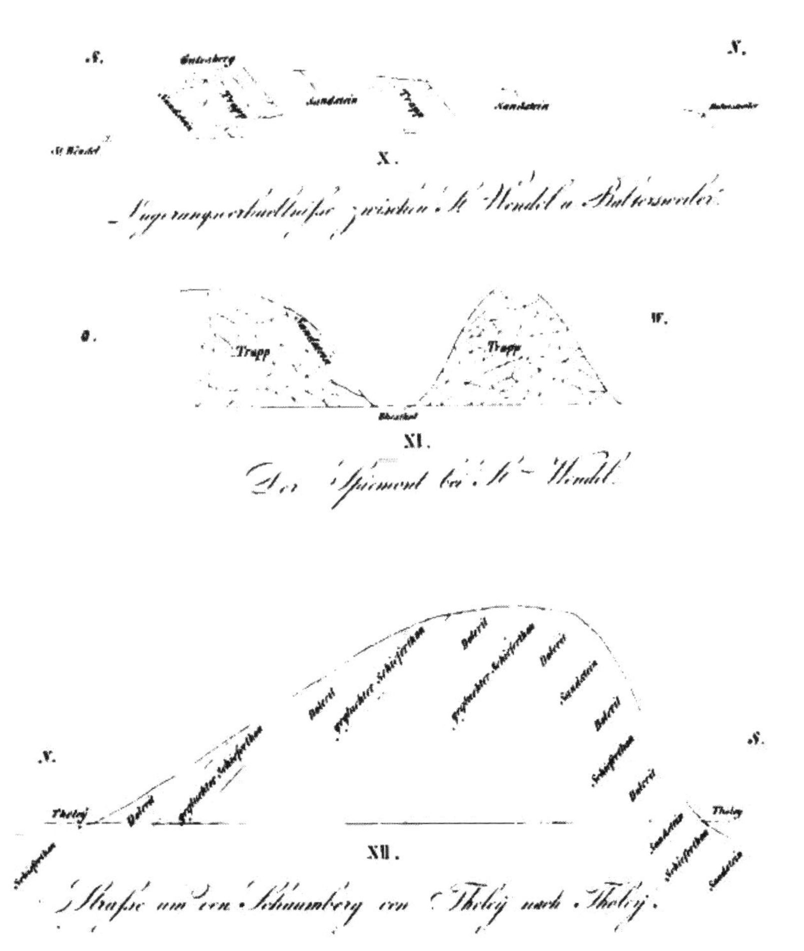
S.
N.
Sandstein
Trapp
Sandstein
Trapp
Sandstein
X.
Lagerungsverhältnisse zwischen St. Wendel u. Baltersweiler.
O.
W.
Trapp
Sandstein
Trapp
XI.
Der Spiemont bei St. Wendel.
N.
S.
Tholey
Dolerit
geplatteter Schieferthon
Dolerit
geplatteter Schieferthon
Dolerit
geplatteter Schieferthon
Dolerit
Sandstein
Dolerit
Schieferthon
Dolerit
Sandstein
Schieferthon
Sandstein
Tholey
Schieferthon
XII.
Straße um den Schaumberg von Tholey nach Tholey.

Prof. Taf. IV.

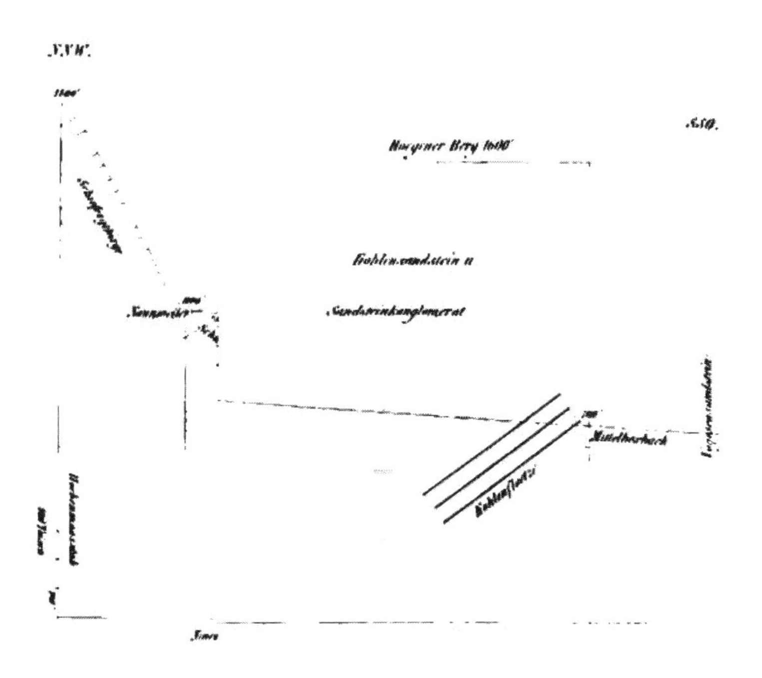

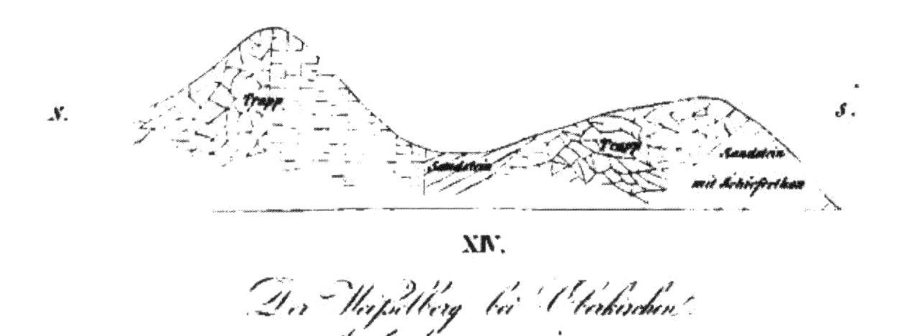


XIV.

Der Weißelberg bei Oberkirchen.

S.

Kalk

Sandsteinschiefer mit Schieferthon

Sandsteinkonglomerat

Porphyr

Sandsteinschiefer

Thal der Lauter

Sandsteinkonglomerat

mit Schieferthon

Sandsteinschiefer

Kalk

Sandsteinschiefer

Wolfstein

XV.

Der Koenigsberg bei Wolfstein.

FSC
www.fsc.org
MIX
Papier aus verantwortungsvollen Quellen
Paper from responsible sources
FSC® C141904

Druck:
Customized Business Services GmbH
im Auftrag der KNV-Gruppe
Ferdinand-Jühlke-Str. 7
99095 Erfurt